U0135304

日本战国
三部曲——
尾声

［日］山路爱山 著

邵艳平 译

德川家康时代

とくがわいえやすじだい

中国画报出版社·北京

图书在版编目（CIP）数据

德川家康时代 / （日）山路爱山著；邵艳平译. --
北京：中国画报出版社，2023.6
（日本战国三部曲）
ISBN 978-7-5146-2198-3

Ⅰ. ①德… Ⅱ. ①山… ②邵… Ⅲ. ①德川家康
（1542-1616）—传记 Ⅳ. ①K833.137=332

中国国家版本馆CIP数据核字(2023)第001257号

德川家康时代
[日] 山路爱山 著   邵艳平 译

出 版 人：方允仲
责任编辑：程新蕾
责任印制：焦　洋

出版发行：中国画报出版社
地　　址：中国北京市海淀区车公庄西路33号　邮编：100048
发 行 部：010-88417410　010-68414683（传真）
总编室兼传真：010-88417359　版权部：010-88417359

开　　本：32开（880mm×1230mm）
印　　张：13.375
字　　数：280千字
版　　次：2023年6月第1版　2023年6月第1次印刷
印　　刷：万卷书坊印刷（天津）有限公司
书　　号：ISBN 978-7-5146-2198-3
定　　价：88.00元

自

序

写完这本传记，我正思考着要在序言中写点什么时，有人带着1915年5月15日发行的《日本及日本人》来访，说道："请看看这篇文章。如果您有意见，愿闻其详。"我有些不知所以，拿来一看，是下面这篇文章：

山路爱山著《德川家康》之谬误

SS生氏

山路爱山慧眼如炬，喜欢寻根问底钻研史论，但对作为原材料的史实不求甚解。因此，他煞费苦心的大作就像空中楼阁，令人唏嘘不已。1915年5月1日发行的《独立评论》刊登了《德川家康》中讲述德川家康少年时代的内容，在下指出其中的错误。吹毛求疵的话，可以说这部分内容是错误连篇。此处仅列举几个关键问题。

第一个问题，竹千代寓所[①]。关于少将井宫[②]的所在地，山路爱山说自己是根据传说得知的。幸运的是，关键之处没有大的谬误，但纯属无用功，因为原本有明确的文献可供征引。既然声称该地是"日本历史上的大英雄的古迹"，还请多查找书籍。

---

① 竹千代是日本古代男子的一个常见幼名，常用于松平氏和德川氏的继承人，这里指德川家康的幼名。竹千代寓所是指德川家康幼年在骏府城做人质时居住的地方。——译者注

② "少将井宫"是"小梳神社"的俗名，又名"少将井社""少将"，位于日本静冈县静冈市葵区。德川家康在骏府城做人质时，就住在小梳神社旁边。——译者注

第二个问题，书中说德川家康的生母于大之方改嫁的丈夫久松俊胜隶属今川氏。这纯属子虚乌有。久松俊胜一直隶属织田氏。

第三个问题，书中说太原雪斋和国主①今川氏是同族，相当于今川义元的伯父。这也是错误的。太原雪斋应该是今川义元佛法上的师兄，出身于今川氏支系的庵原氏。

第四个问题，华阳院②与智短的关系。书中说华阳院建了一所小庵，请智短做住持。实际上，智短是知源院的住持，而华阳院只是住在知源院附近，经常去叨扰智短罢了。

第五个问题，书中说华阳院内有德川家康亲手嫁接的橘子树与柿子树。该寺有橘子树的说法毫无根据。虽然该寺有柿子树，但其并非德川家康亲手嫁接，而是他命令平岩七右卫嫁接的，所以被称为"七右卫柿"。

第六个问题，书中说孕石元泰是蒲原人，住在竹千代寓所五里③之外。这又是一大谬误。孕石元泰是今川氏的家臣，就住在竹千代寓所附近，双方的住所别说距离五里了，连五百米都不到。这一点《三河物语》中有明确显

① 国主，即国主大名，是指领有一个及以上令制国的大名。——译者注
② 华阳院（1492—1560），德川家康的外祖母，本名于富之方或于满之方，谥号华阳院。另外，安葬华阳院的寺庙也称华阳院。——译者注
③ 日本古代基本法典《大宝律令》中规定1里约合533.5米。日本战国时代度量单位不统一，1里有3927米、4255米、5236米等多种说法。明治维新以后，1里的标准统一为：约合3927米。——译者注

示，孕石元泰的宅邸就位于鹰匠町二丁目。此外，山路爱山喜欢将幼年的德川家康形容为"笼中鸟"。既然如此，他就应该知道别人怎么可能放任德川家康去五六里之外的地方呢？

第七个问题，书中说德川家康被称为"东海道[①]第一弓"，在做人质期间练就了弓术。"弓"原本指代武家[②]，却被山路爱山解释为"拉弓"，实在令人无语。

第八个问题，在"当众小便"之处，书中写道"在座的诸位大名[③]"和"天下的副将军"。实际上，今川氏麾下无一人能称得上"大名"，并且将今川氏称为"天下的副将军"也不妥。

寥寥几页便错误连篇。山路爱山在当今民间历史学者中鹤立鸡群，如果能忠于史实，一定可以成为了不起的史论家。好男儿当努力，在下是抱着惋惜之心才说了上述忠言。另外，听闻山路爱山的大作将于近期出版，届时再详加评论。

SS生氏是匿名，我不知道他是谁。拙作尚未出版，他便提出这些忠告，还说出版之后再详加评论，令人感激。最近，很少有人能认真阅读他人的著作，更谈不上详加批判。学问之道如

---

① "道"是日本古代行政区域划分"五畿七道"中的一种。近畿的五个令制国称为"五畿"；近畿以外的地方分为"七道"。东海道便是七道之一，指本州岛靠太平洋一侧的中部。——译者注
② 武家，指日本古代掌握军事权力的家族。——译者注
③ 大名，指日本古代拥有较大领地和较多家臣的大领主。——译者注

同朋友之道。正所谓"忠言逆耳利于行"，只有虚心受教并衷心感谢，才有可能摒除陋识。SS生氏不吝赐教，实在是学术界的幸事。我生于人世，成为读书人，如今也很难再改行。我认为书生的价值就在于畅所欲言，得到他人忠告时，"毋意、毋必、毋固、毋我"，只要是对的，就心悦诚服。学问无止境，也无门户之别。以真理为友的人不应该固执己见，我在而立之年便决心要自信而不矫情，因此，对SS生氏的忠告，只要是对的，我都愿意接受。拙作出版时，我会在文末附上勘误表，还会继续虚心接受批评。

当然，这么说并非意味着我全盘认可SS生氏的意见。他指责我史料匮乏，说我对历史不求甚解。我的确是民间历史学者，没有特权将官方密文带回家。此外，我是一个读书费力的人，即使手头有丰富的材料，有生之年也无法都熟读，所以只能精读少数书籍，并以此立论。如果因此受到批评，也实属无奈。然而，我的言论被指责为无稽之谈，实在有些不妥。因为SS生氏指出的过失中有大部分并非我的过错，而是他不求甚解。

在第六个问题中，SS生氏批评我将孕石元泰写成蒲原人，说看看《三河物语》就明白了。实际上，《三河物语》还记载："德川家康到上原放鹰狩猎，猎鹰经常误入孕石家的树林。孕石多次说受够了三河家的小子。"对此，不知SS氏是如何理解的？"上原"就是"蒲原"，见于《三河物语》天正十年（1582年）的条目。当然，姓"孕石"的人有很多，而这个孕石不一定就是孕石元泰。不过，记录德川家康少年时代的资料只有《三河物语》，我只能根据它推断。从SS生氏的批评来看，他有很多关于德川家

康少年时代的资料。但我窃以为《德川实纪》等书籍不足采信，只有《松平记》与《三河物语》堪称信史，所以根据《三河物语》推断孕石元泰是蒲原人。SS生氏又说德川家康身为人质，别人怎么可能放任他去五六里之外的地方，这恐怕是不了解历史。既然是放鹰狩猎，那么想要抓住百舌鸟和麻雀，怎么可能只走三五里路呢？SS生氏肯定了德川家康放鹰狩猎，又否定了他能到三五里之外，自相矛盾。另外，德川家康与普通人质不同。这位少年时代的三河国①国主，对今川氏而言十分麻烦，不可能被拘禁在牢狱中。若非如此，三河武士②又怎肯屈从呢？

在第八个问题中，SS生氏批评了"在座的诸位大名"和"天下的副将军"，说今川氏当不起这些称呼。我也认同今川氏不具备这个实力，但很多著作都称今川氏为"天下的副将军"。SS生氏如果需要，可以看看这些书。至于"在座的诸位大名"，《三河物语》记载三方原之战③时说："诸位大名都平安地撤退了。"当时的用语就是这样，如果为此少见多怪，只能说明SS生氏读书不精。

在第七个问题中，SS生氏不认同德川家康是"东海道第一弓"，嘲讽我将"弓"理解为"拉弓"。实际上，我这么写是有原因的。太田牛一的《信长公记》被誉为信史，其中元龟三年 (1572

---

① 三河国，日本古代令制国之一，属于东海道。令制国是日本古代地方行政区划的基本单位，与现在说的"国家"概念不同。——译者注

② 武士，最初指为主君效力、征战沙场的人，12世纪末到19世纪中期成为日本实际上的统治阶层。——译者注

③ 三方原之战，即元龟三年，德川氏和织田氏的联军与武田信玄的军队在远江国三方原打的一场战役。——译者注

自

序

年）十二月二十二日"三方原之战"的条目记载："德川家康被阻断了去路，冲入敌阵中。他左边的家臣与敌军对决时被击退，敌军在前方严阵以待。德川家康马上引弓，射倒敌军，夺路而出。其箭术并非始于此。""东海道第一弓"的出处，困扰了我很长时间，我认为它并非指"第一武将"。当我读到上述文字时不禁拍案叫绝，终于知道德川家康之所以被称为"东海道第一骑手"或"东海道第一弓"，就是因为他骑术和箭术无人比肩。"东海道第一"和"日本第一"是古语，形容技艺高超，而把它们理解成武将则是用现代的意思去解释古语，才真是令人无语。

在第五个问题中，SS生氏批评华阳院内有德川家康亲手嫁接的橘子树与柿子树，认为橘子树纯属子虚乌有，而柿子树是平岩七右卫嫁接的。然而，这并非我的错误。据安积澹泊的《烈祖成绩》记载，德川光圀派遣水户藩的儒士大串元善前往骏府城，询问华阳院的僧人，证实了该寺有德川家康亲手嫁接的柑橘树和柿子树——柑橘树就是橘子树。另外，《甲子夜话》中有监察巡视记录，关于华阳院的记载有"德川家康外祖母华阳院的灵庙""德川家康之女一照院之墓上有松树，是他亲手种植的""德川家康亲手嫁接的柿子树在前庭"等内容。尽管大串元善前往骏府城时，华阳院里已经没有德川家康亲手嫁接的橘子树了，但《烈祖成绩》和《甲子夜话》都明确记录说是他亲手嫁接的，我也就写了下来。不过，的确有些书否认了这一点。如果因没注意到类似的细节而被指责，那我只能提交致歉信了。

在第四个问题中，SS生氏不认同华阳院建了一所小庵，并请智短去做住持。他认为智短是知源院的住持，而华阳院只是住在

知源院附近，经常去叨扰他。实际上，《烈祖成绩》中关于大串元善的记载还说："华阳院住在骏府城井宫町，建了小庵让智短居住。德川家康做人质时也住在骏府城，便通过华阳院进入小庵学习。"史书这样记载，我也就引经据典了。当然，狐崎的确有一个知源院，智短也的确是该寺的住持，并且参与了华阳院的丧礼。不过，这是后来的事情。起初，华阳院建了小庵，让智短居住。这种事情"公说公有理，婆说婆有理"，我只要展示了自己的依据就足够了。如果还是被批评，那我也无可奈何，再争论也无意义。

在第三个问题中，SS生氏否定太原雪斋是国主今川氏的族人，相当于今川义元的伯父。他很有权威地说太原雪斋是今川义元佛法上的师兄，出自今川氏支系的庵原氏。关于太原雪斋，世间有许多说法。水户藩的彰考馆收藏有今川义元训诫儿子今川氏真的书简，其上记载："今川义元进入禅德寺，跟随默堂学习二十年，接触到太原雪斋。"由此可见，SS生氏的说法也有道理，但这封书简的可信度并不高。因此，我虽然读到了《烈祖成绩》中引用的这封书简，但并没有采用。实际上，《烈祖成绩》还引用了《诸家传》，说今川义元畏惧伯父太原雪斋。另外，SS生氏说太原雪斋出自庵原氏，我不敢苟同。或许他来自小原氏，因"小原"与"大原"读音相似而被混淆，之后"大原"又变成"太原"，也被写成了"泰源"。小原氏是今川氏支系骏河今川家的一个望族，同时骏河边上有许多人姓大原氏。这些都是例证。在写《德川家康》时，我也记录了此事，野心勃勃地想伪装成博学之士。既然这并非定论，就删除了吧。

综上所述，针对SS生氏指出的第三、第四、第五、第六、第
七、第八个问题，我皆可反驳。另外，SS生氏还在第一个问题中
批评我不认真查资料便妄下论断，又说所幸没有大的谬误，让我
简直无从辩解。少将井宫自古就在骏府城代理城主①官邸附近，住
在当地的我时有耳闻，《新篇骏河风土记》也有记载。此后，少
将井宫移到新谷町，又移到绀屋町，这可见于羽仓简堂的《骏府
志略》。《骏府志略》虽然是一本小册子，但收录了许多逸闻，
我在写作时多有借鉴。之所以没有一一说明，是因为我起初就没
有打算记录这些考证。不过，我很懊恼被说成是孤陋寡闻之人。
如果确实看书少，那我也能坦然接受，但事实并非如此。上述七
条都不是我的过错，至少我有依据。如果SS生氏不是无稽之谈，
就只能说明他自以为是。正因为学问之道"毋意、毋必、毋固、
毋我"，在真理面前不分彼此，所以我才不客气地进行了回应。
这样一来，SS生氏的指责只剩下第二个问题了。关于久松俊胜的
隶属关系，我很想说的确是我弄错了，但遗憾的是，我不能这么
说。《德川实纪》引用了《贞享书上》，说德川家康在骏府城期
间，久松俊胜经常派平野久藏和竹内久六前去探望，送去衣服和
点心。这些内容见于久松氏的传记，并非凭空捏造。细细想来，
某个藩国的武士不可能随意派使者前往敌国领地，给被看押的人
质送东西吧。如果久松俊胜确实做到了，那我只能推测他隶属今
川氏。在强国的夹缝中生存，实力弱小的人只能见风使舵。当

---

① 代理城主，大名任命的负责守卫城池及周边领地的家臣。城主不在时，代理
城主负责代管城池。——译者注

然，我的推测没有证据。仔细考虑的话，久松俊胜应该并非直接隶属织田氏，而是从属于水野信元[①]。或许他暗中得到水野信元授意，背着织田信长向骏府城派出了使者。而SS生氏和我都认为久松俊胜是直接隶属织田氏或者今川氏，才出现了上述问题，并成了一桩公案。总而言之，恰好我要写序言时，读到了SS生氏的批评。这真是一个好机会，可以展示我对拙作的用心，因此，我将此文置于序言中。恕我对SS生氏的批评不能甘之如饴，只能敬谢不敏。各位读者如果喜欢拙作，请抱着和SS生氏同样亲切的态度指出书中的不足。即使我颜面扫地，也可以让英雄的真实面目越辩越明。是为序。

山路爱山

---

① 水野信元，日本战国时代的大名，是德川家康的生母于大之方同父异母的兄长。——译者注

目

录

第 21 章　德川家康的为人 ● 389

第 1 章

德川氏兴起

第1节　德川家康的先祖

　　德川是地名，位于上野国新田郡世良田乡。此处住着新田一族，被称为"德川的新田氏"，这就是德川家康的祖先。起初，德川的新田氏追随领主新田义贞及其弟胁屋义助，举兵勤王。后醍醐天皇[1]推翻镰仓幕府的行动失败后，新田义贞战死，胁屋义助无功而返。德川的新田氏被迫离开故土，此后的十代人辗转各地。后来，他们中的一人皈依时宗[2]，法号德阿弥。德阿弥入赘松平信重家，继承了西三河松平乡的领地，改名松平亲氏，夺取了山里的十七个村。松平亲氏的儿子松平泰亲离开松平乡，修建了岩津城和冈崎城，并且将岩津城和家督[3]之位让给长子松平信光。担任和泉守[4]后，松平信光占领了西三河的三分之一，还占领了大给城、北给城和安祥城。之后，松平信光将岩津城让给长子松平守家，将安祥城和家督之位让给三儿子松平亲忠。松平亲忠是德川家康的玄祖父，安祥城就是德川氏的发祥地。此时，归属德川氏的家臣被称为"安祥谱代家臣[5]"，侍奉德川氏的时间最长。松平亲忠的儿子松平长亲将家督之位和安祥城让给长子松平信忠，将樱井城让给三儿子松平信定，将青野城让给四儿子松平义春。后来，接任家督之位的松平信忠刚愎自用，失去家臣的拥戴，便隐居在大浜乡，将事务和安祥城都交给长子松平清康。松平清康

---

① 后醍醐天皇（1288—1339），日本第96代天皇，1318年到1339年在位。——译者注
② 时宗，日本镰仓时代末兴起的一个佛教教派。——译者注
③ 家督，日本古代父权制社会中，家族权力最大、地位最高的人。——译者注
④ 守，日本古代令制国的地方长官。和泉守，即和泉国的地方长官。——译者注
⑤ 谱代家臣，指日本古代世代侍奉同一主君的家臣。——译者注

十三岁继承家业，虽然个子不高，但精于武道，目光如鹰，气度不凡，威震三河国，被冈崎城城主松平昌安招为女婿。因此，松平清康从安祥城移居冈崎城，合并部下的力量，占领了西三河。此时，归属松平氏的家臣被称为"冈崎谱代家臣"。当时，三河国分成东西两边，东三河吉田城的牧野氏风头渐盛。俗话说"一山难容二虎"，松平清康便与牧野氏交战，打死了牧野信成及其弟牧野信高，统一了三河国。松平清康锐不可当，对此，周边诸国也早有耳闻。甲斐国的武田信玄^①派使者来请求结盟；美浓国的大名也来示好；尾张国守山城城主织田信光承诺说，如果松平清康进攻尾张国，自己愿意加入先头部队。后来，松平清康果然出兵森山，要进攻尾张国，讨伐织田信秀^②。孰料天妒英才，天文四年 (1535年) 十二月五日，二十五岁的松平清康被家臣阿部正丰杀害了，这就是所谓的"森山崩"^③。事已至此，英雄霸业似乎已经幻灭，但实际上并非如此。在松平清康的努力下，三河国的松平氏逐渐团结起来，为德川家康统一日本奠定了基础。

第2节　松平清康时期日本的社会状况

松平清康之前的日本社会是领主的时代。大名、小名都是领

---

① 武田信玄（1521—1573），日本战国时代甲斐国的守护大名，武田胜赖的父亲，俗称"甲斐之龙"。——译者注
② 织田信秀（1511—1552），日本战国时代尾张国的武将，织田信长的父亲，俗称"尾张之虎"。——译者注
③ 又称"守山崩"。此后，松平氏一蹶不振，沦为今川氏的附庸，直到德川家康时代才获得独立。——译者注

主，将领地传给子孙或者族人，形式如下。

第一，家督。父亲将家督之位传给儿子，称为"让位"。不过，家督不能继承父亲的全部领地，而是要分出部分领地给其他兄弟。因此，只要父辈的领地没有扩大，每次让位都意味着领地减少。家督又称"总领"。

第二，庶系。不能成为家督的人被称为"冷门"或"寄居者"，通常分不到领地[①]，只能自食其力，或者通过入赘、做养子等方式继承其他人家的领地，或者因能力突出而自立门户。不过，当时近畿[②]的商人家族古风犹存，分配遗产时要兼顾所有子女。天正（1573年—1592年）之前，武士的领地分配也是这种模式。因此，每次分配后，新家庭便会增多，如同大树分叉。下图根据《三河物语》制作而成，展示了松平氏分家的情形。

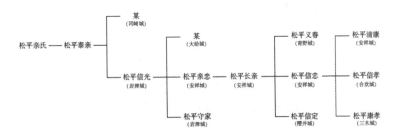

冈崎城、岩津城、大给城、樱井城和青野城的松平氏也有许多子孙，其领地也一分再分，使松平氏的人越来越多。

第三，族人。有威望的领主拥有族长的权势，是名副其实的

---

① 镰仓时代中期以后，幕府改革了继承制度，由分割继承改为单独继承。原作者此处可能陈述了不同时期的继承制度。——译者注

② 近畿，又称关西，日本的一个地理区域，位于本州中西部。——译者注

主君，庶系和族人都前来出仕[①]。不过，如果庶系和族人中出了英雄，势头超过领主，出仕就变得徒有虚名。因此，有的领主会主动解除主从关系，有的族人也会独立出去或者投靠他国，族人造反也是寻常事。三河国的松平氏也是这样：如果没有英雄统领，便会争斗不休。

第四，国侍。国侍既不是庶系，也不是族人，而是独立的领主。他们依附实力雄厚的大名，形成攻守同盟。国侍并非家臣，能得到大名的尊重。对大名而言，国侍不如族人亲密，却必须礼遇。当然，这也要看国侍的实力：一个小领主如果前来依附，就会被大名瞧不起。

第五，被扶持者。原本独立的大名失去领地，投靠其他大名，获得扶持。当时的无主武士多为此类人，既有原来的名门望族，也有失去领地的国侍。

第六，家臣，又称"家子""内众""奉公人"。家臣从主君那里获得领地，可以将领地传给子孙。在这一点上，家臣和主君拥有同样的权力。不同的是，主君可以收回领地。有些家臣得到的不是领地，而是俸禄。其中，主从关系历代相传的家臣被称为"谱代家臣"。战场上，在主君鞍前马后的人被称为"旗本武士"。代替主君管理朋辈的重臣被称为"家老"或"宿老"，松平清康时期，酒井氏就是德川氏的家老。据说，他们的祖先是松平泰亲的庶出兄长。"家老"和"侍大将[②]"原本是战时的专用称

---

① 出仕，是指前来效力，侍奉主君。——译者注
② 侍大将，次于大将军的军事指挥官。——译者注

呼，后来也用于平时了。这些重臣的权势超过族人，在新年的祝酒仪式上，有的重臣能比族人优先得到主君的酒杯。①

如前所述，庶系、族人、国侍和家老都是大领主，有的拥有一座城池或者数座城池。不仅庶系和族人多有造反之心，而且国侍与家老也都野心勃勃，难以驾驭。以上记录的是武士，他们下面还有商人、农民、乞丐等与政治无缘的人。

有人认为松平清康时期的日本被武将逐渐分解，但武将有时会团结起来。镰仓时代②，征夷大将军③的家臣成为各国的守护大名④，掌握兵权；各国还有天皇委派的国司⑤及长期居住在此的大名、小名；他们都觊觎权力。因此，守护大名只能效忠征夷大将军，否则便会受到国司欺侮，被当地势力愚弄。源赖朝⑥和北条泰时⑦利用这种情形，强化了幕府⑧对家臣的控制，使国司、大名、小名无不敬畏幕府。通过这种平衡，镰仓幕府维持了和平，征夷

---

① 参加宴席的人按照地位从高到低的顺序，依次用一个酒杯轮流饮酒。先饮酒的人，地位自然高。——译者注

② 镰仓时代，镰仓幕府为政治中心的时代，时间范围大约是1192年到1333年。——译者注

③ 征夷大将军，飞鸟时代与奈良时代为征讨虾夷地区而设置的临时官职，镰仓时代、室町时代及德川幕府时代成为日本实际最高掌权者，明治维新以后被废除。——译者注

④ 守护大名，幕府派遣到令制国的大名，执掌军事、经济大权，同时负责维持当地治安。——译者注

⑤ 国司，朝廷派遣到令制国的行政官员，分为守、介、掾、目四个等级。——译者注

⑥ 源赖朝（1147—1199），幕府制度的开创者，镰仓幕府第一代征夷大将军。——译者注

⑦ 北条泰时（1183—1242），镰仓幕府第三代执权。——译者注

⑧ 幕府，征夷大将军统治的武家政权。——译者注

大将军获得了威望。如果发生争夺领地的诉讼，各方都会服从政所①和问注所②的裁决。后来，情况发生了变化。足利尊氏③掌权时，皇室衰微导致国司的势力衰退，各地的大名、小名几乎都成了征夷大将军的家臣。镰仓时代的平衡被打破，武士不再倚重幕府。有敌情时，大家自动聚拢；无敌情时，大家自动解散。大名、小名虽然都成了征夷大将军的家臣，但各怀私心。实际上，直到足利义满④时期，征夷大将军还很有威望，即使是大内氏和山名氏等大名造反，也很容易将其镇压。然而，足利氏征夷大将军与关东公方⑤兄弟⑥反目后，国家中枢威信扫地，天下失去了统一的法律与制度。大名、小名保护领地的方法，只有以下两种：

第一，依附豪族。征夷大将军威信扫地后，争夺领地的事情时有发生。因此，力量弱小的大名、小名便会依附豪族。如前所述，完全依附豪族的大名、小名被称为国侍，通常会给自己依附的豪族送去人质，作为坚守同盟的证据。

第二，武力。部分大名、小名得不到豪族庇护，或者不相信豪族，只能凭借自身的武力。换言之，他们只能积蓄力量，培养英勇善战的家臣，在要塞修建城郭、积累钱财、储备粮草弹药，以确保领地的安全。

---

① 政所，镰仓幕府和室町幕府的政务机关。——译者注
② 问注所，镰仓幕府和室町幕府的司法机关。——译者注
③ 足利尊氏（1305—1358），室町幕府的建立者及第一代征夷大将军。——译者注
④ 足利义满（1358—1408），室町幕府第三代征夷大将军。——译者注
⑤ 关东公方，室町幕府设置的用来管理关东地区的行政长官。——译者注
⑥ 足利尊氏建立室町幕府后，嫡子足利义诠及其子孙担任征夷大将军，四儿子足利基氏及其子孙担任关东公方。因此，室町幕府时期征夷大将军和关东公方之间是兄弟关系。——译者注

德川家康时代

第3节 时代的变化

概括来说，室町时代[①]的政治就是"家本位"。想要守住领地或者扩张领地，武将只能依靠自身的实力，否则就得仰仗他人。当时，京都上有天皇，下有征夷大将军、执事[②]、四职[③]等各级官员，镰仓城也有关东公方。表面上看，统治日本的官制与军制一应俱全，但实际上形同虚设。说得更直白一些，大名、小名只能自力更生。只有占据山中要塞的武将，才有能力侵夺他人的领地。例如，越前国的朝仓氏占据一乘谷，守城困难时就藏身于大野郡山；近江国的六角氏占据观音寺城，以甲贺山为避难所，可以俯瞰整个东海道；浅井氏占据天险小谷，以越前国为后援，支配着北部诸郡。到了德川幕府[④]时代，大名的城池都从山上转移到平地，修建在交通便利的地方。然而，在松平清康时期之前，易守难攻的山谷就是绝佳据点，退可守，进可攻。甲斐国的武田氏占据四周地势险要的峡谷，也是典型例子。因此，德川氏发迹于松平乡的山中，也就不足为奇了。当时，天皇与上皇[⑤]的圣旨、征夷大将军的命令和守护大名的指令都无人信服，武将只能自保。我把这种状态称为"力量的时代"。虽然事实如此，但名义上依

---

① 室町时代，室町幕府为政治中心的时代，1336年到1573年。——译者注
② 执事，室町时代辅佐征夷大将军的职位。政所和问注所的长官也叫执事。——译者注
③ 四职，是指室町时代轮流担任侍所长官的守护大名山名氏、一色氏、赤松氏和京极氏四家。——译者注
④ 德川幕府，又称江户幕府，是日本最后一个武士政权，从1603年德川家康就任征夷大将军开始，到1868年大政奉还为止。——译者注
⑤ 上皇，即太上天皇。——译者注

然有自古以来的制度和法律，名与实的矛盾到处可见。例如，美浓国的土岐赖艺是镰仓时代以来的名家，名义上是一国的守护大名，却没有实权。其实权先是落到了家老长井长弘手里，之后落入斋藤道三^①手中。征夷大将军的家臣武卫氏在尾张国，身为越前国和尾张国的守护大名，却徒有虚名。其实权先落到了作为代理守护大名的织田信友手中，之后落入织田信长手中。当然，人情并非完全失去了意义。以三河国为例，松平氏的家臣最多，实力最强；吉良氏则是征夷大将军的家臣，名气很大。为了抬高身份，松平清康将妹妹嫁给吉良氏的领主吉良持广，相当于没落贵族成了"暴发户"的女婿。总之，天下进入了唯武独尊的时代，有人误认为这一时期日本国土更加分裂。然而，这种分裂状态反倒促成了新秩序的诞生。优胜劣汰的结果就是有实力的大名脱颖而出，于是，原本的混沌中生出了天下太平的曙光。庶系、家臣和国侍虽然动辄就想背叛，但会遭受侵夺，所以不敢懈怠，他们需要拥立一个主君，团结起来一致对外。主君也会宽以待下，对家臣一视同仁，对领地内的百姓关爱有加，这样的主君深受家臣爱戴。即使因征战而横尸遍野，其家业也能够日益兴旺，家臣也会借助主君的力量扩大领地。于是，新制度逐渐形成。松平清康恰好处在这样一个时代。不幸的是，他突遭横祸，真是天不佑德川氏。时势变化快得令人难以捉摸。

---

① 斋藤道三（1494—1556），日本战国时代的武将、大名，夺取了主君土岐氏的领地美浓国，以权谋闻名于世。——译者注

第4节　松平氏改姓德川氏

有人说德川家康伪造了家谱，自称祖先是德川的新田氏。他们认为松平氏并非源氏，而是贺茂氏，因为德川家康的祖先曾署名贺茂氏。他们猜想德川家康成为大名后胸怀大志，想杜撰家谱以抬高门第，便谎称自己是源义家[1]的后裔，出自上野国德川的新田氏。然而，在元龟、天正（1570年—1592年）之前，没有其他伪造家谱的例子。丰臣秀吉还自嘲道：“我是一个割草的孩子，为别人提过草鞋，没有姓氏，没有家谱。”与丰臣秀吉相比，德川家康的作风更加朴实，又怎会伪造家谱呢？对此，我不予采信，理由如下：

首先，上野国德川的新田氏是庶系，在《吾妻镜》中写作“得川”。即使德川家康要伪造家谱，也不会伪造成毫无存在感的这一支系吧。

其次，室町时代，新田氏还是朝廷的敌人。尽管到征夷大将军足利义昭时期室町幕府就衰亡了，但足利氏的势力延续到了丰臣秀吉时期。德川家康应该不是一个好事之徒，自称是朝廷敌人的后裔。仔细想来，足利尊氏掌权时，武士分裂为皇室派和武家派。明德三年（1392年），南朝[2]天皇将三神器[3]归还给北朝[4]天皇，

---

① 源义家（1039—1106），日本平安时代后期的武将，被镰仓幕府的建立者源赖朝和室町幕府的建立者足利尊氏尊为先祖。——译者注
② 南朝，日本南北朝时代，以大和国吉野为中心的朝廷。——译者注
③ 日本创世神话中来自天照大神的三件神器，即天丛云剑、八咫镜和八尺琼勾玉，是历代天皇流传的宝物。——译者注
④ 北朝，日本南北朝时代，以京都为中心的朝廷，与南朝对立。——译者注

实现了皇统归一，然而武士的分裂并没有随之消失。约八十年之
后，应仁之乱①发生时，山名氏还想拥戴南朝天皇的后裔即位，恢
复两位天皇并立的局面。由此可见，各地武士仍然会暗中站队，
以皇室派或武家派自居。不过，皇室派已经败北，为了避嫌便更
改了姓氏，只叮嘱子孙复仇。各国也有同情皇室派的富裕人家，
私下抚养他们的子孙。三河国、远江国和信浓国有许多武士属于
皇室派：信浓国的大河原氏藏匿过南朝天皇的子孙；远江国的井
伊氏，三河国的足助氏、三宅氏和大久保氏也是皇室派的大名。
我认为，松平氏也因为某些缘由收了新田氏的人为女婿，脱胎换
骨成了源氏，只把身世的秘密留给子孙。这个推测并非毫无道
理。世间流传着一种说法：德川氏每年正月一日喝兔子汤，是为
了纪念祖先在信浓国流浪时，在某户人家吃了兔子。这样说来，
德川氏的祖先藏身于信浓国，又怎么会是上野国的新田氏呢？再
仔细考察，我们就会发现他们和三河国德川氏的关系由来已久。
源赖朝上洛②时有一个骑马的侍从，叫德川义季。德川义季的儿
子德川赖氏成了藤原赖嗣和宗尊亲王的近侍，被任命为三河守。
德川赖氏的儿子是德川教氏。镰仓时代的国司有时会前往地方赴
任，或许德川赖氏和德川教氏都到三河国赴任，有子孙留在当
地。这些子孙追随新田义贞和胁屋义助举兵，败落后沦为无主武
士。后来，有一个人成了时宗的僧人，此人就是德阿弥。或许正

---

① 应仁之乱，1467年到1477年，室町幕府的管领细川胜元与山名持丰等守护大
名之间的争斗引发的一场内乱，开启了日本的战国时代。——译者注
② 上洛，也作"上京"，指日本大名带兵进入首都京都，宣示自己的霸主地位。
古代日本参照汉文化，用"洛阳"作为京都的雅称。——译者注

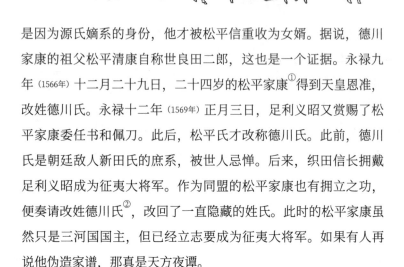

是因为源氏嫡系的身份，他才被松平信重收为女婿。据说，德川家康的祖父松平清康自称世良田二郎，这也是一个证据。永禄九年（1566年）十二月二十九日，二十四岁的松平家康[①]得到天皇恩准，改姓德川氏。永禄十二年（1569年）正月三日，足利义昭又赏赐了松平家康委任书和佩刀。此后，松平氏才改称德川氏。此前，德川氏是朝廷敌人新田氏的庶系，被世人忌惮。后来，织田信长拥戴足利义昭成为征夷大将军。作为同盟的松平家康也有拥立之功，便奏请改姓德川氏[②]，改回了一直隐藏的姓氏。此时的松平家康虽然只是三河国国主，但已经立志要成为征夷大将军。如果有人再说他伪造家谱，那真是天方夜谭。

---

① 德川家康幼名叫竹千代，后来改名为松平元信，之后又改名为松平元康、松平家康，最后改姓德川氏。——译者注

② 德川家康仅允许自己这一支的嫡系改姓德川氏，其他庶系仍然姓松平氏。——译者注

第 2 章

幼年竹千代

第1节　松平氏成为今川氏的同盟

天文四年 (1535年) 十二月五日，松平清康横死，留下了年幼的儿子松平广忠，松平氏的家臣感觉前途无望，三河国也日益衰落。更糟的是，松平氏还出现了内讧：松平信定霸占了冈崎城；松平广忠只好在家臣阿部定吉等人的陪伴下，逃到伊势国。今川氏趁机占领了东三河，惹怒了三河国的吉良义安与尾张国的织田信秀，遭到二人的联合打击。吉良氏的庶系荒川氏又与今川氏结盟，使各方关系愈加混乱。各方交战时，吉良义安战死。他的儿子忘记杀父之仇，转而投靠了今川氏。于是，三河国成为织田氏与今川氏争夺的地盘。后来，阿部定吉等人陪伴松平广忠从伊势国来到骏河国，向今川氏求援。今川氏应允，派人护送松平广忠回到三河国的牟吕城。天文六年 (1537年) 五月一日，松平广忠夺回了冈崎城，逼得松平信定出面致歉。在我看来，松平信定之所以逼走松平广忠，或许是因为担心主君年幼，想暂时代理。另有一说是松平信定的父亲、松平广忠的曾祖父松平长亲七十多岁，仍然健在。松平清康去世后，松平信定诏媚父亲，成了松平广忠的监护人。松平广忠的家臣不服，便陪同主君逃到伊势国，又前往骏河国求援。如果该说法属实，那么松平广忠就并非被赶走，而是因家臣与监护人发生了内斗而逃走。松平广忠幸运地回到了冈崎城，但松平氏已沦为今川氏的附庸。松平长亲年轻时精于武道，于永正三年 (1506年) 八月，率军从后方包抄岩津城，赶走了北

条早云[1]。后来，松平长亲出家，痴迷于连歌[2]。他比子孙更早地目睹了家运衰微，或许更会感到无限悲伤。

（下）天文十一年（1542年）十二月二十六日，竹千代出生。天文十三年（1544年）八月二十二日，竹千代的高祖父松平长亲去世。竹千代出生时，父亲松平广忠十七岁，想来结婚并不算晚。据说，松平广忠疾病缠身，松平广忠的妹妹也因体弱多病而孤独终老，竹千代同父异母的弟弟松平家元患有足痿病。如此推测，竹千代应该也是体弱之人。然而，竹千代的高祖父松平长亲非常长寿，竹千代的母亲于大之方的家族也有长寿基因。于大之方逝于庆长七年（1602年）八月二十八日，享年七十四岁。竹千代的外祖母华阳院也很长寿。

第2节　松平广忠被迫交出人质

松平广忠在今川氏的援助下回到冈崎城。不久之后，松平信定和松平长亲就相继病死了。松平广忠的地位安全了，并且逐渐稳固，但由于背后还有今川氏虎视眈眈，所以他只好委曲求全。天文十三年（1544年），当夫人于大之方的兄长水野信元背叛今川氏时，松平广忠便与于大之方离婚。松平广忠有一个族人叫松平家广，其夫人于丈之方是于大之方的姐姐。因此，松平家广也与夫

---

① 北条早云（1456—1519），日本战国时代的大名，后北条氏的第一代家督。——译者注

② 连歌，日本的一种传统诗歌，一般由多人创作，诗句长短不一。——译者注

人离婚。在婚姻被政治左右的时代，离婚并不罕见。然而，三岁[①]的竹千代不得不与慈母分别，松平广忠也只能愈加倚仗今川氏。与此同时，松平氏不断上演着内讧。松平广忠的叔父松平信孝[②]是三木城城主，居功自傲，看到松平康孝和岩津城的松平氏后继无人，就趁机抢占领地，风头超过了主君。松平广忠的家臣秘密商谈，于天文十六年（1547年）正月，以主君生病为由，请松平信孝代替主君前往骏府城拜年。趁此时机，他们夺取了松平信孝的领地。当然，此事肯定是松平广忠的家臣提前与今川氏商量好的。松平信孝知道实情后，便愤怒地投靠了尾张国的织田信秀。冈崎城的战火已经点燃，安祥城首先被攻陷。身处夹缝中的三河武士开始摇摆不定。佐崎城的松平忠茂也和织田信秀结盟，共同面向冈崎城方向，在渡村和筒针村安营扎寨。冈崎谱代家臣酒井忠尚公然逼迫主君松平广忠，要求处分石川家成和酒井正亲。其他家臣听说主君被刁难，都纷纷赶来，吓得酒井忠尚匆忙逃走。我认为这是松平广忠的家臣出现了分歧：酒井忠尚被织田信秀策反，主张舍弃今川氏，但这个提议未被采纳。实际上，松平氏庶系中早就有人与织田氏结盟，松平氏族人也分成了今川派和织田派。当时，家老也出现了分裂，冈崎城的情势岌岌可危。织田信秀趁机出兵，在上和田安营扎寨，并命令松平忠伦率兵驻守，自己则率兵包围冈崎城。松平广忠尽管派人去刺杀松平忠伦，却依然无法摆脱困境，只能再次向今川氏求援。今川氏回复道："松平广

---

① 实际上只有两岁，日本古代也流行虚岁记岁方法。——译者注
② 松平信孝是松平广忠的父亲松平清康的弟弟。——译者注

忠之前与水野信元是姻亲，并且松平氏庶系和族人中也有不少支持织田信秀的人。为了表示诚意，请送来人质。"十年前，松平广忠求援时，今川氏没有提出任何要求，因为当时三河国余威尚存，而松平氏如果团结起来，足以与今川氏对抗。如今，看到松平广忠孤立无援，今川氏就提出了送人质的要求，希望松平氏彻底沦为自己的附庸。无论在哪个时代，强者都很残忍。好不容易等来的机会，今川氏自然不会放过。松平广忠别无他法，只好将六岁的长子竹千代送往骏河国，派了二十八名家臣和五十多名杂兵护送，还让与竹千代年龄相仿的阿部正胜陪同。谁也没有想到，这竟然成了松平广忠父子的永别。竹千代三岁与慈母分别，六岁到异国为人质，幼年便经历了无数艰辛。而此时的松平广忠早已有了继室，即户田真喜姬。

第3节　竹千代被囚及松平广忠去世

竹千代一行担心走陆路不安全，便决定经户田康光的领地，从三河国蒲郡上船，走水路前往吉田城。吉田城是今川氏安置三河国人质的地方，由此往东就是今川氏的领地了。孰料户田康光的家臣被织田信秀的五百贯[①]铜钱收买，设计骗过竹千代一行，调转了船的方向，把竹千代一行送到了尾张国的热田城。织田信秀大喜，拜托热田神宫的神官[②]加藤图书照料竹千代一行，又派使者

---

① 此处的贯是货币单位，1贯等于1000文。——译者注
② 神官，在神社中供职，负责祭神的官员。——译者注

去见松平广忠，以竹千代的性命要挟松平广忠。然而，松平广忠并未屈从，只答道："在下并非要把儿子送给你做人质，事已至此，就悉听尊便吧。"织田信秀只好将竹千代转移到名古屋城万松寺的天王坊，派人轮流看管，但并未迁怒于竹千代，而是精心照顾他。或许织田信秀想的是三河武士会被感动，冥顽不化的松平广忠也会改变心意。无论如何，织田信秀的英雄气魄都实属难得，否则竹千代此时命丧黄泉也未可知，即使能保住性命，也会遭受虐待。

关于织田信秀的善意，有两个例子。织田信秀派人通知竹千代的生母于大之方，允许母子互通音信。于大之方大喜，时常派家臣平野久藏和竹内久六送去衣服和点心。另外，织田氏的家臣河野氏吉送来了百舌鸟和山雀，安慰幼小的竹千代。很多历史虽然已经失传，但通过这两个例子，我们可以知道竹千代此时的境况并不像《烈祖成绩》中说的那样"艰苦万分"。听闻松平广忠不顾爱子性命，今川氏非常感动，决定出兵援助松平广忠。天文十七年（1548年），太原雪斋率领骏河国、远江国和东三河的士兵增援松平广忠。松平氏的家臣看到了希望，射杀了松平信孝，和援军联手对抗织田信秀。此战中，今川氏和松平氏联军占了上风，冈崎城终于摆脱了困境。松平广忠似乎要开始走运了，但他体弱多病，于天文十八年（1549年）三月六日去世[1]，年仅二十四岁。据说，松平广忠爱护士兵、精通武艺、善于决断、指挥有方，但生性多疑、令人捉摸不透。松平广忠死后，竹千代仍然被囚禁在尾

---

[1] 另有两种观点认为，松平广忠被袭杀或被暗杀。——译者注

张国。松平氏的家臣犹豫不决，有人提议投靠尾张国的织田氏，也有人反对。反对者的理由是：其一，主君在世时对今川氏忠心耿耿；其二，如果投靠尾张国，松平氏会因遭到实力雄厚的今川氏的袭击而灭亡。众人争论不休时，今川义元听闻松平广忠的死讯，立刻派家臣朝比奈泰能和冈部长教率兵进驻冈崎城。三河武士只好继续臣服今川氏。

第4节　竹千代前往骏府城

天文二十一年（1552年）三月三日，织田信秀去世，终年四十二岁。随后，十六岁的织田信长继承家业，然而家臣都不看好他。此时，织田信长收到情报，得知今川氏要趁机攻下安祥城，便派家臣平手政秀率军增援安祥城城主织田信广。今川氏一方，太原雪斋率领骏河国、远江国和三河国的士兵进攻安祥城，攻陷了外围的防御工事。太原雪斋在外面搭起篱笆墙，派人给织田信长送信，要求用被困的织田信广交换竹千代。平手政秀和林秀贞[1]回复说同意，于是，双方交换了人质。天文十八年（1549年）十一月十日，织田信长派人把竹千代送到三河国西面的笠寺，让他回到故土。天文十八年十一月二十七日，竹千代动身前往骏府城，成为今川氏的人质。此后到十五岁之前，他一次都没有再踏上故土。竹千代三岁与生母分别，六岁成为敌国人质[2]，八岁暂时回到故

---

① 林秀贞（1513—1580），日本战国时代武将，织田氏家臣。——译者注
② 竹千代在敌国为人质共十三年（1547—1560）。——译者注

乡，但父亲已经长眠于地下。在故乡仅仅待了四十多天，竹千代便再次前往异国他乡，或许幼小的心灵也感叹过天地的无情吧。

第5节　三河武士的锤炼

冈崎城由今川氏的家臣轮流监管，使松平氏彻底沦为附庸。今川义元任命阿部定吉和石川家成为冈崎城代理城主，任命鸟居忠吉和松平重吉为奉行[①]，没收了三河国国主的仓库，只给竹千代一份形式上的俸禄，又以竹千代的名义发放保障领地的誓约书，要求三河武士克己奉公。然而，三河武士即使立下战功，也得不到赏赐，因为主君的财产已被没收。三河武士失去了主君的恩惠，一切费用都要自行负担，生活十分艰难。即使是位高权重的谱代家臣，如今也要和寻常百姓一样，拿起镰刀和铁锹，成为工匠，艰苦维持生计。今川氏还让三河武士充当先锋，四处征战。仰人鼻息的弱者悲惨万分，但三河武士始终在隐忍，静静等待幼主长大。大久保忠教的《三河物语》中有如下记录：

> 德川氏的谱代家臣努力讨好今川氏，压低身子、缩着肩膀走路，唯恐惹出事端会影响主君。面对今川氏，他们小心翼翼，任凭对方差遣。
>
> 据说，三河武士每年要为今川氏充当三五次前锋。主君并不在场，那么他们究竟在为谁卖命呢？他们虽然心里

---

① 奉行，日本武家的职务名称，指分别负责一部分政务的官员。——译者注

这么想，但知道谱代家臣的使命就是为主君效力，因此都甘为先锋。父亲战死了，伯父、侄子、兄弟战死了，自己也多处负伤，但只要今川氏有令，他们就出兵，不分昼夜，不遗余力。

《三河物语》很好地记录了当时的情况。不过，天正三年（1575年），大久保忠教才十五岁。由此推算，这段历史发生时[①]，大久保忠教还没有出生，应该是他根据传说记载的。为了等待幼主成长，三河武士万般忍耐，上下抱成一团。等幼主回国后，松平氏的家臣如获至宝，上下关系融洽。三河国独立时，处在尾张国和骏河国的夹缝中，难免令众人暗藏私心；等到三河国沦为附庸后，众人饱尝艰辛，才实现了休戚与共。

① 即1549年德川家康到骏府城做人质时。——译者注

第 3 章

少年竹千代

第1节 竹千代在骏府城的生活

　　据《松荣纪事》记载，今川义元为八岁的竹千代新建了一座宅邸，该宅邸位于骏府城的宫崎。据《三河物语》记载，从七岁到十九岁，竹千代生活在骏府城的少将井宫。我认可《三河物语》的记载。骏府城里的确有一个叫"宫崎"的地方。因此，有人认为竹千代在宫崎和少将井宫都生活过。然而，"宫町"和"宫崎"容易被混淆，原本应该是"宫町"的，被误认为是"宫崎"了。此外，《德川实纪》也记载为"少将井宫"。少将井宫是后来的小梳神社，位于静冈停车场附近。我少年时代住在骏河，所上的小学就在小梳神社中，当时的小梳神社叫"少将井"，地名写作"清水尻"。据说，德川幕府时代的小梳神社位于骏府城代理城主的官邸里。今川氏掌权时，这儿有一个"少将宫"，"町"是附属于它的。这附近就是日本历史上的大英雄德川家康的故居，是他从八岁到十九岁蛰伏在骏河国生活的地方。《松荣纪事》还记载了竹千代的随行人员，包括酒井亲吉、天野康景、平岩亲吉、阿部重吉、高力清长、内藤清成、村越平三郎、江原孙三郎、古桥宗内、榊原忠政、渥美友胜、平岩新八郎、平岩善七郎、本桥金五郎、渡边守纲、天野又五郎、石川彦二郎、石川内记、植村家政等家臣，还有一百多位侍从，都住在少将井宫的宅邸里。随行人员都是冈崎谱代家臣的子孙，相当于松平氏的家臣向今川氏交出的人质。今川氏提供的钱物短缺，使身为人质的竹千代及其家臣苦于费用不足。幸好留在冈崎城的鸟居忠吉家境富裕，又擅长理财，总是找机会悄悄送来钱物。另外，竹千代的生母于大之方住在阿久比城，她改嫁的丈夫久松俊胜离开织田氏，投靠了今川氏。于大之方也经常派使者前来，送来衣服和点心之类的东西。

第2节　竹千代的启蒙老师

临济寺位于骏府城北面的贱机山上，寺中有竹千代习字的房间，房间内有砚台等遗物。年少时，我经常到寺中游玩，见过这些遗物。从静冈沿着山中小路前往临济寺，途中可以看到今川义元的祖庙。五月十九日，在今川义元的忌日，我听着阵雨般的蝉鸣，望着田野里的莲花草，遥看龙爪山背后屹立的富士山，想起了俗语"一富士二鹰三茄子[①]"，据说这三样东西是德川家康的最爱。在鸣海城近郊，我回忆起桶狭间会战[②]：被视为弱者的织田信长成功逆袭，斩杀了今川义元。追思这段往事，我感慨今川义元的英雄梦破灭，又惊叹于在他羽翼下成长起来的竹千代，不仅夺取了天下，还开创了将近三百年的盛世。临济寺的住持太原雪斋虽是今川氏的家臣，但就像今川义元的伯父[③]。他起初住在清见

[①]　即德川家康在骏府城做人质时最喜欢的三种物品——富士山、猎鹰和茄子。——译者注

[②]　桶狭间会战，1560年今川义元和织田信长率军在尾张国知多郡桶狭间一带打响的一场战役。今川义元阵亡，今川氏从此没落，织田氏迅速壮大。——译者注

[③]　太原雪斋是今川氏谱代家臣之子，与今川义元并没有直接的血缘关系。不过，太原雪斋比今川义元年长二十三岁，负责养育幼时的今川义元。因此，对今川义元来说，太原雪斋就像伯父一样亲切。——译者注

寺，后来移居到临济寺。太原雪斋有勇有谋，精通孙吴兵法[1]，是今川义元的军师。如果竹千代在临济寺求学，那他的第一任老师应该就是太原雪斋。这与马其顿国王腓力二世少年时代在底比斯做人质，向伊巴密浓达学习兵法类似。

从小梳神社走到传马町，再从传马町走到门前町，就来到了华阳院。据说，华阳院有德川家康亲手栽种的橘子树和柿子树，还有他女儿一照院的墓。德川家康的外祖母华阳院出家后，来到少将井宫居住，在此建了一座小庵，请智短担任住持。德川家康住在骏府城时，经常前来求学。等他成就霸业后，就建立了华阳院，以供奉外祖母的牌位，并将智短奉为开山祖师。换言之，智短也是德川家康的老师。华阳院起初嫁给水野忠政，生下了德川家康的母亲于大之方，后来改嫁给德川家康的祖父松平清康。因此，华阳院既是德川家康嫡亲的外祖母，又是继祖母。为了照顾年幼的外孙，这位老夫人特意来到骏府城。往事如烟，对德川家康少年时代的蛰居生活，我们已经无法知晓详情，只能自由想象了。

第3节　英雄出少年

英雄少年时代的传说，大多都是虚构的。在英雄的大名如雷贯耳前，大部分人有眼不识泰山，等英雄功成名就时，众人才大吃一惊，编造出许多故事。关于竹千代的传说也有很多，《德川实纪》引用了《故老诸谈》《松永道斋闻书》《太平余谈》中的

---

[1] 即孙武的《孙子兵法》和吴起的《吴子兵法》的合称。——译者注

说法，记录了下面两个故事：

　　竹千代六岁时被织田信秀囚禁，住在尾张国名古屋城的天王坊。为了安慰他，热田神宫的神官献上了会模仿其他鸟鸣的乌鸫。侍从觉得很有趣，十分高兴。竹千代看过后，却派人还回去，令众人十分意外。竹千代解释说，乌鸫一定是因为自卑才模仿其他鸟类的叫声。他说，鸟类都有各自的叫声，黄莺不学杜鹃，云雀不模仿仙鹤，都凭借真实声音得到赏识。人也是如此，什么事都用小聪明，成不了大器。即使是鸟，徒有外表，也做不成大将军的玩物。众人佩服，心想竹千代幼年便有此等心胸，将来定会成为一位圣主。

　　每年五月五日，儿童分成两队互相投石子，俚语叫"打印地"。这个游戏应该是战国时代的风气投映到儿童身上形成的。竹千代住在骏河国。有一次，他骑在侍从肩上，去阿部河滩看投石子。对阵的双方，一个队有三百多人，另一个队只有一百四五十人。观众都看好人多的队伍，站在他们后方。竹千代却有不同见解，说人少的队伍反而会众志成城，他的话让侍从有些不知所以。过了一会儿，游戏开始了，人多的队伍很快就落败。观众受到落败而逃的队伍冲击，好不容易才保住自身的安全。听闻这件事的人，都惊讶于竹千代少年老成。

这两个故事现在很有名。不过，六岁的儿童便能借鸟来阐述

人才论，有些言过其实。可能是因为竹千代不喜欢鹦鹉等鸟，所以后人夸大其词，编造了这个故事。打石子的故事不仅见于《故老诸谈》和《太平余谈》，还见于《创业记》《松荣纪事》《甲阳军鉴》；同时，阿部河滩的确有打石子的传统，这都证明这个故事未必是凭空捏造。有的文献说竹千代当时十岁，有的说是十三岁。大名家的子弟都是早婚早熟，而竹千代有些少年老成也不足为奇。不过，我总觉得故事里面有添油加醋的成分。

谚语总是提及圣人，实际上圣人小时候也可能与普通人无异。英雄年幼时，额头上也没有写着"此儿能成英雄"的字样，而是和普通人一样淘气。竹千代也是如此，他经常放鹰狩猎，有时还会践踏别人的土地和树林。骏府城五里外有一个地方叫蒲原，盛产小鸟，是上好的游猎场。当地一个叫孕石元泰的人，其宅邸后面有一片树林，经常被竹千代的猎鹰误闯，弄得一团乱。孕石元泰很生气，多次说"受够了三河国的小子"。而竹千代记恨孕石元泰的小气，后来还伺机报复了他。从孕石元泰的角度看，树林经常被破坏，有怨言也很正常。由此，我们可以想象出少年竹千代的模样。还有一个故事，说竹千代去大祥寺，看到里面喂养了二十只鸡，便向住持索要。住持说："您可以都带走。但它们已经长大了，就那么放养吧。"竹千代笑着说："这个僧人不知道吃鸡蛋吗？"放鹰狩猎，踩坏了别人的树林；寻访野寺，向僧人讨要鸡。竹千代蛰居在骏府城，四处游玩，十分淘气，这一切仿佛就发生在我们眼前。仔细想来，被称为"东海道第一弓"的德川家康，大概也就是在此时练就了箭术和马术，成长为勇猛之人吧。

当然，即使在蛰居时期，竹千代偶尔也会锋芒毕露，让人感慨英雄的与众不同。例如，天文二十年 (1551年) 正月一日，今川氏举办新年仪式，大名和小名列坐。众人看到十岁的竹千代也在其中，便纷纷询问，听说他就是三河国松平清康的孙子时，众人都不相信，却见竹千代起身来到廊下，当众开始小便。在"天下的副将军"今川义元的宅邸，当着"在座的诸位大名"的面，竹千代竟然旁若无人地公然小便，难怪众人惊呼："果然是松平清康的孙子啊！"还有一个例子。鸟居忠吉把儿子鸟居元忠送到骏府城做竹千代的侍从，竹千代大喜，终日和元忠一起游玩。有一天，竹千代命令元忠采用训练猎鹰的方法训练百舌鸟，结果元忠的方法有误。竹千代很生气，起身就把他推了下去。面对鸟居忠吉这样有威望的家臣，竹千代也毫不顾忌。据说，鸟居忠吉感慨道："幼主前途有望啊！"这两个故事，均出自可信度很高的文献。所谓英雄，不外乎是深信自己，不屈服于外物。随着年岁的增长，竹千代愈加凸显英雄气质，最后成为领导者，完成了成长的蜕变。关于竹千代，虽然世间还有许多其他传说，但只有这两个故事表现出了他的英雄志气。

第 4 章

松平元信发迹

第1节 松平元信初上战场

天文二十四年 (1555年)，竹千代举行了元服^①仪式，由今川义元担任乌帽子亲^②，由关口亲永剃发。他从今川义元的名字中得到一个"元"字，取名松平元信。不久，他迎娶关口亲永的女儿，即后来的筑山殿。弘治二年 (1556年)，松平元信得到今川氏的许可，回到三河国祭祖。从他六岁离开三河国，至今已有约十年，可想而知家臣有多欢喜。当时的冈崎城住着今川氏派去的山田景隆。松平元信思虑颇深，说自己年幼，便住到了外围的城中。鸟居忠吉此时已经八十多岁，负责管理政务，他向松平元信展示了秘密储藏的钱粮，希望主君多多招揽人才。看到钱币是竖着存放的，松平元信有些不解。鸟居忠吉解释道："如果只有少量钱财，怎么存放都可以。不过，有大量钱财时，如果横着存放，绳子会很快腐烂，所以才竖着存放。"直到后来，松平元信都记着这个教导。见到日夜牵挂的幼主终于长大成人，家臣非常欣喜。众人聊着往事，感慨着世事变化，松平元信也追思了祖父松平清康。

完成祭祖仪式后，松平元信回到骏河国，取了祖父松平清康名字中的"康"字，改名松平元康。不过，他仍然是今川氏的人质，不能自由回国。永禄元年 (1558年)，松平元康十七岁。尾张国的织田信长比他年长八岁，已经成长为出色的大将军，统一了尾

---

① 元服，日本男子的成年礼，要改变发型和服饰，废止幼名，取官名。——译者注

② 根据日本武家惯例，男子元服时，会请一位特定人物充当"假亲"，为他戴上乌帽子，此人称作"乌帽子亲"。——译者注

张国，名气渐涨。今川义元此前看不起织田信长，只关注骏河国东面和北面的边界，与武田信玄和北条氏康周旋。直到织田信长进攻三河国，今川义元才迎战。按照惯例，今川义元派遣三河武士为前锋，命令松平元康率军进攻铃木重教守卫的寺部城，这是松平元康第一次上战场。三河武士奋力作战，烧毁了围墙，斩杀了一百多名守军。为了表彰松平元康，今川义元归还了三河国的山中城，并赠予他腰刀。松平元康又与舅舅水野信元交战，率军进了举母城和伊保城。松平元康尽管表现出色，却仍然没有被恩准回国。三河国老臣说主君已经成人，希望今川氏归还领地。今川义元却说占领尾张国后，将重新丈量土地。他计划先与武田信玄、北条氏康修好，再和织田信长决一死战，由此发生了历史上著名的桶狭间会战。

第2节 大高城运粮

永禄二年 (1559年)，武田信玄、北条氏康、今川义元三方和谈，通过联姻冰释前嫌。武田信玄的嫡子武田义信娶了今川义元的女儿岭松院，今川义元的嫡子今川氏真娶了北条氏康的女儿早川殿。今川义元没有了后顾之忧，可以专心对付织田信长了。此前，今川义元命令鹈殿长照守卫大高城。大高城深居尾张国境内，是一座孤城，所以运粮是最大的难题。松平元康接到给大高城运粮的命令后，立即从骏府城出发，圆满完成了任务，史称"大高城运粮"，这是他年轻时的功绩之一。不过，关于松平元康是如何运粮的，历史上存在不同说法。《武边咄闻书》说织田

信长把兵力分布在寺部城、举母城和广濑城，要切断通往鹫津城和丸根城的道路，而这正是前往大高城的必经之路。松平元康识破了他的用意，派人在寺部城下放火，佯装攻城。鹫津城和丸根城的守军果然中计，前往寺部城救援，松平元康趁机完成了运粮任务。而《三河物语》有如下记载：

　　鸟居忠吉、杉浦时胜、内藤忠乡、内藤正成和石川十郎左卫门等家臣侦察了大高城周边的情形，汇报说敌军人多势众，无法运粮。杉浦吉贞反对道："看见军旗，山上的武士冲下来，这是有心应战。看见军旗，山下的武士却往山上跑，这是无心应战。据我观察，敌方无心应战，可以速速运粮。"松平元康接受了杉浦吉贞的意见，命令部下运粮，果然大获成功。

《武边咄闻书》的记载很巧妙，却有点像纸上谈兵，我认为《三河物语》的记载应该更接近事实。事成之后，今川义元对松平元康说："西三河原本就是你的领地，你可以随意占领。"松平元康便攻下了寺部城和广濑城等地，封赏给家臣。《信长公记》记录大高城运粮的时间为永禄三年（1560年），《三河物语》记录为永禄元年（1558年），准确的时间应该是永禄三年五月。今川义元率领骏河国、三河国和远江国的士兵抵达池鲤鲋，命令松平元康随行。永禄三年五月十七日，松平元康前往尾张国的阿久比城拜见生母于大之方。这对母子已经分别十多年，久别重逢的喜悦可想而知。永禄三年五月十九日，松平元康和朝比奈泰朝

拿下丸根城和鹫津城，立下了奇功。今川义元命令松平元康休整人马，守卫大高城。今川氏在桶狭间布阵，多次唱歌谣庆贺，十分得意。而今川义元曾经自夸道："即使是妖魔鬼神，在我面前也不堪一击。"织田信长的家臣心生畏惧，播散着各种传闻。谁承想，胜负突然逆转——二十七岁的织田信长扳倒了劲敌今川义元，奠定了夺取天下的基础。

第3节　桶狭间会战

桶狭间会战与松平元康没有直接关系，所以这里只记录其大概。首先要说的是，世人普遍认为，此战中，双方实力悬殊，织田信长以弱胜强。其实这是错误的，因为以强胜弱才是常态。关于今川义元的兵力，《信长谱》记载为四万多人，而《三远平均记》说今川氏把两万多人夸口为四万多人。关于织田信长的兵力，《信长公记》记载为两千多人。单从这些记载来看，双方的兵力的确悬殊。不过，今川义元与织田信长的领地没有多大差异。今川义元名义上拥有骏河国、远江国和三河国，但三河国是今川氏和织田氏争夺的地盘，不能都算在今川氏名下，如水野信元等人就追随织田氏。此外，织田信长的尾张国面积大，只有河内郡发生了僧人暴动，其他地区都在掌控之内。按照石高^①计算，织田信长与今川义元的实力对比应该是四比六。更何况尾张国地

① 石高，指某块领地收获的粮食总量，也就是土地生产力，单位是石（在日本，1石等于180.39升）。——译者注

处平原，有利于织田信长集中兵力应对长途跋涉的敌军。织田信长对此了然于胸，说道："今川氏白天筹措兵粮，夜晚行军打仗，在攻打鹫津城和丸根城时消耗较大，而我军则以逸待劳。"今川义元年轻时是一个僧人，跟随善得寺的默堂和尚二十年，原本打算在佛门终老，结果因兄长没有子嗣，他便还俗继承了家业。因此，今川义元缺乏战场历练，成为主君后更是养尊处优。据说，连桶狭间的战场，他都是坐轿子前往的。如今，今川义元年过四十，怎么能打败像野人一样骁勇的织田信长呢？另外，今川氏的家臣拥兵自重，他本人不能决断，这令三河武士愤懑不已。此次的桶狭间会战同样存在这种问题。织田信长察觉到今川氏小胜后的骄纵，便对最终胜负了然于胸。

永禄三年（1560年）五月十九日清晨，织田信长跳起幸若舞《敦盛》[①]，唱道："人间五十年，与天界相比，如梦幻一场。既然得此生，岂能不幻灭？"一曲唱罢，他穿上战衣，披上甲胄，疾驰而行。他只用了一个时辰，便前行十几里，赶到了善照寺。与此同时，佐佐政次和千秋季忠佯攻今川义元，通过自己的牺牲掩护主君的行踪。织田信长趁机率军行至桶狭间山下，而今川义元在山上。今川氏原本就看不起织田氏，又不懂侦察敌情，误以为织田氏的兵力不足为惧。实际上，当时是白天，今川氏一众又在山上，他们如果当下意识到危险来临，还可以变换阵型防御。不幸的是，天不佑今川氏。就在织田信长抵达桶狭间山下时，突降大雨，狂风吹倒了

①　敦盛即平敦盛，是日本平安时代末期平氏的贵公子，其悲剧故事在日本广为流传，被改编成多种文艺作品，向人们诉说佛教"世事无常"的观念。——译者注

山上的松树和楠木。织田氏顺着风雨前进，今川氏则迎着风雨，影响了视线。天晴之后，织田信长提枪身先士卒。今川氏一众四散逃亡，丢掉了今川义元的轿子，也葬送了其性命。

桶狭间会战大大改变了以三河国为界的东西实力对比。此前，今川氏将手伸进了尾张国和三河国，收服了不少同盟。例如，丰臣秀吉出生于尾张国爱知郡，十六岁就去了远江国，投靠今川氏的家臣松下之纲；爱知郡的山口教继也背叛了织田氏，改投今川氏；这都在暗示着东强西弱的格局。从双方的居城到西三河的距离来看，今川氏遥远，织田氏近在眼前，这也说明今川氏有安全优势。然而，桶狭间会战完全改变了这种局势。尾张国和三河国彻底倒向了织田信长，远江国也有了他的支持者。换言之，原来东强西弱的格局变成了西强东弱。

第4节　松平元康回到冈崎城

留守在大高城的松平元康并非神明，预想不到桶狭间会战的结局。战报不断传来，等今川义元战死的消息似乎无可置疑后，家臣商议道："事已至此，织田信长必定会乘胜来袭，不如趁早撤退。"松平元康却拒绝道："如果消息是假的，我还有何颜面再见今川义元？"说罢，他仍然坚守城池，等待确切的消息。直到舅舅水野信元派浅井道忠来送信，告知了今川义元的死讯，松平元康才和众人撤离大高城。还有一个说法，称松平元康接到浅井道忠报信，仍然不动。他说："水野信元虽然是我舅舅，但已经投靠了织田信长，不值得信任。把浅井道忠留下来，继续等

待消息。"松平元康还将部队转移到内城,做好了坚守的准备。后来,鸟居忠吉派人详细报告了战况,还说驻守冈崎城的今川氏家臣也都撤走了,松平元康这才决定撤离。由于担心白天行军危险,他决定天黑之后再出发。入夜后,他命令浅井道忠拿着火把在前面带路,不让其他人使用火把,以便隐匿行踪。骑兵在前,步兵在后。每当道路有不平坦的地方,松平元康就让浅井道忠摇晃手中的火把。最后,所有人都顺利撤离到池鲤鲋,回到冈崎城。这次撤离史称"东迁基业",收录在《岩渊夜话》别卷中。

在我看来,今川义元是白天战死的,而大高城距离桶狭间不过数里,即使不能很快得到消息,傍晚也必然知晓。突闻骤变,松平元康可能有所疑虑。直到接到水野信元的报告,他才在敌军未赶到之前撤离了。《岩渊夜话》认为,虽然舅舅水野信元投靠了敌方阵营,但松平元康坚持要等得到确切消息后再做定夺,这就有些小心过头了。时值夏天,日落之后天色也不是很黑,却一直拖延着不肯动身,看似沉得住气,实际上是书生气。

显然,松平元康不是学究。关于松平元康、武田信玄和上杉谦信[①]等人的记录,大都出自元和偃武[②]之后的军事学家和野史家之手,很多都是逸闻。我推测:今川义元战死时,松平元康并未轻举妄动,直至接到水野信元的消息才开始撤退。《三河物语》也是这么记录的,其他内容可能就是附会了。总之,此次松平元

---

① 上杉谦信(1530—1578),日本战国时代越后国的大名,曾任关东管领,俗称"越后之龙"。——译者注

② 元和偃武,指元和元年(1615年),大阪之役结束了应仁之乱以后近一百五十年的战乱,日本重归统一、和平。——译者注

康表现出色；今川氏家臣却吓破了胆；沓挂城、池鲤鲋、原城和鸭^①原城的守军不战而逃。守护鸣海城的冈部长教只率军打了一个回合，就开城投降了。织田信长饶恕了冈部长教的性命，还让他带着今川义元的首级返回骏河国，保住了名誉。松平元康返回冈崎城时，城内还有今川氏派来的代理城主武田信友和山田景隆，以及三浦氏、饭尾氏和冈部氏等人。见此情形，松平元康没有进城，而是命军队在附近的大树寺安营扎寨。数日之后，今川氏的守军全部撤退，松平元康才移居冈崎城内。这一天是永禄三年（1560年）五月二十三日，距离松平广忠去世已经十一年，冈崎城终于回到了松平氏手中。

第5节　织田信长与松平元康结盟

织田信长起初看不起松平元康。今川义元战死后，今川氏家臣四散而逃，织田信长心想松平元康也会投降，或者逃回骏河国。孰料松平元康就留在冈崎城，以一座小城屹立在大国前，屡次向骏河国派出使者说："现在今川氏真成了新国主，如果他想为亡父复仇，我愿充当先锋，向织田信长拉弓放箭。"松平元康还主动率军进攻织田氏的举母城和梅坪城，侵扰广濑城的三宅康贞、沓挂城的织田秀敏、中岛城的板仓弹正和刘屋城的水野信元等人。正所谓英雄识英雄，织田信长此时才意识到松平元康不可小觑。

---

① 鸭为日本特有的汉字。——译者注

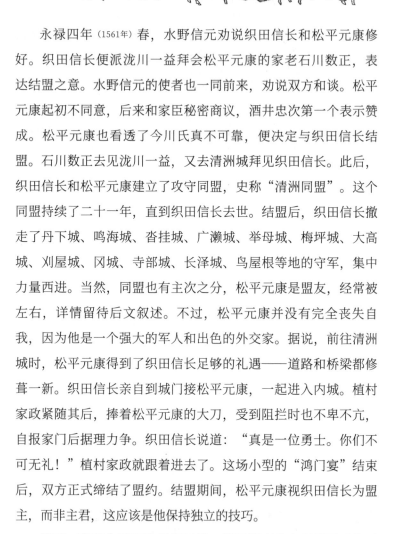

永禄四年（1561年）春，水野信元劝说织田信长和松平元康修好。织田信长便派泷川一益拜会松平元康的家老石川数正，表达结盟之意。水野信元的使者也一同前来，劝说双方和谈。松平元康起初不同意，后来和家臣秘密商议，酒井忠次第一个表示赞成。松平元康也看透了今川氏真不可靠，便决定与织田信长结盟。石川数正去见泷川一益，又去清洲城拜见织田信长。此后，织田信长和松平元康建立了攻守同盟，史称"清洲同盟"。这个同盟持续了二十一年，直到织田信长去世。结盟后，织田信长撤走了丹下城、鸣海城、沓挂城、广濑城、举母城、梅坪城、大高城、刘屋城、冈城、寺部城、长泽城、鸟屋根等地的守军，集中力量西进。当然，同盟也有主次之分，松平元康是盟友，经常被左右，详情留待后文叙述。不过，松平元康并没有完全丧失自我，因为他是一个强大的军人和出色的外交家。据说，前往清洲城时，松平元康得到了织田信长足够的礼遇——道路和桥梁都修葺一新。织田信长亲自到城门接松平元康，一起进入内城。植村家政紧随其后，捧着松平元康的大刀，受到阻拦时也不卑不亢，自报家门后据理力争。织田信长说道："真是一位勇士。你们不可无礼！"植村家政就跟着进去了。这场小型的"鸿门宴"结束后，双方正式缔结了盟约。结盟期间，松平元康视织田信长为盟主，而非主君，这应该是他保持独立的技巧。

然而，离开今川氏改投织田氏，等于彻底改变了松平氏的对外策略。有家臣不认同，因循守旧之辈更是大唱反调。酒井忠尚是松平氏的家老，影响力很大，他来到冈崎城，说与织田氏结盟有损松平氏的声誉。松平元康反驳道："无论他人如何评价，我

心里自有公断。你我的家人都在骏河国做人质，咱们难道不应该休戚与共、对付今川氏吗？"据说，酒井忠尚面露不悦，退了出去。还有一个说法是酒井忠尚建议道："织田信长是邻国势力，又是强敌。您和他结盟，部下没有异议。然而，您要是亲自前往清洲城，似有不妥。夫人和幼主都在骏府城，织田信长未必会信任您，还请三思。"这两个说法虽然不同，但都说明了家臣中有反对的声音。这让我想起了明治维新[①]前，长州藩的奇兵队[②]痛骂萨摩藩人"不同意长州藩和萨摩藩结盟"，情形如出一辙。更何况松平元康和家臣的亲属都是今川氏手中的人质，许多人担心殃及人质，便提出了反对意见。不过，松平元康下定了决心，家臣也下定了决心，酒井忠次第一个赞成结盟。据说，黑田孝高临终前留下遗言说："世间之事形形色色，尤其要懂得取舍。如果舍弃五六个人质能够换来国家平安，那么就要舍小取大。舍弃五六个人质的罪孽小一些，亡国的罪孽就深重了。"酒井忠次应该是懂得取舍之人。

后来，松平元康与织田信长秘密结盟的消息传入今川氏真的耳中。今川氏真果然大怒，派使者传话道："你们背信弃义，与尾张国结盟，我们要杀了人质，再出兵讨伐。你们还有什么话说吗？"松平元康亲自接见使者，言辞恳切地说："在下多年来承蒙今川义元大人的厚恩，未敢忘却。此次是暂时屈从织田信长，并非真心结盟。无论何时，只要今川氏真出兵尾张国，在下都会

---

① 明治维新，日本现代化政治变革，废除了幕府制度，建立了君主立宪政体。——译者注
② 奇兵队，德川幕府末期日本长州藩的非正规军。——译者注

一如既往，愿为先锋，射出第一支箭。"松平元康还接受老臣酒井正亲的建议，派成濑藤五郎赶往骏府城，讨好今川氏真的宠臣三浦真明，陈述自己绝无异心。总之，松平元康亲自解释，还派出使者表明心意，恰恰说明他深谙外交之道。

第6节　清洲同盟的战绩

结盟之后，松平元康就成了织田信长在东方的代表。织田信长的事业也变成了清洲同盟的事业。此前，东海道东强西弱，松平元康帮助今川氏压制织田氏。如今，东海道西强东弱，松平元康又帮助织田氏对付今川氏。用松平元康的话来说，他自始至终都没有失去独立性。但在百姓眼中，他不过是墙头草。当然，当时也并非只有松平元康这么做。浮田氏起初追随毛利氏，后来投靠了织田信长；前田氏起初追随柴田氏，后来投靠了丰臣秀吉。从结果来看，毛利氏失去了浮田氏，也失去了夺取天下的机会，反而成就了织田信长的霸业；柴田氏失去前田氏后一败涂地，反而助长了丰臣秀吉的气势。与此类似，今川氏也因为失去了松平元康，埋下了灭亡的种子。可见天下事并非单纯由实力决定，也要凭对外策略。当时的武家十分重视对外策略，只是对外策略固然重要，但最终的胜负还是由实力决定的。只有自身强大起来，作为对手令人畏惧，作为盟友令人信赖，才能建立良好的同盟关系。因此，大名都想招揽武士，提高实力。织田信长之所以与松平元康结盟，也是因为看中了他的实力。松平元康果然不负所望，为织田信长镇守住了东方。与此同时，松平元康逐渐扩大领

地，先统一了西三河，又合并了东三河。永禄八年（1565年），他成为三河国国主。这就是当时东海道的局势。

第7节　今川氏衰落

从永禄四年（1561年）到永禄八年（1565年），即从清洲同盟建立到松平元康统一三河国的这段时间，松平元康的对手只有今川氏真一人。相模国的北条氏康是今川氏真的岳父，却并未出手相助；甲斐国的武田信玄与今川氏联姻，却坐视不理；这是因为当时的关东发生了大动乱，各国都疲于应对。具体来说，在桶狭间会战的前一年，也就是永禄二年（1559年）四月，越后国的上杉谦信成功上洛，入宫拜见正亲町天皇[1]，获赐御杯和御剑。随后，上杉谦信受征夷大将军足利义辉的命令，辅佐关东管领[2]上杉宪政，保护信浓国的武将。足利义辉此举有两个原因：第一，足利持氏担任关东公方时，与征夷大将军足利义教反目成仇，而作为关东管领的上杉宪实倒向足利义教一派，此次上杉氏遭受北条氏康的进攻，征夷大将军家自然不能袖手旁观；第二，甲斐国是关东公方的领地，信浓国是征夷大将军家的领地，甲斐国的武田信玄进攻信浓国，相当于关东公方在抢夺征夷大将军家的地盘。总之，北条氏康和武田信玄威胁到征夷大将军家的利益，让足利义辉无法

---

[1]　正亲町天皇（1517—1593），日本第106代天皇，1557年到1586年在位。——译者注

[2]　关东管领，辅佐关东公方的官职，由征夷大将军任免，足利尊氏母亲的家族上杉氏世袭。——译者注

坐视不管。

接到命令后，上杉谦信请求返回越后国，与北条氏康和武田信玄正面对决。永禄三年（1560年），桶狭间会战后，上杉谦信便出兵上野国，攻下了沼田城，又攻入厩桥，威震关东。此前，关白^①近卫前久看不惯三好长庆^②和松永久秀^③之流，暗中寄希望于上杉谦信。永禄三年（1560年）九月，近卫前久也来到了越后国。当地一个叫太田资正的人继承了曾祖父太田道灌的基因，后来成长为非凡的谋士，堪比中国古代的苏秦和张仪。据说，丰臣秀吉在关东遇到太田资正时，感慨世道不可思议，太田资正这样的智者无所作为，自己这样的人却夺取了天下，可见太田资正的才华。上杉谦信攻入关东时，太田资正打着"复兴管领家"的旗号，前来投靠。这样一个人物，成了关东管领的谋士，这引得众人纷纷投靠上杉谦信。其中，里见义弘和上杉谦信成了铁杆盟友，一南一北夹击北条氏。上杉谦信包围了小田原城，北条氏康不敢应战。自从北条早云在伊豆国起兵以来，北条氏便控制着关东。随着上杉谦信的到来，局势发生了巨大的变化——众人纷纷倒戈。后来，上杉谦信邀请宝生流和金刚流到镰仓表演能剧^④，众人参拜鹤冈八幡宫时，发生了口角。成田长泰心怀不满，投靠了北条氏，使关东的形势又发生了变化。

---

① 关白，日本古代朝廷官职，辅佐成年天皇处理国家政务。——译者注

② 三好长庆（1522—1564），日本战国时代的大名。——译者注

③ 松永久秀（1508—1577），日本战国时代的大名，曾是三好长庆的亲信。——译者注

④ 宝生流和金刚流是传统能剧的两个流派。能剧又称"能""能乐"，日本的传统戏剧，其表现形式为戴着面具进行歌舞表演。——译者注

　　后来，由于战线过长，补给困难，上杉谦信解除了对小田原城的包围，命军队撤回厩桥，使北条氏康保住了性命。之后，上杉谦信以厩桥为根据地，屡次出兵关东，于永禄五年（1562年）二月攻下了上野国馆林城。此时，近卫前久和上杉谦信产生了分歧，看到上杉谦信只想着壮大自己的势力，近卫前久失望地返回了京都。然而，上杉谦信并没有因此放松对关东的攻势，北条氏康抵挡不住，向武田信玄求援。武田信玄率军攻入上野国，打败了箕轮城等地的守军。看到富庶的关东平原，武田信玄也见利忘义，占领了东上野。上杉谦信一方面以川中岛为据点，威吓武田信玄，另一方面继续进攻关东。因此，甲斐国和越后国的主力暂时都集中在关东，三河国的问题就被搁置了。见到今川氏真孤立无援，松平元康趁机下手。如果没有这些巧合，清洲同盟也无法轻易实现计划。

　　桶狭间会战遭遇大败，使今川氏的弱点全部暴露出来。织田氏与松平氏结盟后，三河国许多大名都背叛了今川氏，包括菅沼定忠、菅沼贞景、设乐贞通、西乡正胜和菅沼定盈等。东条城的吉良义安因为是松平元康的姑父①，所以受到了今川氏真的猜忌，被转移到郡州的薮田乡，今川氏真任命亲信吉良义昭为新任东条城城主。然而，和吉良义昭关系密切的荒川义广投靠了松平元康，率军前来进攻东条城，吉良义昭只好投降。松平元康赐给吉良义昭俸禄，并且以礼待之。永禄五年（1562年），松平元康攻打三河国西郡城，俘虏了鹈殿长照的两个儿子。鹈殿长照属于今川氏

① 吉良义安的妻子后继尼是德川家康的父亲松平广忠的妹妹。——译者注

一族，与今川氏真关系密切。石川数正便来到骏河国，与松平元康的岳父关口亲永商议交换人质。当石川数正陪伴着筑山殿和幼主松平信康回到三河国的时候，松平氏的家臣都到念子原迎接。《三河物语》记录了当时的情景，具体情况如下：

> 幼主松平信康身为人质，性命堪忧。幸好今川氏真看在幼主外祖父关口亲永的面子上，暂时没有动手。石川数正听说幼主要被杀害，心生怜悯，便自告奋勇前往骏河国，陪伴幼主最后一程。对石川数正的做法，松平氏上下无不感动。当时，双方又商议把鹈殿长照的两个儿子和松平信康做人质交换，这令三河国百姓无比欣喜。于是，石川数正陪伴幼主回到冈崎城，百姓都来迎接。石川数正让幼主骑在自己脖子上，威风凛凛地走着，回到了念子原，围观者无不动容。

通过这段描写，我们可以想象到三河国百姓的喜悦之情。据说，他们嘲笑今川氏真因小失大。然而，在今川氏眼中，松平元康和鹈殿长照都只是一介家臣，而用一个家臣的儿子换回另一个家臣的儿子并没有什么损失。一言以蔽之，今川氏真没把松平信康放在眼里，更没有把松平元康放在眼里。不过，今川氏真即便反应迟钝，在交换了人质之后，也意识到松平元康不可小觑，便慌张起来。他把三河国的其他人质，包括松平清景的女儿、松平家广的儿子松平左近，以及菅沼定盈、西乡正胜、水野藤兵卫等

人的子女和兄弟共计十一人，都处以磔刑①，还命令关口亲永切腹自尽。这与其说是在威胁松平元康，不如说是今川氏真不得已而为之的暴力手段，目的在于震慑三河国与远江国的武士。因为当时不仅三河国的武士纷纷投靠松平元康，连远江国的武士也蠢蠢欲动。奥山吉兼主动向松平元康示好，为此遭到今川氏真攻击；井伊直亲也受到怀疑，继而惨遭毒手。通过这些细微的变化，善于观察的人看出了今川氏真的束手无策，也明白了形势的转变。于是，东海道的武士开始重视尾张国和三河国，轻视骏河国和远江国。

① 磔刑，把人绑在木板或柱子上，用刀、枪等刑具处死。——译者注

第 5 章

松平元康成为三河国国主

第1节 一向宗暴动

松平元康统一了西三河，余威震于东三河和远江国。此时，西三河发生了一向宗①暴动，给年轻的松平元康带来了一些麻烦。这场暴动从永禄六年（1563年）九月到永禄七年（1564年）三月，持续了半年，其中永禄七年正月的针崎之战②尤其值得一提。据说，暴动者的两颗子弹打入了松平元康的铠甲里，他能保住性命实属万幸。因此，很多人认为这场暴动对松平元康而言是一场不可避免的灾祸，类似于被屋顶上掉落的瓦片砸中头部一样大概率。然而，事实并非如此。实际上，这场暴动是松平元康主动发起的挑战，并且正是在平定了这场暴动之后，他才成了三河国真正的主人。很多史学家未能看透，只有《信长公记》的作者道出了真相。《信长公记》中有如下记载：

> 三河国边界处的土吕、佐座喜、大浜、鹫塚等港口城市，地处要塞，经济发达，人口众多，三河国半数以上的一向宗僧人都聚集在其边界上的港口城市。大阪本愿寺③派来了住持。松平元康按照自己的意愿平定了这场暴动，

---

① 一向宗，又名净土真宗，是日本镰仓时代创立的一个佛教宗派。明治维新以前，它是日本佛教中唯一允许僧人娶妻生子的宗派。日本战国时代，一向宗介入世俗权力的争夺中，引发多场暴动，均被镇压。——译者注

② 针崎位于冈崎城，此处有胜鬘寺，是三河国一向宗的据点之一。永禄六年（1563年）十一月，寺中参与暴动的僧人攻击德川家康手下，企图占领冈崎城。次年正月，双方在上和田激战。——译者注

③ 大阪本愿寺，即石山本愿寺，是一向宗最大的派别本愿寺派的总寺。各地都有本愿寺分寺。——译者注

率军东征西战，控制了整个三河国。

由此可见，为了统一三河国，松平元康主动打击一向宗。《三河物语》记录道，松平元康的老臣酒井正亲认为本证寺藏匿歹徒，想强行入寺搜查，结果引发了暴动。这也说明是松平元康主动引发了暴动，其目的在于统一三河国，认为其处在被动地位的史学家是未能看透真相的。

第2节　日本的政教之争

如果有人认为只有基督教国家存在政教冲突，而日本没有，那么说明他不懂日本历史。不用说源平时代[①]的兴福寺[②]和延历寺[③]了，就是战国时代本愿寺的威力，也足以超越梵蒂冈的罗马教廷。《加越[④]争斗记》记载道，后奈良天皇[⑤]统治时期，享禄二年（1529年），也就是松平元康出生的十三年前，本愿寺寺务官下间密谋推举住持证如为天皇，自己担任征夷大将军。连僧人都因觉得天命可畏而不同意。当然，这可能是野史家捏造的，如果把下间从地下叫出来询问，或许他本人做梦也想不到后人会编造出如

---

① 源平时代，指12世纪末日本两大武家——源氏和平氏争夺霸权的时代。——译者注
② 兴福寺，日本法相宗的中心寺庙。——译者注
③ 延历寺，日本天台宗的中心寺庙，与兴福寺并称"南都北岭"。——译者注
④ "加越"是加贺国和越中国的合称。——译者注
⑤ 后奈良天皇（1497—1557），日本第105代天皇，1526年到1557年在位。——译者注

此离奇的故事。这虽然不过是齐东野语式[①]的小说，但说明僧人的势力已经凌驾于武士之上，俨然在俗世权力中另建了一个"王国"。加贺国的金泽在当时被称为"金泽御堂"或"御山"，是加越的宗教中心，也是僧人的政治中心。长享二年（1488年），僧人暴动，杀死了富樫政亲，于是整个加越成了暴动者的地盘。这个极端的例子说明，本愿寺的势力遍布整个日本。当时，一向宗僧人主要集中在以下几个地方：

第一，大阪。大阪是一向宗僧人的聚集地，也是本愿寺住持的所在地。与现在一样，当时的大阪也地处濑户内海中心。日本本国、中国、朝鲜、葡萄牙的船在此进出，商人汇集，房屋鳞次栉比。本愿寺住持注意到了这个地理优势，从加贺国招来建筑工匠，修建了宏伟的寺庙。从此以后，大阪成了一向宗僧人朝思暮想的圣地。当然，无论贸易多么发达，如果地形不适合防御，也无济于事。在这一点上，大阪拥有绝好的优势，它汇聚了近畿的各大河流：北面有加茂川、白川、桂川、淀川、宇治川、中津川、吹田川、神崎川等大江大河，在数十里之间多次迂回；东南面有道明寺川、大和川的水流；新开掘的深渊、立田山谷中的水也汇聚于此，在数十里之间连接江河，浩浩荡荡地回旋，形成易守难攻的地形。总之，大阪既有汇集天下财富的良港，又有防御天下兵力的天险，本愿寺住持的眼光很精准。

第二，长岛。长岛位于伊势国桑名郡，延伸到尾张国海西郡

---

① 齐东野语式，出自《孟子·万章上》，指很荒唐、毫无根据的说法。——译者注

二江附近，四面环河，被称为"川内郡"。这也是一向宗僧人的据点。从美浓国淌出的岩手川、大泷川、今洲川、真木田川、市濑川、杭濑川、山口川、飞驒川、木曾川、养老瀑布及各个山谷的水流，都汇聚在长岛，形成一条大河，在长岛东面、北面、西面的数十里之间多次迂回。长岛南面是茫茫大海，靠近伊势内海，地形与大阪类似，地势更胜一筹。天文年间（1532年—1555年），本愿寺住持莲如的六儿子莲淳在长岛修建了一座寺庙，叫"川内御堂"。

第三，富田。富用位于尾张国中岛郡，是一个有七百多户人家的富庶之地。富田的正德寺隶属本愿寺，由大阪本愿寺委派住持，同时，它获得了尾张国和美浓国免除徭役的许可，成了"守护使不入"[①]之地。

综合来看，加越是一向宗僧人的据点；三河国是一向宗僧人的聚集地；近江国相当于本愿寺的粮仓，有许多富有的寺庙。特别是近江国北部的十个寺庙，在浅井郡、伊香郡、坂田郡有很高的威望，并以大阪为中心，听从教令，豢养武士。根据松平元康重臣石川氏的家族传记，文安三年（1446年）秋，莲如巡游到下野国，宣讲一向宗教义。下野守石川政康前去聆听，数日之后，莲如对石川政康说："一向宗的开山祖师亲鸾结束巡游，来到矢作宿的药师堂，讲解了十七天的佛经。此后，三河国便出现了许多一向宗僧人，佐崎、土吕和针崎还建有大寺庙。然而，最近当地

① 守护使，指守护大名及其手下官员。"守护使不入"，是日本镰仓时代、室町时代幕府颁布的一项制度，禁止守护大名进入特定的公家领地和庄园，旨在防止他们控制领地。——译者注

发生了动乱。听闻您原本就与三河国有关联，此次有幸得见，请您前去平定动乱，守护一向宗。"石川政康当即同意，陪伴莲如来到三河国，居住在小川城，小川城因此改叫石川城。石川政康也成了一向宗僧人。这样一来，三河国的一向宗僧人建造大寺庙、占据要地，就不受守护大名的管辖。他们以大阪的住持为中心，拥戴住持的兄弟为分寺的住持，扩张势力。三河国的一向宗僧人还通过与高门大户联姻，得到了很多人的尊敬。同时，一旦心有不满，三河国的一向宗僧人就会以保护信仰为名煽动民众，其他地方的一向宗僧人也蜂拥而起。武士虽然善于作战，但人数有限；一向宗僧人人多势众，动辄打败武士。当时，大寺庙的住持过着和大名一样的生活，俨然一个武将。以三河国为例，本证寺、中岛的安乐寺、樱井的圆光寺的住持都是很刚烈的人。《三州一向宗乱记》记载了本证寺住持挥舞铁棒、安乐寺住持和圆光寺住持挥舞樱木八角棒参与战斗的故事。本证寺、安乐寺、圆光寺自称是"守护使不入"之地，不缴租税，不服徭役，藏匿非法之徒，收缴布施钱，消耗了国家财力。如果放任不管，制度如何确立？政令如何执行？因此，大名力图压制一向宗僧人，即使引发暴动也在所不惜，这与西方历史上的政教冲突类似。然后，现代国家才得以建立。松平广忠当权之前，西三河是毫无纲纪的乱世，政教关系复杂。直到松平元康势力渐增，占领了整个西三河，才确立了纲纪，使一向宗僧人不能为所欲为。至此，政教进入了势不两立的境地，最终引发一向宗暴动。

第3节 一向宗暴动的原因

根据《三河物语》的记载，此次一向宗暴动是因为酒井正亲想强行搜捕本证寺窝藏的歹徒。土吕、针崎和佐崎的三个寺庙都隶属一向宗，于是这三个寺庙的僧人联合发起了暴动。《三河物语》还记载了松平广忠当权时，大久保氏的亲眷逃进针崎的胜曼寺，躲开了松平信孝的追捕。因为根据"守护使不入"制度，即使是国主，没有得到住持许可，也不能擅自闯入寺庙。这个制度带来的影响好坏参半：好的方面是，无人有权进入寺庙实施追捕行动，拯救了身处武士重压下的百姓；坏的方面是，这个制度会干扰国家政治。例如，在清末民初的中国，西方传教士的教堂享有治外法权①，一些犯了盗窃、欺诈、强奸等罪行的人会自称教徒，寻求包庇。知州和知县想逮捕罪犯，却因他们逃入教堂而束手无策，宗教就这样成了罪犯逃避法律责任的工具。百姓见状非常愤怒，突然群起而攻之，引发了教会案等外交纠纷。在当时的日本，寺庙也享有特权。松平元康时期，三河国的一向宗僧人声称寺庙为"守护使不入"之地，以此保护那些逃进来的人。救人于危难的确是仁义之举，但同时也包庇了罪犯。因此，各地的罪犯和郁郁不得志之人都藏身寺庙。《信长公记》中说长岛聚集了奸人和歹徒，成了藏污纳垢的地方，指的也是这个弊端。统一西三河后，松平元康想要肃正纲纪，便派武士强行入寺搜查。不过，还有一种说法：在松平氏与今川氏的领地交界处，即小坂井

---

① 治外法权，一种特权，指外国人不受所在国法律的约束。——译者注

和牛洼附近，松平氏构筑了营寨。酒井正亲派菅沼定显征粮，菅沼定显向佐崎的上宫寺借粮，未等上宫寺僧人回答，他便派了数十名武士闯入寺内。上宫寺僧人非常愤怒，与其他寺庙的僧人联合发起了暴动。换言之，国主为了军事防御征收粮食，而寺庙滥用"守护使不入"的特权，从而引发了政教冲突。总之，英雄要以武力开启统一大业，但僧人成了障碍，为了清除这个障碍，当权者不得不制造一场动乱，这才是根本原因。

第4节　松平元康控制局面

政教之争并不局限在三河国，尾张国的织田信长也与僧人发生了冲突。小田原城的北条氏严禁一向宗在其领地内传播教义，提前避免了政教冲突。然而，无论何时何地，政教冲突都掺杂了其他因素，使矛盾愈演愈烈。例如，在三河国的这次暴动中，一些武士也加入了暴动者行列，如樱井城的松平家次、大草城的松平昌久、佐崎城的松平信次等松平氏的族人，还有酒井忠尚等家臣。酒井忠尚反对松平元康背弃今川氏，在城中闭门不出，长期不出仕。仔细想来，这些人代表着松平氏家臣中的今川派，其中最出名的就是本多正信。本多正信后来成了松平元康的谋士，扮演着类似中国西汉萧何和张良的角色，但他此时还是暴动者的智囊。这些暴动者志在灭掉松平元康，将三河国纳入一向宗的势力范围，成为与加越一样的"僧人之国"。酒井忠尚等家臣担心众人不敢背叛松平元康，便劝说东条城的吉良义昭举兵，并且承诺拥戴他为主君。吉良义昭果然心动，在东条城举兵。西尾城城主

荒川义广也参加了暴动。其他信奉一向宗的松平氏家臣也视主君为佛法之敌，让僧人写了牌子，并固定在头盔正中间，牌子上面写着："前进者可登极乐世界，后退者必入无间地狱。"他们还按照字面意思解释，认为暴动是为了佛法的大义之举。未受重用的人声称"酒井正亲有失偏颇，菅沼定显太过无情"；守旧的人心存不满，便拥立吉良义昭，使此次暴动"师出有名"。也有其他人加入暴动，如本多正信的知己吉田源太左卫门。

上述原因交织在一起，最终演变成暴动。实际上，松平氏只有樱井城的松平家次、大草城的松平昌久与佐崎城的松平信次参与了暴动，其他族人都效忠松平元康，包括竹谷城的松平清善、形原城的松平家忠、藤井城的松平信一、御油城的松平景忠、岩津城的松平近正、深沟城的松平伊忠、能见城的松平好友、大给城的松平亲乘、泷胁城的松平乘高和三木城的松平忠清。在上和田城，大久保忠俊一族三十六人都为主君奋战，无一人落伍。此外，还有筒针城的小栗大六一族、西尾城的酒井忠亲、土井城的本多广孝等人。酒井忠次和石川数正等重臣也都坚定地支持松平元康，打败了暴动者。与今川氏领地接壤的长泽城有松平康忠，他善于守城，让今川氏未能趁火打劫。伊奈城的本多忠俊在小垣井和糟塚等地筑起营寨，并派武士驻扎，以防备吉田氏的偷袭。吉田氏的领地是今川氏在东三河的后方基地，在东三河的设乐郡，新近归属松平元康的"山家三方众"①都守城不出，以此防备

---

① 指日本战国时代末期以三河国的设乐郡为据点的三家豪族，包括作手城的奥平氏、田峰城的菅沼氏和长篠城的菅沼氏。——译者注

今川氏。如前所述，今川氏真如今十分孤立，虽然没有遭遇一向宗暴动，但已经式微。而三河国尽管因纲纪严明而引发了一向宗暴动，却处于蓬勃发展中。强弱对比已经显现，松平元康在双方领地边界处的兵力部署井然有序，使今川氏不敢轻举妄动。

第5节 松平元康平定暴动

天下走向统一时，倒行逆施的势力都将灭亡。一向宗虽然嚣张一时，但僧侣是百姓出身，在战场上无法与武士抗衡。百姓通常只知道服从规矩，修炼权术。而武士自幼学习骑马射箭，在狩猎中锻炼了筋骨，在战场上磨炼了武艺。武士在主君的城内相邻而居，一心追求功名。当然，当时的百姓是非常刚强的，特别是火枪被使用以来，百姓也可以拿着火枪冲锋陷阵。大阪本愿寺的僧人每次上战场都使用火枪，这让织田信长十分苦恼。不过，百姓平时致力于家业，战时才会上战场，自然不如武士精于作战。因此，各地的一向宗暴动都以失败告终，三河国的也不例外。僧人众多，使国家一度陷入混乱，但暴动者中能胜任统帅的人寥寥无几。吉良义昭虽然出身名门，但形同木偶。酒井忠尚虽然是重臣，但已经年老。此外，加入暴动的家臣并不憎恶松平元康，都认为他是一位好主君。因此，当松平元康出现在战场上时，参与暴动的家臣便不敢造次。在暴动后的一次战斗中，一个叫蜂屋贞次的神枪手被松平元康追击。此人不知道是主君亲自来追，转过身来看到松平元康时大吃一惊，放下火枪，耷拉着脑袋逃走了。针崎之战时，参与暴动的土屋重治看到松平元康苦战，说道："我们成为僧人，与主君为敌，但不能

坐视主君被困。即使因此坠入无间地狱，我也在所不惜。"说罢，土屋重治改变了立场，对暴动者兵刃相向，战死在松平元康的马前。由此可见，参与暴动的家臣从众心理极强，意志不坚决。松平元康想趁机清除一向宗僧人，彻底改变他们与自己争权的现状。后来，暴动者冷静下来，想到敌我本是族人、朋友或主从，如果敌人趁乱来袭，就会铸成大错。作为骏河国附庸的痛苦依然记忆犹新，暴动者便有了投降之意。永禄七年（1564年）春，暴动者中举足轻重的蜂屋贞次秘密联络大久保忠俊，说许多人都想休战，像从前一样为主君效忠。大久保忠俊报告给松平元康，得到应允。蜂屋贞次、石川源左卫门、石川康次和本多甚七郎等人都同意投降，提出了如下条件：

　　第一，恢复寺庙原来的状态；

　　第二，赦免此次暴动的策划者；

　　第三，如果主君答应上述两个条件，我们将率领众人进入土吕城，效忠主君，而暴动也将即刻平息。

　　松平元康认为这些条件太高，在大久保忠俊的百般劝解下，他才终于同意。永禄七年二月二十八日，在上和田的净土宗[①]寺庙内，松平元康会见了蜂屋贞次等人，发给他们誓约书，其上列出了如下条件：

---

① 此处指日本净土宗，开山祖师是法然上人。——译者注

第一，参与暴动的武士的领地不变；

第二，寺庙和僧人的状态维持原样；

第三，赦免暴动的策划者。

　　蜂屋贞次等人即刻带着石川家成来到土吕城的善秀寺，传达了消息。一向宗僧人无力再战，争先恐后地双手合十，请求饶命。各地的暴动者也都散去。松平元康的族人中，参与暴动的松平信次被没收领地，松平昌久逃走，只有松平家次被免罪。家臣酒井忠尚逃到了骏河国。此外，吉良义昭致歉后离开了东条城，投靠近江国的六角义贤，最终在芥川城战死。荒川义广投降后，浪迹到近畿，后来在河内国病死。松平元康趁机破坏了除土吕城、针崎城和佐崎城的寺庙之外的其他寺庙，要求这些寺庙的一向宗僧人改换宗派。这些僧人和信众纷纷申冤，最终松平元康保留了寺庙的领地，只放逐了不法之徒，众人都很欣喜。还有一个说法称松平元康下令毁掉所有寺庙，被僧人控诉言而无信。松平元康答道："修建寺庙的地方原本就是原野，现在再变成原野，也不算出尔反尔呀！"便下令毁掉了寺庙。据说，一向宗寺庙在三河国再次出现，是二十年之后的事了。或许这个说法才是真实的。这样一来，在松平元康的领地内，一向宗不敢再妨碍政务。有人说是水野忠元劝解松平元康赦免一向宗僧人，也有人说是泷川一益受织田信长之命劝说松平元康早日赦免暴动者，以便抽身攻打远江国。他们都认为松平元康不是主动求和，而是一向宗僧人不愿再战。可以说，正是因为有锐意进取的意志和勇猛顽强的作风，松平元康才终获成功。俗话说，"雨后地更坚"，此次暴

动后，三河国的旧势力彻底落败了。吉良义昭失去了影响力，酒井忠尚四处浪迹，一向宗僧人也失去锋芒。原本政教混乱的局面已彻底扭转，松平元康成了三河国真正的主人。酒井忠尚的亲信本多正信无法继续在三河国立足，便和弟弟本多正重一起远走他乡。不过，本多正信是知名的俊杰，后来受到加贺国的邀请，在当地的僧人暴动中又成了一员大将。

第6节　松平元康统一三河国

　　永禄七年 (1564年) 春，一向宗暴动被平息，松平元康和今川氏真之间的和平局面也出现了新的变化。原本隶属今川氏真的小笠原安元和户田重贞都投靠了松平元康，铃木重辰则被今川氏真驱逐。松平元康打败了今川氏真安置在田原和御油等地的守军，兵临吉田城时，城主小原镇实接受酒井忠次的劝说，打开城门投降。作为交换条件，松平元康派弟弟松平康俊和酒井忠次的女儿阿风为人质，跟小原镇实一起去了骏府城。这样一来，三河国碧海郡、加茂郡、额田郡、幡豆郡、宝饭郡、八名郡、设乐郡、渥美郡都落入松平元康手中。著名的"一宫城包抄"就发生在此时，大致经过如下。

　　在吉田城时，小原镇实经常打探冈崎城的虚实。为了应对小原镇实，松平元康一方面在喜见塚和糟塚安营，另一方面在一宫城筑好工事，并命本多信俊驻守。此时，今川氏真率领一万多人来袭，分出五千多人包围了一宫城，而本多信俊的防守兵力只有五百人。松平元康率三千人离开冈崎城，直接从一宫城后方包抄

过去。今川氏真料定松平元康会亲自率军作战，便另拨了两千人给客将^①武田信虎，命令他在中途阻拦松平元康。松平元康毫不在意，冲破包围网，来到今川氏真的阵地，高声叫阵。今川氏真只是虚张声势，没有几个勇猛善战的将士，便向牛洼撤退。松平元康进入一宫城，会见了本多信俊，在一宫城住了一夜。第二天，他们一起撤回冈崎城，未折损一兵一卒。面对松平元康的来去自如，不敢出战的今川氏真威信扫地。这样一来，整个三河国都成了松平元康的地盘。他将吉田城封赏给酒井忠次，据《谱牒余录》记载，酒井忠次接到这一封赏消息是永禄七年六月二十二日。永禄八年（1565年）三月，松平元康任命本多重次、高力清长和天野康景为奉行，掌管民政，被称为"三河三奉行"。他们都没有辜负主君的赏识，执法公正，很好地治理了民政，在战乱时期营造了一个太平社会。高力清长为人温和，天野康景宽厚而思虑深远，本多重次脾气暴躁、口无遮拦，但上任后果敢坚决、毫无私心。起初怀疑松平元康识人不清的家臣也彻底放下心来，佩服这位年轻主君知人善任。当时三河国流传着一句俚语："高力似善神，本多如恶鬼，天野最公正。"

---

① 客居在其他地方的武将，与主君之间不是主从关系。——译者注

第 6 章

时代的巨变

第1节　松平元康出兵远江国的原因

　　小原镇实放弃吉田城、让出东三河，是与主君今川氏真商议的结果。他们已经意识到，宁可放弃东三河，也绝不能失去远江国，便与松平元康约定暂时休战。虽然史书没有明确记载，但从永禄八年（1565年）到永禄十年（1567年），今川氏真与松平元康并没有发生冲突，所以我做了上述猜测。与此同时，为了专心征服美浓国和近江国，织田信长极力讨好武田信玄，以解除后顾之忧。为此，织田信长将儿子织田胜长送给武田信玄做人质，还将外甥女龙胜院[①]收为养女，嫁给了武田信玄的儿子武田胜赖，而武田信玄和北条氏康、今川氏真既是亲戚，又是同盟。或许是织田信长知会了盟友松平元康，让他暂停进攻远江国，作为织田信长的盟友，松平元康也不能完全按照自己的意愿行事。

　　永禄十一年（1568年），由于武田信玄与今川氏真敌对，松平元康开始进攻远江国。起初，武田氏与今川氏是盟友，今川氏亲当权时，武田信昌有难，今川氏亲便伸出援手。后来，武田信玄的父亲武田信虎的家臣谋反，又是今川氏亲派来重臣援助。今川义元当权时，武田信虎再次失去威望，武田氏的家臣联合今川氏推举武田信玄为家督。据说，今川义元亲自奏报关东公方，请求任命武田信玄为武田氏的家督。如果传说属实，那么他们的关系应该是以今川氏为盟主，武田氏为盟友。不过，我们缺乏史料佐证，只能为武田氏抱憾了。总之，此前的武田氏始终处于今川氏

---

① 龙胜院的母亲是织田信长的妹妹。——译者注

的下风。武田信玄掌权后，致力于富国强兵，打败了信浓国的大名。今川义元在桶狭间会战中战死后，武田信玄势头更猛，在川中岛与上杉谦信争雄，还率军夺去了东上野，支援北条氏康。永禄八年（1565年）五月十九日，足利义辉被松永久秀等人杀害，使中原①无主。武田信玄认为应该将精力转移到近畿，便与织田信长和谈。武田信玄想趁着织田信长占领美浓国和近江国的时机，夺取骏河国和远江国等近海国。甲斐国与信浓国地处山区，交通不便，而今川氏真与北条氏康曾商议禁止向甲斐国卖盐，使当地百姓十分苦恼。武田信玄发现今川氏并非难以战胜，便计划出兵骏河国，却遭到饭富虎昌等守旧人士的强烈反对。他们历数武田氏与今川氏的历史，说武田氏不能忘恩负义，还说今川氏真是武田信玄的外甥②，出兵攻打他有违伦理。另外，武田信玄的长子武田义信是今川义元的女婿、今川氏真的妹夫，和父亲意见相左。于是，武田氏的家臣分成了今川派与织田派。然而，武田信玄态度坚决，执意与清洲同盟和谈，共同讨伐今川氏。永禄十年（1567年）十月，武田信玄处死了饭富虎昌，关押了武田义信，遣返了武田义信的夫人岭松院。同时，武田信玄派山县昌景前往冈崎城，与松平元康约定，以大井川为界瓜分今川氏的领地，并交换了誓约书。于是，松平元康决定出兵远江国。

---

① 中原，指当时天皇所在地关西地区。——译者注
② 今川氏真的母亲定惠院是武田信玄的姐姐。——译者注

第2节　武田信玄联合清洲同盟

实际上，在决定与今川氏真绝交时，武田信玄必须做好与今川氏真的岳父北条氏康为敌的思想准备。换言之，武田信玄的这个决定，可能会使自己腹背受敌。此外，越后国的上杉谦信也可能与北条氏康联合，通过上杉谦信献给神明的请愿文，我们可以判断，永禄九年（1566年）五月，他就计划和北条氏康夹击武田信玄，再率军上洛。如果他的计划成功，那么武田信玄就有危险了。不过，上杉氏与北条氏积怨已深，所以上杉谦信未能力排众议，武田信玄也得以逃过一劫。然而，形势已经如此，武田信玄也担心今川氏真、北条氏康和上杉谦信结盟。他决定寻求外援，便想到了清洲同盟。从清洲同盟的角度来看，与武田信玄结盟也能消除后顾之忧。双方结盟，对织田信长来说，他可以占领美浓国，挥师上洛；对松平元康来说，他可以巩固对三河国的统治，也可以出兵远江国。

第3节　"家的时代"变成"国的时代"

讲述松平元康占领远江国前，我想大概描述一下当时的形势，以便读者加深对这段历史的理解。实际上，三河国统一前后，松平元康的历史地位发生了一些变化。对此，很多读者可能会不知所以，这需要了解当时的形势演变。总体来说，就是家变成了国，小国变成了大国。以松平元康统一三河国的永禄八年（1565年）为界限来看，我们会发现，仅仅是追溯二三十年前的享禄年间

（1528年—1532年）和天文年间（1532年—1555年），情况也完全不同。今川义元当权时，骏河国有濑名氏、关口氏、新野氏、三浦氏、朝比奈氏、冈部氏、庵原氏、葛山氏、由比氏、福岛氏、斋藤氏等武将，他们以今川氏为中心，结成同盟。虽然所占领地不大，但他们是独立的，可以拒绝服从守护大名的命令，甚至停止出仕。遇到这种情况，守护大名基本上都是不痛不痒地处理一番，让他们重新出仕。他们经常侵略别人的领地，但有时他们的领地也会被别人侵略，守护大名负责统辖武将、分配领地、裁决争夺领地的诉讼。征夷大将军和管领是更高级别的大名，征夷大将军下达的文书的作用之一就是保护守护大名的权利，这一点和德川幕府时代完全不同。应仁年间（1467年—1469年），细川胜元是摄津国、丹波国、土佐国和赞岐国的守护大名，细川成之是阿波国和三河国的守护大名，和泉国、淡路国和备中国的守护大名也是细川氏。畠山政长是纪伊国、河内国和越中国的守护大名，畠山义就是大和国和河内国的守护大名，畠山义纯是能登国的守护大名。斯波义康是越前国、尾张国和远江国的守护大名。

总之，细川氏是九国之主，畠山氏是五国之主，斯波氏是三国之主。不过，他们只是武将之上的管理人，无论名义上拥有多少个国，在实力上都无法匹敌德川幕府时代的国主。当时，真正有实力的并不是守护大名，而是身份低下的武将。根据《应仁记》的记载，细川氏有药师寺氏、香川氏、安富氏、三好氏、长盐氏、奈良氏、秋庭氏、内藤氏、三宅氏、吹田氏、茨木氏、芥川氏、能势氏等武将；斯波氏有甲斐氏、朝仓氏、织田氏、鹿野氏、瓜生氏、由宇氏、二宫氏等武将；畠山氏有游佐氏、誉田

德川家康时代

氏、甲斐庄氏等武将。这些武将拥有独立的兵力，如果不满意身居上位的守护大名，就会向征夷大将军诉讼，或者自立门户，而这正是室町时代动乱频发的主要原因。例如，起初，细川氏的下属、阿波国的武将三好氏本是信浓国的小笠原氏。镰仓时代，小笠原长房到阿波国任职后，子孙就定居在三好郡，被称为三好氏。换言之，细川氏尚未成为阿波国的守护大名之前，三好氏就是当地的武将。室町时代，细川氏担任了守护大名，但并未削弱三好氏的实力。这就如同现在的地方长官更替，并不会影响到当地豪族。与此类似，畠山氏的下属、河内国的武将甲斐庄氏本是楠氏；今川氏的下属、远江国的武将井伊氏与曾经是皇室派的井伊氏同姓。守护大名更替，武将却不变，这就是"家的时代"。换句话说，当时的日本是被武将割据的。据《势州四家记》记载，当时的伊势国有四大势力。

第一，隶属国主北畠氏的武将。南伊势五郡是北畠氏的领地，北畠氏住在一志郡的多艺，此地被称为"多艺御所"。北畠氏下面的武将有多艺郡的"田丸御所"、饭高郡的"大河内御所"和"坂内御所"，以及一志郡的"波濑御所""岩内御所""藤方御所""木造御所"，他们都是北畠氏的族人，拥有一千人左右的兵力。

第二，隶属工藤氏的武将。北伊势八郡分属于工藤氏、关氏和北方诸位武将。工藤氏是藤原祐经的后裔，住在安浓郡的长野村、奄艺郡的云林院、安浓郡的草生村及细野城等地，隶属工藤氏的武将都拥有一千人左右的兵力。

第三，隶属关氏的武将。关氏原本是伊势平氏，铃鹿郡龟

山、河曲郡神户和铃鹿郡峰的关氏被称为"关氏三武将"，再加上铃鹿郡国府和鹿伏兔城的关氏，合称"关氏五大将"，这些武将也都拥有一千人左右的兵力。

第四，北方诸位武将。他们既不隶属国主北畠氏，也不隶属工藤氏和关氏。其中，势力最大的武将是三重郡的千草氏，拥有一千人左右的兵力。势力比千草氏小的有三重郡的后藤氏、赤堀氏、阿久良川氏、楠氏、滨田氏和敷古氏，安艺郡的稻生氏，朝明郡的茂福氏、羽津氏、俣木氏、柿氏和萱生氏，员辨郡的上木氏和绳生氏等武将，总计四十八家，每家都拥有一二百人的兵力，他们各自独立，但常常会联合起来。

伊势国北方居然有四十八家武将，由此推想，当时日本武将的人数肯定超过了一两千。日本之所以被如此细分，一个原因是前文提及的领地分配，另一个原因则是日本多山、多河，地形上有许多隔绝。在冷兵器时代，即使兵力少，武将也能守住险地，保持独立。楠氏占据河内国的山中，自楠木正成之后的六十多年里，其能够以孤军抗敌，就是因为这种相对隔绝的地形。因此，直到室町时代末期，日本都有许多小型的共同生活体，由武将及其下属组成，这一形势我称为"家的时代"。后来，有一种力量彻底改变了这种形势，使"家的时代"转变为"国的时代"，那就是火枪投入战场。

第4节 火枪投入战场

火枪投入战场，始于天文 (1532年—1555年) 末期。据《言继卿记》记载，天文十九年 (1550年)，竹千代八岁，京都有了火枪队。弘治元年 (1555年)，松平元康十三岁，火枪传入毛利氏的领地。据说，毛利元就出兵山里时，富落七郎的火枪立下了大功。在松平元康少年时代，火枪已经投入战场。同时，日本已经开始生产火枪，和泉国是当时有名的火枪产地。根来寺住持手下有许多火枪手，这一记载散见于各书中。然而，当时的火枪①是火绳筒，而火绳会被大雨浇灭。另外，火绳的火在黑夜中比较显眼，易被敌军发现。由于这些原因，火枪投入战场后，弓箭并没有退出历史舞台。不过，火枪改变了战争的形态，打破了凭借"一夫当关，万夫莫开"就可以自立的规则，使人力和财力越来越集中，能拥有更多火枪、将更多武士派到战场上的武将胜算更大。因此，"合则强，分则弱"，大国的形成就成了优胜劣汰的必然结果。松平元康成为三河国国主时，织田信长吞并了尾张国、美浓国，武田信玄则占领了甲斐国、信浓国及上野国的一部分，二人都拥有了广阔的领地。同时，武将尽管仍然分割着领地，但对主君十分恭敬，其独立的气势和反抗的精神大不如前，而主君的威信渐增，庶系、族人和家臣都发誓绝对效忠主君。据说，天正三年 (1575年)，织田信长亲笔书写了越前国的法令。其中一条是："无论何事，都要听从主君的命令；无论何时，都要以主君为中心，私

① 指火绳枪，按照枪管的口径，从小到大依次为小筒、中筒和大筒。——译者注

底下也不能背叛主君。最重要的是，绝不能将矛头对准主君。谨遵本分，才是武士长久之道。"既然整个领地本就属于主君，所有人就必须听从命令，这是形势变化的结果。火枪导致战争规模化，要求力量必须统一起来。松平元康成为三河国国主时，国主和守护大名已经不是一个概念。从前，身为一国之主的守护大名是居于武将之上的"装饰品"；而现在，松平元康成了三河国国主，这意味着三河国的武将都必须以他为中心，形成一个整体。换言之，国主不再是装饰品，松平元康成了真正意义上的国主。织田信长的父亲织田信秀曾经请求武将联合出兵，彼时武将就像合伙人，拥有相应的权利。织田信长时代的尾张国，众武将沦为附庸，无权把战利品据为己有。自此，过去日本成百上千个独立的武将就偃旗息鼓了。这种变化，就是"家的时代"变成"国的时代"的体现。

概括来说，火枪促使战争规模扩大，推动了统一的进程，促使"家"变成"国"。由此，日本进入历史的新时代——战争规模化的同时，数量也减少了，取代频繁战斗的是带有决战性质的大战。过去武将掌权时，日本几乎每天都会发生小规模战斗，松平元康少年时代就是如此。然而，在他统一三河国后，战争的数量变少了，大部分纷争都通过外交方式解决。只有外交方式不起作用，连恐吓也无效时，他才会动用武力。此外，各方势力都不会轻易开战，除非有十足的把握，或者处于不得不战的情形。因此，元龟年间（1570年—1573年）和天正年间（1573年—1593年）的乱世，可能会被认为是"每天杀人的血腥世界"。实际上，这一时期战争的总体趋势是数量逐渐减少，规模逐渐扩大。各国也会采取种

种对外策略，避免陷入战争的泥淖。换言之，在该时期，"战争与外交，两手都要抓"。当时，有名的国主在战场上是善战的大将军，在对外策略方面是出色的政治家。总之，时代已经发生巨变。如果不能理解这些变化，就很难理解后文中的内容。

第 7 章

今川氏灭亡

第1节　武田信玄进攻骏河国

如前所述，武田信玄决定和松平元康联手灭掉今川氏。永禄十一年（1568年）十一月，武田信玄率军来到骏河国，在松野布阵。松野位于现今富士川车站北一里半，靠近富士川。今川氏真计划到清见寺迎战。然而，濑名信辉、朝比奈信置、三浦义镜和葛山氏元等重将早已变心。朝比奈信置最先逃跑后，众人也纷纷撤退，今川氏真非常震惊，放弃了骏府城，躲进骏河国志太郡的土岐山。幸好远江国挂川城城主朝比奈泰朝忠心耿耿，将今川氏真迎到挂川城，今川氏真才暂时安全下来。今川氏的武将中也有不肯向武田信玄屈服的人，他们固守在山西。所谓山西，指将安倍郡、益津郡和志太郡隔开的山脉以西的地区，就是现今的志太郡一带。今川氏真的祖父今川氏亲遭遇动乱时，逃到此处躲藏，将山西视为今川氏的避难所。在与武田信玄对抗的今川氏武将中，比较出名的有大井河东岸榛原郡的由比氏、浅原氏、斋藤氏，益津郡花泽城的小原镇实及其子三浦真明，藤枝城一带的长谷川氏等。然而，他们败给了武田信玄，被迫交出敌方人质。三浦真明交出了松平元康送来的人质松平康俊和酒井忠次的女儿阿风。这两个人质，当初作为小原镇实撤军吉田城的交换条件，如今被带到骏府城。武田信玄十分满意，把人质带回了甲斐国。据《甲阳军鉴》记载，永禄十一年（1568年）十二月十三日，武田信玄率军攻入骏府城，烧毁了今川氏武将的住宅，还烧了神社和寺庙。不过，这个记载真伪难辨。此后，今川氏真一直住在挂川城，直到去世。

第2节 今川氏灭亡的原因

嘉永年间（1848年—1855年），冈田鸭里的《日本外史补》出版。其中有一篇今川氏的传记，开篇如下：

> 今川义元没什么值得称道的。之所以记录他，是因为他出身世家、领地广阔，并且领地内人口众多、兵强马壮，可以比肩群雄。他继承了父亲今川氏亲的遗志，常欲逐鹿中原，不愿偏安一隅。实际上，松平元康的发迹与今川氏有关。中国东汉末年，刘表雄踞荆州，率军数万。刘备穷困，前来投靠。曹操来袭时，刘表病逝，其子刘琮平庸，不愿与刘备同心，主动投降。后来，刘备占据荆州，开创了霸业。今川义元因自大而失败，这一点与刘表不同。不过，松平元康占据了今川氏的领地，以此开创大业，这和刘备非常相似。当年，今川氏亲平定远江国后气势如虹。继任的今川义元占领了三河国，把事业推向巅峰，今川氏却开始显露出衰败的征兆。到今川氏真这一代，处境开始变得艰难。

由于少年时代的松平元康寄居在今川氏家中，所以冈田鸭里格外关注今川氏。同理，我写此书的目的之一，也是讲述今川氏的历史，弄清其灭亡的原因。世人将今川氏灭亡归罪于今川氏真，说"今川义元在遗训中提及儿子不能文不能武，可能会亡国亡家，真是知子莫若父"。不过，斯波氏、畠山氏、大内氏、

山名氏、土岐氏、京极氏、六角氏和上杉氏等守护大名都灭亡了，并非只有今川氏。实际上，像今川氏这样的家族，无论主君贤愚，单凭一己之力都难以阻挡历史潮流。今川氏灭亡，与其说是因为今川氏真，不如说是陷入了必然的命运。例如，征夷大将军足利义尚虽然年少，但很贤明；被三好长庆和松永久秀杀死的征夷大将军足利义辉，也天资聪颖；他们没有失德之处，却无力挽救征夷大将军家日渐衰落的势力。斯波氏、今川氏和吉良氏相继灭亡，原因也在于此。天下已经有了新气象，各家却仍因循守旧。主君们即使愿意与时俱进，遭到家臣反对时也无可奈何，只能和家臣一起灭亡。今川氏也是如此，其家族历史悠久，家臣中出身门阀者众多。据说，桶狭间会战时，看到主君今川义元被杀，家臣争先恐后地逃走了。后来，他们以此为耻，不再出仕，导致今川氏真的男宠三浦真明专权，今川氏开始衰败。

众所周知，有些日本武将喜欢男宠。以面首[①]得宠的并非只有三浦真明，重用面首的也并非只有今川氏真。如武田信玄宠信高坂昌信，松平元康宠信井伊直政。此外，从永禄十一年（1568年）到元龟元年（1570年）正月，三浦真明和父亲小原镇实坚守花泽城，并非完全不懂军事。与暗中向武田信玄投降的家臣相比，三浦真明是效忠今川氏的。无论哪个时代，只要出现一人专权，都因其他人没有实力。只能说今川氏的家臣都是世家子弟，自身并无才学，三浦真明才得以独揽大权。今川氏的家臣多依附于门阀，愚

①　《辞源》对"面首"的解释为"面，貌之美；首，发之美"。——译者注

蠢得类似于狂言①中的"笨蛋大名"②，导致主君只能相信少数几个有能力的人。这并非始于今川氏真，今川义元也只信任临济寺的太原雪斋。太原雪斋去世后，今川义元的势头随之减弱，这也反映出今川氏家臣的无能。《甫庵太阁记》说织田信长从下贱阶层中提拔了丰臣秀吉，从不会开火枪的人中提拔了泷川一益，从出身信浓国榛原山的人中提拔了山内一丰。天下已经进入了实力较量的时代，今川氏却依然重用世家子弟，导致家臣因循守旧。主君无力扭转局面，如何能战胜清洲同盟代表的新兴势力呢？这是今川氏灭亡的原因之一。另外，今川氏真擅长游艺，是蹴鞠名人，延续了过去高门大户的享乐主义。而织田信长和松平元康这种真正意义上的国主，凡事都要亲力亲为，只有天下归顺后才能享乐。这也是今川氏灭亡的原因之一。

第3节　远江国归顺松平元康

松平元康一方面出兵远江国，与武田信玄夹击今川氏真，另一方面派兵协助织田信长，履行盟友的义务。他们的关系可以用同一个联盟来表示——"武田信玄–织田信长–松平元康联盟"。这个联盟的三方都获益了：织田信长拥戴足利义昭成功上洛③；武田信玄占领了骏河国；松平元康占领了远江国。其中，织田

---

① 狂言，日本戏剧流派之一，从猿乐发展而来。——译者注
② 日本狂言的一种剧目题材，又译"笨蛋老爷"。通常是主仆二人出场，以勇敢、聪明的仆人为主角，反衬主人的滑稽、愚笨等丑态。——译者注
③ 上洛，即"前往京都"。——译者注

信长拥戴足利义昭成功上洛的具体时间是永禄十一年（1568年）九月二十八日；武田信玄出兵骏河国的时间是永禄十一年十月。从时间顺序来看，织田信长的行动在前，武田信玄的行动在后。不过，为了承接上文，我先讲述松平元康与武田信玄的关系。

武田信玄率军攻入骏河国前后，松平元康也出兵远江国。二俣城的松井宗信、高薮乡的浅原主殿助和头陀寺的松下之纲父子等人率先投降，其中头陀寺在远江国长上郡内，位于天龙河畔。远江国周智郡的久野宗能也投降了，后来久野宗能占据的地盘改名为久努西村，《和名钞》记载的远江国山名郡久努乡应该就是附近地区的总称。久野氏是远江国的大族，久野宗能属于领主这一支，庶系有久野宗隆、久野宗一、久野宗政、久野宗益和本间政季等人。久野氏势力强大，甚至有人说，只要久野氏带头，整个远江国都会与松平元康为敌。为了说服久野氏，高力清长请出了久野宗能的皈依师、远江国可睡斋的住持等膳和尚。于是，永禄十一年十月，久野宗能归顺松平元康，将儿子千菊丸送到冈崎城做人质。井伊谷的武将也归顺松平元康，井伊谷位于远江国引佐郡山，在气贺北面一里，原本是今川氏的家臣井伊直亲的居城。井伊直亲被今川氏真杀害后，井伊氏的三位武将菅沼忠久、近藤康用和铃木重时成为这个地方的新主人。松平元康的部下菅沼定盈与菅沼忠久同姓，是旧识。在菅沼定盈的斡旋下，井伊氏的三位武将都归顺了松平元康，被称为"井伊谷三人众"，他们可以保留原有领地。引间的饭尾氏和堀河的大泽基辅也投降了。根据大泽氏的传记，松井氏、浅原氏、松下氏和久野氏等武将望风而降后，大泽氏独守孤城。松平元康赞赏其忠义，也发给其保

障领地的誓约书，于是大泽氏也投降了。其他琐事就不再赘述。总之，远江国的武将望风披靡，很多人没放一枪一箭便投降，各自交出人质。松平元康几乎没有遭到任何抵抗，便占领了西远江和中远江。永禄十二年（1569年）正月，松平元康率军向今川氏真所在的挂川城进发。

第4节　今川氏真退出挂川城

兵临挂川城时，松平元康遇到了麻烦，他与武田信玄的同盟也出现了小插曲。起初，武田信玄没有把松平元康放在眼里。尽管双方约定以大井川为界，松平元康占领远江国，武田信玄占领骏河国，但武田信玄也想占领远江国，时常寻衅滋事。天龙川右岸、井伊谷东北有一个爱宕城，武田信玄命秋山虎繁率军从信浓国去爱宕城，在见付乡驻扎。依附强者是当时的惯例，但面对松平元康和武田信玄，远江国诸位武将不知何去何从。城东郡马伏塚的小笠原信兴打算向秋山虎繁投降，但遇到同族的小笠原安元后改变了主意，两人一起向松平元康投降。秋山虎繁希望久野宗能屈服，遭到拒绝后便派兵包围了久野城。松平元康震怒，说自己与武田信玄早有约定，要求秋山虎繁立即退兵。秋山虎繁不敢抗议，只好解除包围，撤到山梨，又北上蟾田原，从原川谷经过仓见和西乡，来到佐野的中山，回到骏河国。这是《三河物语》的记载。还有一个说法，称秋山虎繁并非回到骏河国，而是去了信浓国的伊那口。总之，他派兵包围久野城失败，武田信玄抢占整个远江国的计划也落空了。松平元康抵达远江国不久后，久野

宗能前来拜谢。这样一来，远江国的一些武将开始动摇，主动投靠松平氏，松平元康也趁机占领了远江国的部分领地。

今川氏真意识到难以守住挂川城，便主动求和。永禄十二年（1569年）五月六日，他离开挂川城，从挂塚浦上船，撤退到伊豆国的户仓。松平元康占领远江国后，便与北条氏康商议，打算将骏河国还给今川氏真。这是他采用的对外策略，一方面承诺任由武田信玄占领骏河国，另一方面劝说今川氏真夺回骏河国。我们如果批评武田信玄不守信用，同时也应该批评松平元康。更何况武田信玄并没有公然与松平元康为敌。秋山虎繁虽然举动不妥，但被斥责后就撤退了。如今，今川氏真已经离开挂川城，整个远江国归松平元康所有。永禄十二年五月下旬，松平元康率领五六百人在榛原郡巡游，武田信玄的部下山县昌景率三千多人也经过此地。双方在金谷相遇时，发生了争执。见寡不敌众，松平元康便退后五六百米，找到一个地势有利的地方，按兵不动。山县昌景心存忌惮，不敢追击，便直接渡过大井川，回到骏河国。据说，武田信玄知道此事后很生气，训斥山县昌景无故挑衅，命令他蛰居一段时间。然而实际上，武田信玄与山县昌景一样，也想灭掉松平元康。这个故事虽然不可全信，但反映出武田信玄是一个危险人物——松平元康对此也有所察觉。不过，到此时为止，双方还在表面上保持着同盟关系。

第5节　武田信玄真正占领骏河国

占领远江国后，永禄十二年（1569年）五月二十二日，松平元

康将挂川城封赏给石川家成，将见付城的住宅用地赏赐给各位家臣。松平元康原本也想住在见付城，但他又觉得不适合，就另外在引间乡的滨松城修建宅邸。元龟元年（1570年）正月，松平元康移居滨松城，此后德川氏（即松平氏）的家臣被后世称为"滨松谱代家臣"。随后，松平元康将冈崎城封赏给长子松平信康。

为了真正占领骏河国，武田信玄付出的心血远远超过了松平元康，因为他有一个劲敌——北条氏康。武田信玄抢占骏河国，赶走了北条氏康的女婿今川氏真，北条氏康对此十分愤怒。永禄十一年（1568年），北条氏康与武田信玄绝交。为了夹击武田信玄，北条氏康联合越后国的上杉谦信，但上杉谦信只是口头应允，并未行动。尽管如此，北条氏康依然得到了好处，那就是免遭上杉谦信进攻，可以专心对付武田信玄。永禄十二年，北条氏康夺回了骏府城，并帮助今川氏的家臣冈部正纲和安部元真等人赶走了武田信玄的部下。孰料永禄十二年秋，有消息说武田信玄率军进攻关东，在小田原城放火，在三增岭大破北条氏康的部队。北条氏的武将闻讯，纷纷撤离骏府城，回到小田原城。同年十二月，武田信玄乘虚而入，占领了骏府城。元龟元年正月，武田信玄又出兵山西，攻陷了花泽城、藤枝城等地，占领了骏河国和远江国交界处的小山城。至此，局势基本定型。据说，在武田信玄和北条氏康争斗的过程中，松平元康与北条氏康结盟，使骏府城一度回归今川氏手中，《德川实纪》采纳了这种说法。不过，我对此持怀疑态度，因为松平元康与武田信玄公然为敌始于元龟三年（1572年）春，而元龟元年时，双方依然维持着盟友关系。武田信玄夺回骏府城后，在防守北条氏水兵的重要地段筑城，如持船城、久能

城和清水城等。具体情况如下：

第一，持船城，又名用宗城。它位于骏河国安倍郡海岸，在阿部川的河口往西，过去曾是码头。附近有个地方叫石部，地处关口，地形狭长，易守难攻，武田信玄在此筑城，以应对北条氏的水兵。

第二，久能城。它属于骏河国有渡郡有渡山[①]的一部分，位于现在的东照宫内部。附近被称为"根古屋"，也叫"根小屋"，是大本营的意思。久能城是山城，山脚下是昔日的海道，武田信玄在此筑城，俯瞰北条氏的水兵，以便随时应对。

第三，清水城。在有渡郡清水和江尻之间，有一个地方叫"袋町"，武田信玄在此地筑城，也便于应对北条氏的水兵。

北条氏发迹于伊豆半岛，以紧靠骏河湾和相模滩的三浦半岛为领地，与里见氏隔着东京湾相对而立，素来擅长海战。《北条五代记》中说北条早云时代发现了八丈岛，将其纳入版图内。到北条氏直[②]时代为止，北条氏每隔三年从伊豆国的下田渡海，选派优秀的水手操控大船，利用秋季的北风航行到八丈岛，收取上等绢绸作为年贡。而武田氏身居山国，素来不擅长海战，苦恼于关东的水兵将领梶原氏在骏河湾和远州滩叱咤风云。因此，占领骏河国后，武田信玄首先就要压制北条氏康的海上霸权。我认为，武田信玄能够大张旗鼓地应对北条氏，也反映出他当时与松平元康仍是盟友。

---

① 今有度郡有度山。——译者注
② 北条氏直（1562—1591），日本战国时代的大名，小田原城城主。——译者注

第 8 章

信长包围网

第1节　清洲同盟帮助征夷大将军家复兴

让我们把视线转向清洲同盟。如前所述，织田信长多方讨好武田信玄，解决了后顾之忧。永禄七年（1564年）八月，织田信长率军攻入美浓国，打败斋藤龙兴[①]，攻占了稻叶山城后，他移居到稻叶山城，并将该城改名为"岐阜城"。然而，美浓国是山国，想真正占领它绝非易事，织田信长为此耗费了三年时间。永禄十年（1567年），美浓国彻底归顺后，织田信长便接受足利义昭的委托，承担起复兴征夷大将军家的大任，还和盟友约定了瓜分计划：织田信长出兵京都，武田信玄占领骏河国，松平元康夺取远江国。不过，足利义昭并没有把希望寄托在织田信长一人身上。永禄八年（1565年）夏，足利义昭逃出兴福寺一乘院，寄居在近江国观音寺城城主六角义贤的宅邸，倡议群雄诛杀三好长庆和松永久秀等人。足利义辉在世时，越后国的上杉谦信已经两次上洛，深受倚重，此番也收到了足利义昭的邀请。武田信玄和北条氏康等人应该也收到了邀请，但他们有强国为敌，不易上洛。只有上杉谦信在北海道没有劲敌，只要能和越前国的朝仓氏商议好，就能上洛。武田信玄担心被上杉谦信捷足先登，便想着让盟友织田信长率先上洛，自己则趁机占领骏河国和远江国。上杉谦信也有长远打算，计划先与北条氏康和谈，联手灭掉武田信玄，再率军上洛。然而，和谈迟迟没有结果。

---

① 斋藤龙兴（1548—1573），日本战国时代的大名，美浓国斋藤氏末代家督。——译者注

永禄十一年（1568年）七月二十七日，织田信长先发制人，从越前国迎接足利义昭，并将其安置在美浓国西庄的立正寺。随后，足利义昭和织田信长向六角义贤派出使者，希望他交出人质以表忠心。足利义昭还声称，只要能达成夙愿，就按照先例任命六角义贤为京都所司代①。结果，使者逗留了七天，六角义贤仍然不答应。于是，织田信长决定出兵讨伐六角义贤。永禄十一年九月十一日，织田信长和妹夫浅井长政②兵分两路，率军进攻六角义贤父子所在的观音寺城和箕作城。同年九月十二日，箕作城被攻陷；九月十三日，观音寺城被攻陷。进攻箕作城时，松平元康派来的松平信一立下大功，得到织田信长的战袍作为奖励。六角义贤父子逃到加贺国的山中。随后，织田信长比足利义昭先行出发。九月二十八日，织田信长进入东福寺。随后，他率军向近畿发起进攻，三好长庆和松永久秀等人或投降，或撤退，局面很快就稳定下来了。《信长公记》记录道："近畿的敌军在数个地方筑城，却在十多日内全部逃跑了。"同年十月四日，足利义昭从芥川回到京都，织田信长也随之进入京都。十月二十二日，足利义昭进宫，实现了复兴征夷大将军家的夙愿。织田信长立下大功后，浅井长政和松平元康也想分一杯羹。与今川氏绝交后，松平元康改名为松平家康。此前，松平元康又通过近卫前久申请恢复德川的姓氏，获准改姓德川，真正成了"德川家康"。在东面，他支持盟主织田信长的霸业；在西面，他与武田信玄结盟后占领了远江国，真可谓幸运儿。

① 京都所司代，日本古代的官职，主要负责维持京都的治安。——译者注
② 浅井长政（1545—1573），日本战国时代的大名，浅井氏的第三代家督，娶了织田信长的妹妹阿市。——译者注

第2节 德川家康真正占领远江国

从永禄十二年 (1569年) 五月六日今川氏真撤出挂川城，到元龟三年 (1572年) 正月为止，武田信玄和清洲同盟之间始终是合作关系。武田信玄虽然悄悄将手伸向了美浓国、三河国和远江国的边境，但没有撕破脸面。不过，对清洲同盟而言，依然是不能小看武田信玄的。实际上，在德川家康占领远江国后的四年里，武田信玄未表现出敌意是有原因的。如前所述，对武田信玄的不义之举，北条氏康十分愤怒，决定帮助今川氏真夺回骏河国。为此，北条氏康向上杉谦信求和，想联合夹击武田信玄。他将七儿子北条三郎送给上杉谦信当养子，暂时维护了双方的友好关系。此时，武田信玄如果与清洲同盟为敌，就会腹背受敌。背面是北条氏康或者上杉谦信，正面是清洲同盟，武田信玄根本无力招架。因此，元龟三年 (1572年) 正月二十八日，武田信玄致信织田信长的右笔^①武井夕庵，说即使手握大半个日本，也不会背信弃义。此前，上杉谦信、武田信玄和北条氏康争夺关东时，德川家康趁机统一了三河国。此番，趁着武田信玄专心对付上杉谦信和北条氏康的时机，德川家康又占领了远江国。对政治家而言，这四年并不短暂。德川家康利用这段时间，收服了远江国的人心。后来，遭到武田信玄进攻时，远江国上下没有出现望风而逃的丑态，而是守住了边境和滨松城。这就是德川家康四年的经营成果。

---

① 右笔，日本武家的职务名称，掌管文书和记录。——译者注

第3节　足利义昭策划包围织田信长

武田信玄果真希望清洲同盟在这四年里一切安好吗？换言之，我们没有看到他们的冲突，是否就意味着他们都希望对方繁荣呢？事实并非如此。表面上，武田信玄与清洲同盟合作，实际上，他计划灭掉清洲同盟。不过，这个阴谋的始作俑者并非武田信玄，而是一个级别更高的人。就是这个人令织田信长倍感苦恼，也给德川家康带来了麻烦。他是谁呢？他就是被织田信长拥立，得以复兴征夷大将军家的足利义昭。关于足利义昭的为人，世间很少有传闻。《老人物语》把他描述成一个思虑不周的蠢人，说他被武田信玄蒙蔽。这个说法颠倒了主次关系，事实并非武田信玄劝说足利义昭，而是恰恰相反。实际上，足利义昭一贯的策略就是收服有实力的大名为己所用——离开兴福寺时，他倚重六角义贤；之后，他依靠若狭国的武田氏；后来，他倚重越前国的朝仓氏，其间，他还派使者去联络上杉谦信和北条氏康；此后，他又倚重织田信长，复兴了征夷大将军家；以上事实足以说明足利义昭善于玩弄阴谋。更何况"瘦死的骆驼比马大"，他成了征夷大将军，足以笼络因循守旧的人。

织田信长了解足利义昭的为人，进京后便试图阻断他和其他大名的联系。织田信长说："征夷大将军向各地大名致信索要物品，并非没有先例，但这有损名誉，请您不要再这样做了。您有什么要求，可以告诉在下，在下定当效力。"然而，足利义昭毫不在意，依然给各地大名致信。永禄十二年（1569年）三月十日，足利义昭催促上杉谦信早日上洛。他还联系大阪本愿寺的僧人及朝

仓义景、浅井长政和武田信玄，希望他们联手灭掉织田信长。此后，在织田信长有生之年，命人包围和攻击他的主要人物就是足利义昭。可以说，正是因为足利义昭，织田信长才郁郁而终。

丰臣秀吉也看透了足利义昭的秉性，不顾世人议论，只给了他二百石领地。据说，从近江国逃到若狭国时，足利义昭在琵琶湖上的船中赋诗一首。诗文如下：

> 落魄江湖暗愁结，孤舟一夜思悠悠。
>
> 天公亦慰吾生否，月白芦花浅水秋。

如果此诗真的是足利义昭所作，那文采真是十分出色了。然而，这首诗记录在真伪难辨的军书中，是否是好事者的伪作也未可知，我们不能据此判断足利义昭的贤愚。不过，从永禄八年（1565年）征夷大将军足利义辉去世到天正十年（1582年）织田信长被杀，足利义昭说服天下有实力的大名及比叡山和本愿寺的僧人，努力复兴征夷大将军家，精力的确旺盛。与足利义昭相比，石田三成[①]等人略微逊色。这也是因为足利义昭是征夷大将军家的嫡系，能够摆布因循守旧的人。对足利义昭策划的"朝仓义景–浅井长政–本愿寺僧人同盟"，武田信玄早就心有同感，接到邀请后，便表达了合作意向。然而，由于背后还有上杉谦信和北条氏康等强敌虎视眈眈，武田信玄并未公然与清洲同盟为敌。朝仓义景、浅井长

---

① 石田三成（1560—1600），日本安土桃山时代的武将、大名，丰臣氏的家臣。——译者注

政和本愿寺僧人不断袭击织田信长时，武田信玄始终装作毫不知情的样子，表面上仍然和清洲同盟保持友好关系。

第4节　金崎退兵

《宗长手记》记载了京都人丰原统秋寄给骏河国宗长的一封书信，信中说："您上个月三日寄出的信，于本月十九日收悉。"由此可见，从京都到骏河国的书信四十多天才送达，速度很慢。根据《家忠日记》，天正十年（1582年）六月二日凌晨，本能寺之变[①]发生，两天后消息就传到了三河国，这个速度就是例外了。实际上，当时的交通和通信不发达，就像20世纪初的日本人还不了解欧洲一样，大名之间的交流也不顺畅，出现一些误解并不奇怪。尽管足利义昭说服了朝仓义景、浅井长政和本愿寺僧人，又邀请武田信玄加盟，但具体联络不及时，联合行动也不合拍。听说武田信玄加盟时，朝仓义景和浅井长政误以为胜券在握，便蠢蠢欲动。元龟元年（1570年）春，朝仓义景率先向织田信长发起了进攻，据与朝仓义景有关的记录记载，"织田信长作为天下的副将军，在各地没收寺庙和神社的领地。当时，美浓国有一处领地，原本属于朝仓氏，但因为是距离遥远的飞地，便被捐献给延历寺。这块领地被织田信长没收后，延历寺僧人提起诉讼，关东公方判定应该归还。结果，织田信长只是口头应允。延历寺

---

① 本能寺之变，天正十年六月二日，明智光秀谋反，带兵袭击暂住京都本能寺的主君织田信长，迫使其自焚而死。——译者注

僧人无比愤怒，向朝仓义景派出使者，声称要'诛信长，清君侧'"。

另有一说称，元龟元年 (1570年) 春，京都举行征夷大将军府邸落成仪式，织田信长再三催促朝仓义景前来，但对方始终不应。总之，双方都有各种借口。我认为，足利义昭才是幕后的关键人物，应该是他唆使朝仓义景率先挑衅。元龟元年四月十四日，德川家康特意从远江国来到京都，出席征夷大将军府邸落成仪式。随后，他与织田信长会师，出兵越前国。四月二十五日，织德联军^①抵达敦贺郡，攻下手筒山，砍下一千三百七十多个首级。四月二十六日，织德联军进攻金崎城，朝仓昌恒投降，引壇城的守军也撤退了。织德联军计划径直攻入越前国，但有消息说浅井长政突然背叛。织田信长大惊失色，因为他与浅井长政的同盟由来已久；他还是尾张国国主时，浅井长政便成了他的妹夫，也是盟友；他灭掉信浓国的斋藤氏时，浅井长政也立下过功劳。在织田信长眼里，三河国的德川家康、飞骅^②国的姊小路赖纲和近江国的浅井长政尽管实力不同，但都是类似家臣的盟友。此外，在织田信长的帮助下，浅井长政已经占领了大半个近江国，只要赶走观音寺城的六角义贤，就能称霸整个近江国。因此，织田信长做梦也没想到浅井长政会背叛他。然而，浅井长政有自己的想法。浅井氏的居城在小谷城，位于近江国浅井郡，地处高山峻岭，山间道路直通越前国，从地理位置来说，浅井氏以越前国为后援，倚

① 即织田信长和德川家康的联合部队。——译者注
② 骅，日本特有的汉字。——译者注

重朝仓氏。后柏原天皇[1]在位的永正十四年（1517年）九月，京极高峰和六角氏联合包围小谷城，浅井长政的祖父浅井亮政向越前国求援，得到朝仓孝景的援助，此后浅井氏才确立了在近江国北部的权威。另外，浅井氏还有足利义昭在背后支持，目光短浅的浅井氏以为由足利义昭、武田信玄、朝仓义景、浅井长政、本愿寺僧人结成的同盟必胜无疑，便背叛了织田信长。另外这个时期的浅井氏依附朝仓氏，如同昔日的德川氏依附今川氏，因此浅井氏的守旧家臣认为背叛朝仓氏实属不义之举。

第5节　织德联军逃脱

敦贺郡形似一只大口袋，前有越前国，后有近江国，被围困其中的织德联军成了瓮中之鳖，无论有多少士兵都无济于事。朝仓义景和浅井长政的这番计谋真是神妙，令织田信长的谋略和德川家康的勇猛也无处施展。根据《三河物语》的记载，织田信长意识到这是生死攸关的时刻，没有通知德川家康便连夜撤走了。织田信长传记中有名的"朽木越"就是指此事。朽木谷位于近江国高岛郡，南北长、东西窄，从京都北面的八濑和大原进入此谷，可以抵达若狭国和越前国。此时，松永久秀在织田信长身边，他说："浅井长政已经背叛了您，我要设法让您穿越朽木谷回到京都。我和朽木谷的领主朽木元纲是旧识，我去说服他投靠

① 后柏原天皇（1464—1526），日本第104代天皇，1500年到1526年在位。——译者注

您。如果他不肯投靠您，我就当场杀死他。"后来，松永久秀成功说服了朽木元纲，帮助织田信长脱离虎口。元龟元年（1570年）四月三十日，织田信长率军返回京都，将丰臣秀吉的七百名士兵留在了敦贺郡。得到丰臣秀吉的通报后，德川家康才了解到浅井长政背叛和织田信长撤退的详情，并在丰臣秀吉的引导下才逃出困境。之后，德川家康和丰臣秀吉一起踏上归途，途中遭遇朝仓义景的追击，丰臣秀吉数次陷入危机，德川家康数次折返相救，甚至亲自骑马开枪。后来，与丰臣秀吉分开的德川家康来到若狭国的西津，又到小滨，进入根来谷，穿过针田和鞍马山，回到了京都。和织田信长见面后，德川家康回想起这番经历，感叹朝仓义景和浅井长政的计谋。不过，初学者下棋时往往与胜利失之交臂，初上战场的武士也是如此。朝仓义景和浅井长政认为胜利已经唾手可得，最终却落空了。而织德联军逃脱后，就不再是老鼠，而是老虎了。足利义昭的阴谋也开始露出破绽。

第6节　姊川之战

为了围堵织田信长，足利义昭布下了天罗地网，朝仓义景、浅井长政及逃到加贺国的六角义贤都成了棋子。这样一来，刚刚虎口脱险的织田信长又要面对南面和北面的敌军，以及西面的大阪本愿寺，他被围困在京都，进退维谷。元龟元年（1570年）五月九日，织田信长离开京都，返回美浓国，考虑到与浅井长政已经反目成仇，他决定放弃中山道，选择小路。得到情报后，六角义贤计划在途中拦截，于是将浅井长政的武士迎入鲶江城，又劝说

市原乡的一向宗僧人发起暴动。不过，织田信长也有帮手，如近江国蒲生郡的蒲生贤秀和菅谷政贞——他们从前是六角义贤的部下，后来投靠了织田信长。在他们的帮助下，五月十九日，织田信长翻越了伊势国与近江国边境的千草山，回到岐阜城。六角义贤又派千草山的火枪高手杉谷善住坊潜伏在织田信长的必经之路上，在距离其二十多米的地方射出两发子弹。幸运的是，织田信长只是有些擦伤，避免了像伊藤博文[1]一样遇刺身亡的命运。

　　同年六月十九日，织田信长出兵报复朝仓义景和浅井长政，得到德川家康一如既往的支援。织田信长之所以敢出兵，是因为武田信玄尚未露出敌意。听闻织田信长的大军已经出发，近江国坂田郡的堀氏和樋口氏背叛了浅井长政，近江国坂田郡长比城和美浓国郡上郡刘安城的守军也都逃跑了。当初，织田信长退到岐阜城时，浅井长政和六角义贤都与他为敌，近江国的武将似乎都已背叛了织田信长。然而，浅井长政实力弱小；六角义贤麾下虽然有加贺国和伊贺国的精兵，就像欧洲中世纪驰骋于险阻之地的瑞士军队，但人数不多，且六角义贤麾下大多是本愿寺的僧人，早已被织田信长的部下柴田胜家和佐久间信盛赶跑了。六月二十一日，织田信长兵临小谷城下，四处放火。六月二十二日，双方暂时休战。六月二十四日，织田信长率军包围了浅井长政的部下大野木秀俊、三田村国定和野村直隆等人所在的横山城，并在横山城北面、姊川南岸一个叫"龙鼻"的地方布阵，德川家康也于当日率军抵达"龙鼻"。浅井长政再三求援，朝仓义景才派

---

① 伊藤博文（1841—1909），日本政治家，曾任内阁总理大臣。——译者注

族人朝仓景健率八千人在大寄山布阵。六月二十七日拂晓，朝仓景健和浅井长政转移阵地，并列布阵。据说，他们的总兵力有一万三千人。六月二十八日凌晨，织德联军对阵浅井长政和朝仓景健的军队，大获全胜，这就是姊川之战。

根据《应仁记》的记载，文明三年（1471年），朝仓敏景平定了越前国的叛乱，成为当地的守护大名，定居在一乘谷。朝仓敏景的儿子是朝仓氏景，孙子是朝仓贞景，曾孙是朝仓孝景，玄孙是朝仓义景，朝仓义景娶了细川晴元[1]的女儿。天文二十一年（1552年），朝仓义景被任命为左卫门督[2]。此后，朝仓家世代都是越前国的守护大名，身份堪比贵族，又蒙征夷大将军恩准乘坐黑漆镶框的轿子，在领地内耀武扬威。然而，在朝仓氏的领地上，政令并不统一，僧人跋扈，这与从前今川氏的处境相同。织田信长率军攻入敦贺郡，包围了手筒山。朝仓义景却见死不救，从浅生庄退回一乘谷城。后来，浅井长政多次求援，朝仓义景都不敢前往，只让族人朝仓景健代替自己出征，暴露出他的软弱性格。这是旧式家族的通病，织田信长的本家织田大和守家也是如此。织田信友原本是斯波氏的重要家臣，夺了主君的权力后，自称尾张国代理守护大名，在清洲城耀武扬威。因为世代极尽奢靡享乐之风，到织田信秀掌权时，织田大和守家就沦为提线木偶。到织田信长掌权时，织田大和守家彻底灭亡。朝仓氏之所以急转直下，也是因为家族结构是旧式的，力量尚未统一，尽管名义上有八千

---

① 细川晴元（1514—1563），曾任室町幕府管领，山城国、摄津国、丹波国守护大名。——译者注
② 左卫门督，左卫门府（负责守卫皇宫各个城门的机关）的长官。——译者注

兵力，却都是乌合之众。我们再来看看浅井氏的情况。天文十五年（1546年），浅井长政的祖父浅井亮政去世，家督之位传到浅井长政的父亲浅井久政手中，但此时的浅井氏不过是三代之家。作为新生力量，浅井氏比朝仓氏有锐气，但无奈领地小而偏僻，在同盟中只能沦为附庸。因此，浅井氏和朝仓氏败给了织德联军。不过，本书的目的并不在于写军记，我也不打算详细记述姊川之战。另外，关于此战的详情，世间多有争议。我们只要知道在此战中，德川家康作为织田信长的盟友立下了大功就可以了。

第7节　足利义昭围剿织田信长失败

尽管清洲同盟大获全胜，但对付它的秘密同盟，即足利义昭、武田信玄、朝仓义景、浅井长政、本愿寺僧人结成的同盟并未终止。姊川之战后不久，元龟元年（1570年）八月末，浪迹于美浓国的斋藤龙兴、南方的无主武士细川晴元、三好长逸、三好康长、安宅信康、十河存保、筱原长房、岩成友通、香西佳清、三好为三等八千多人，暗中得到本愿寺僧人的支持，在野田城和福岛城屯兵，与织田信长为敌。织田信长亲自率军出征，在天王寺布阵。秘密同盟本是一盘散沙，八月二十八日夜晚，三好为三[①]与香西佳清率先投降。织田信长先后将阵地转移到天满森林、海老江。九月十三日夜晚，眼见守军难以支撑，之前伪装中立的本

---

① 三好为三（1536—1632），日本战国时代至江户时代前期的武将，三好政长的长子。——译者注

愿寺僧人忽然开枪，公然与织田信长为敌。九月十六日，朝仓义景和浅井长政也兵临坂本口，他们的兵力总共有三万人，对织田信长而言，事态变得有些困难。九月十九日，织田信长的弟弟织田信治及部下森可成等人战死。九月二十日，朝仓义景和浅井长政乘胜放火，烧了大津、马场和松本，又翻越逢坂，烧了醍醐和山科，即将进入京都。九月二十二日，屯兵中岛的织田信长听闻后，即刻下令停止进攻野田城和福岛城，开始撤军。尽管遭到本愿寺僧人追击，但织田信长退兵迅速，顺利返回京都。朝仓义景和浅井长政的先头部队未敢入城。九月二十四日，织田信长离开本能寺，翻越逢坂，进攻朝仓义景和浅井长政的部队。原本在下坂本扎营的朝仓义景和浅井长政到比叡山与盟友会合。公然与织田信长为敌的有越前国的朝仓义景、近江国北部的浅井长政和六角义贤，以及斋藤龙兴等无主武士，还有近江国本愿寺分寺、大阪本愿寺和比叡山的僧人。近江国有许多本愿寺分寺，这些分寺的僧人全部起兵造反，阻拦织田信长往返京都及其领地_{（尾张国和美浓国）}的道路。另外，织田信长的部下丰臣秀吉和丹羽长秀[①]镇压了部分造反势力，但各地的造反依然此起彼伏，织田信长计划与比叡山的僧人和谈，却遭到拒绝。九月末到十二月初，无可奈何的织田信长在志贺城安营扎寨，与比叡山上的朝仓义景和浅井长政对阵。在此期间，十月二十日，织田信长向比叡山派出使者，希望一决胜负，但对方始终不应战。作为织田信长的盟友，德川家

---

① 丹羽长秀（1535—1585），日本战国时代到安土桃山时代的武将，织田氏的家臣，"织田四天王"之一。——译者注

康一方面给石川家成分拨人手，命令他前去增援，另一方面命令本多康重和松井康亲协助织田信长的部下，共同镇压被六角义贤煽动起来的近江国野州郡的造反势力。不久，织田信长采取了惯用的策略，与六角义贤议和，劝降了三云氏和三上氏，平息了近江国南部的叛乱。不过，在大阪本愿寺僧人的指使下，尾张国长岛的叛乱者开始兴风作浪。十一月二十一日，叛乱者攻入小木江城，打死了织田信长的弟弟织田信兴。然而，织田信长并未从志贺城撤军，而是加紧包围，希望彻底消灭朝仓义景和浅井长政，因为敌军如果再下山，就要被活活饿死了。《三河物语》记载了此次战事：

> 织田信长心想，如果下雪，那么山上的敌军一旦吃光兵粮，就会活活饿死。然而，比叡山僧人持续为朝仓义景和浅井长政运粮，朝仓义景和浅井长政也不愿意轻易屈服。山上有敌军三万多人，而且近江国大部分地区都有其同党，阻断了织田信长返回岐阜城的道路。而织田信长手头的兵力只有一万人，前景极不明朗。因此，他计划和谈，便向山上派出使者。

这是当时三河国附近流传的说法。不过，事实完全相反——主动求和的并非织田信长，而是朝仓义景和浅井长政。他们虽然仰仗比叡山僧人，却没有勇气决一死战；况且大阪本愿寺没有起兵，足利义昭的合纵连横之策也是"远水解不了近渴"。如果织田信长干耗下去，那么朝仓义景和浅井长政真会被活活饿死。

德川家康时代

于是，他们频频向足利义昭诉苦。始作俑者足利义昭当然不能坐视不理，便劝说织田信长和谈。织田信长不同意，发誓要对抗到底。足利义昭陪着关白二条晴良来到三井寺，会见织田信长，以天皇的命令施压。织田信长认为时机已到，便同意了。十二月十三日，双方达成如下条件：

第一，织田信长把兵力撤回势田；

第二，朝仓义景和浅井长政在抵达高岛前，始终带着织田信长方面的人质。

元龟元年十二月十五日，朝仓义景和浅井长政率军从比叡山下来，回到各自的领地。足利义昭没有实现预期目标，只能放走织田信长，想必他的内心一定愤愤不平。

第 9 章

德川家康和武田信玄的斗争

第1节　德川家康监视武田信玄

　　姊川之战后，元龟二年 (1571年) 五月，为了报弟弟织田信兴被
杀之仇，织田信长率军攻入川内郡长岛，四处放火。不过，他也
知道此时不宜与本愿寺僧人为敌，便向足利义昭提出申请，希望
以武田信玄为中介，促成自己与本愿寺僧人的和谈。如前所述，
足利义昭是计划灭掉织田信长的主谋，武田信玄是帮凶，本愿寺
僧人不过是党羽。而在表面上，足利义昭是织田信长拥立的征
夷大将军，武田信玄是织田信长的盟友。因此，足利义昭只好答
应，武田信玄也只能遵从。于是，本愿寺僧人同意和谈。朝仓义
景和浅井长政撤退后再未出兵，本愿寺僧人又与织田信长和谈，
孤立了比叡山僧人。元龟二年九月，织田信长趁机攻入比叡山，
烧毁佛堂和僧房，杀死了很多僧人，使以足利义昭为首的同盟失
去了比叡山这支力量。此外，姊川之战后到元龟二年年底，织田
信长的境遇十分危险。姊川之战以前，德川家康每次都能离开领
地，前去援助织田信长。然而，姊川之战后的一年里，有一大半
时间，德川家康未敢离开领地，只是派遣部下前往增援，这是因
为织田信长和德川家康已经察觉到武田信玄有异心。这样一来，
三河国与远江国的边境就成了最危险的地方。和织田信长商议
后，德川家康决定留守，严防武田信玄。而武田信玄与清洲同盟
之间表面上是同盟关系，实际上相互猜疑。元龟二年十月三日，
小田原城的北条氏康去世，关东的形势彻底发生变化，武田信玄
便公然与清洲同盟为敌。

第2节 武田信玄和北条氏的关系

北条氏康是一员名将，数次侵扰上杉谦信和武田信玄。上杉谦信和武田信玄曾经联合攻到小田原城下，关东的武将也纷纷响应，但北条氏康依然获胜，继续称霸。由此可见，北条氏康很有谋略，天性粗野的关东人不敢轻易背叛他。据说，关东只使用永乐钱[①]，就是基于北条氏康的政策，这证明了他对经济的关注。他从堺港请来"火枪名人"国康制造火枪，并招来根来寺的杉房、二王房等僧房的僧兵[②]教授火枪的使用方法。得益于此，在后来的天正十八年（1590年），北条氏坚守小田原城时仍然拥有很多火枪。可见，在兵器改良方面，北条氏康也很有眼光。此外，他很有文学造诣，喜爱阅读《吾妻镜》，研究源赖朝的政治。他还是一员武将，每有战事都身先士卒，身中七处刀伤，脸颊上也有一处大刀伤。北条氏康常有志于上洛，曾经邀请小笠原和伊势等地的无主武士到小田原城讲解幕府的故事和天下的形势。然而，天不假年，这位英雄也不长寿，五十七岁时与世长辞，实在令人悲叹。北条氏康在世时，一心与武田信玄为敌，帮助女婿今川氏真夺回骏河国，他计划和上杉谦信结盟，从南北两个方向夹击武田信玄。不过，上杉谦信虽然出兵关东，却并没有与北条氏康联合。因此，北条氏有许多家臣非议上杉谦信。北条氏康去世后，武田信玄向北条氏康的儿子北条氏政提议瓜分上野国，表示愿意联手

---

① 即明成祖在位期间铸造的铜钱"永乐通宝"，传入日本后广泛流通。——译者注

② 即武装僧人。——译者注

对付上杉谦信。元龟二年（1571年）十二月，北条氏政改变了父亲的策略，与武田信玄和谈。足利义昭感觉近畿的形势不利，便向武田信玄、上杉谦信和北条氏政派出密使，要求他们讨伐织田信长。随后，武田信玄开出令北条氏政满意的条件，确保后方安全后，便撕下了与清洲同盟联合的伪装。

第3节　清洲同盟与上杉谦信合作

德川家康早就察觉武田信玄有异心，如今变成了现实。元龟三年（1572年）正月，德川家康巡游远江国边境，来到大井川时，武田信玄派来的使者质问道："我方与贵方约定以天龙川为界，分别占据远江国。贵方为何违约，来到大井川呢？"实际上，双方原本就商定以大井川为界，但武田信玄故意说成天龙川，给德川家康出了一个难题。这样一来，同盟关系破裂了，变成武田信玄对抗清洲同盟。清洲同盟也早有准备，联系了越后国的上杉谦信，希望他牵制武田信玄。上杉谦信同意后，"织田信长–德川家康–武田信玄同盟"转变成"织田信长–德川家康–上杉谦信同盟"。上杉谦信与清洲同盟合作，有两个原因：第一，对上杉谦信来说，加贺国和越中国的本愿寺分寺一直是他统治北陆的障碍。如今，本愿寺僧人和朝仓义景、浅井长政、武田信玄为友，还使武田信玄成了本愿寺分寺的护身符，这让上杉谦信无法容忍；第二，北条氏政改变了父亲北条氏康的策略，转而与武田信玄结盟，令上杉谦信遭到孤立。元龟三年（1572年），上杉谦信与织田信长交换了誓约书，要求织田信长交出质子。同年十一月七

103

第９章 ● 德川家康和武田信玄的斗争

日，织田信长给上杉谦信的部下直江兼续回信。十一月二十日，织田信长又致信上杉谦信，报告了小谷城的战况，说："您如果能在二三十日内平定加贺国和越中国的僧人暴动，那么就请平定；如果不能平定，还请暂时搁置，转而出兵信浓国，进攻武田信玄后方，必能获胜。"由此，我们可以看出织田信长和上杉谦信已经开展合作。

另外，德川家康与上杉谦信取得联系可能早于织田信长，从中斡旋的应该是今川氏真。今川义元当权时，今川氏与上杉谦信是故交，曾帮助他攻打北条氏康。此次，北条氏政转而支持武田信玄，今川氏真不能倚重北条氏，便逃到了远江国，成了德川家康的座上客，他从中牵线，促成了德川家康和上杉谦信的联系。① 上杉谦信同意与清洲同盟合作，这再次证明当时的武将并非只重视武力，也是外交高手。

武田信玄一方面与北条氏政结盟，另一方面与大阪本愿寺、加贺国和越中国本愿寺分寺的僧人，以及朝仓义景和浅井长政等人结盟，还得到了足利义昭的许可，已经无法抑制称霸的野心。武田信玄即将攻入京都的说法流传开来，动摇了近畿的人心，引发了河内国若江城城主三好义继与高屋城城主畠山高政的私斗。大和国的松永久秀父子支援三好义继，使大和国和河内国陷入混战。我认为，松永久秀想利用武田信玄和织田信长的矛盾趁火打

---

① 当时，上杉谦信自称要复兴关东管领（上杉谦信做了上杉宪政的养子后，继承了关东管领的职位），从越后国进攻关东地区。今川义元帮助他打败了北条氏康。此番，北条氏政支持今川氏的敌人武田信玄。今川氏真就凭借父亲今川义元对上杉谦信的相助之情，说服上杉谦信与德川家康结盟。——译者注

劫，于是煽动了三好义继。另外，先前被织田信长逼退的北畠具教也暗中支持武田信玄。元龟三年（1572年）十月，武田信玄派山县昌景为前锋将领，出兵远江国，攻下多多良和饭田两座城池。十一月下旬，武田信玄出兵二俣城，得到北条氏政派来的近藤纲秀的援助。三河国的"山家三方众"放弃了交给德川家康的人质，投降武田信玄。对手如此强大，但德川家康只能正面应对，他请求织田信长派出包括佐久间信盛、平手汎秀及德川家康的舅舅水野信元在内的援兵。十二月二十二日，二俣城被攻陷，武田信玄率军乘胜追击，兵临堀江城。德川家康率领部下离开滨松城，武田信玄的部队与德川家康的部队在三方原展开步兵作战。不久，佐久间信盛和平手汎秀等人率军赶来，加入战斗。武田信玄派了三百个叫"水股者"的步兵作为先头部队投掷石头，后又采用甲斐军的战法，推着大鼓前进，步伐整齐，如同大浪袭来。最终，德川家康的部队战败，平手汎秀和成濑正义等人战死。这就是三方原之战，是德川家康生平中典型的败仗。

第4节　三方原之战

仔细查阅各种书籍记载的三方原之战，我们会发现，起初，武田信玄并不打算围攻滨松城，而是计划攻下二俣城后直接向东美浓进发，所以才兵临三方原。如果德川家康一直在滨松城按兵不动，那么武田信玄应该会从三方原攻入井谷，再攻入长篠城。结果，德川家康从滨松城出兵，只前进了三里便被击败。以上是《三河物语》的记载。据《信长公记》记载，武田信玄从二俣城

绕到堀江城时，德川家康从滨松城出兵，双方在三方原大战。《甲阳军鉴》说德川家康挑起大战是因为血气方刚，操之过急。各种说法虽然有些差异，但都证明是德川家康主动挑战武田信玄。当然，德川家康这么做是有原因的。武田信玄的武力天下皆知，他根本没把德川家康放在眼里。远江国的多多良、饭田、二股等城池已落入武田信玄手中，"山家三方众"已归顺他，远江国和三河国的武将也都陆续投靠他。就在众人以为德川家康也会投降时，他却说："武田信玄并非鬼神，即使人多势众也不足为惧……即使他兵强马壮，我也不能任由他践踏；无论他的进攻多么猛烈，我都不能退缩一步。临阵脱逃是武士最大的耻辱。否则日后，我，甚至我的后代也要被嘲笑，说敌军骑到头上了我们却不敢应战。"面对困难时，正面应对，没有顾虑，也没有恐惧，而是愤然出兵，这就是德川家康的作风。被无视的德川家康也无视武田信玄，率军出城三里，主动强攻，这虽然像是血气之勇，却是不得已而为之的。如果德川家康畏惧，新近归顺武田信玄的远江国武将就不必说了，三河国的武将也会陆续归顺武田信玄，那可真是要亡国亡家了。正因如此，德川家康才爽快、勇敢地挑起了这场看似无谋的战斗。世间有"无用之用"，也有"无谋之谋"，德川家康深谙此道。更何况他此时正值壮年，富有进取心，主动出击也符合这个年龄段的人的心理特征。

然而，对方是素称"战国第一兵法家"的武田信玄和历经千锤百炼的甲斐国武士，德川家康即使英勇善战，也毫无胜算。三方原之战后，德川家康的退路被阻断，他抱着必死之心，经由三方原的悬崖向滨松城撤退。鲜血染红了铠甲，德川家康成了一个

血人，被敌兵认出，幸好他是弓箭高手，不断射倒敌兵。听闻三方原兵败，滨松城守将夏目吉信带人出城接应主君。中途，他看到主君陷入危局，劝主君回城。德川家康却拒绝道："我遭遇如此惨败，有何颜面回去？何况敌军不断赶来，回城也并非易事，就战死在此地吧。"夏目吉信再三劝谏，自己伪装成主君，最终战死沙场。另一个家臣松平忠次看到主君成了血人，更容易被敌兵发现，便和主君互换了铠甲。有这些家臣忠心护主，德川家康才历经九死一生，回到滨松城。随后，他径直回到里屋，让侍女伺候着吃了三碗汤饭，倒头就睡，鼾声如雷，众人方才心安。城中的将士听从命令，没有关闭城门，而是点起篝火，便于其他武士回城。总体上来说，德川家康虽然战败，但敢于以弱对强，没有输掉士气。同时，此战的伤亡人数也不多，德川氏的大名都平安撤回了。武田信玄懂得兵法，意识到德川家康不可轻侮，又担心遭到织田信长和上杉谦信的夹击，便直接撤回信浓国了。天正元年（1573年）二月十四日，武田信玄染病，身体出现异样，之后撤回甲斐国。上杉谦信听闻三方原之战的结局，向德川家康送来了慰问书。天正二年（1574年）二月四日，上杉谦信出兵信浓国时，德川家康起兵响应，以回报他的好意。

第5节　足利义昭公然与织田信长作对

清洲同盟和上杉谦信合作，成功牵制了武田信玄，令他在三方原之战后不敢乘胜追击，也没有出兵美浓国，而是撤回甲斐国。近畿的诸位武将也意识到武田信玄未必可靠，松永久秀等

人不再趁火打劫，再次投靠织田信长。足利义昭感觉自己处境危险，担心始作俑者的面目会暴露。织田信长此时也已经锁定目标，秘密命令武士故意激怒足利义昭。元龟三年 (1572年) 冬，织田信长直接呈给足利义昭十七条责问状，敦促他自我反省。第一条说道："关于朝见天皇一事，您的兄长足利义辉经常懈怠，最终招致不幸。从您进京的那一刻开始，在下便劝说您每年都要毫不懈怠地朝见天皇，您却早已忘记了。近年来您完全怠慢了，实在是过分。"意思是说足利义辉因不尊重天皇而遭天谴，足利义昭也屡教不改，想必织田信长十分憎恶足利义昭，才在责问状开篇就写下此条。随后，织田信长指责足利义昭违背约定，向各国发出文书时并未附上自己的信函。还有其他许多条目，都在指责足利义昭。足利义昭虽然脸皮厚，但无法再伪装下去，天正元年 (1573年) 二月，他率军在石山和坚田安营扎寨，公然与织田信长作对；按照惯例，他向武田信玄、朝仓义景、浅井长政和本愿寺僧人派出使者，要求增援。二月二十六日，织田信长从岐阜城出兵，击破石山；二月二十九日，他的部队攻下坚田；之后，他暂时退兵。三月二十五日，他再次出兵；四月四日，他抵达京都，与足利义昭和谈。说是和谈，实际上是足利义昭投降，因为他寄予厚望的武田信玄突然病死，导致形势发生了巨变。足利义昭等人非常失望，而清洲同盟因此终于安心了。

第6节 武田信玄的军事才能和政治才能

天正元年 (1573年) 二月，武田信玄染病，回到甲斐国。同年

三月，他又出兵三河国，在照山安营扎寨。四月十二日，他率军攻下野田城。不幸的是，他旧疾复发，在信浓国伊那郡驹场（位于饭田西南三里）去世，终年五十三岁。元和偃武后，甲州流军学[①]在江户流行。甲州流军学的祖师是武田信玄，该学派大肆美化武田信玄，《甲阳军鉴》就是此类书籍。后世那些没有见解的读书人信奉《甲阳军鉴》，将武田信玄视为英雄，还说如果此人长寿，那么天下不可能归属织田信长和德川家康。不过，当时也有人嘲讽武田信玄，如《庆长见闻集》的作者三浦净心说武田信玄恃勇而骄，口吐狂言，自称屡战屡胜，但实际上只拥有甲斐国和骏河国。我认为，武田信玄的幸运之处在于他生在德川家康的邻国，成为其壮年时代的劲敌。到武田胜赖这一辈，武田氏便一败涂地，亡国亡家了，而对手德川家康日益强盛，开创了德川幕府。作为其曾经的劲敌，武田信玄的名声随之扩大，又被军学者[②]之流逐渐神化。如果没有对手德川家康，武田信玄可能就是穷乡僻壤的一介武士，未必比得上岛津义久[③]、伊达政宗[④]和蒲生氏乡[⑤]等人。因此，评论武田信玄时，我们先要去除军学者之流的粉饰。

　　不过，平心而论，即使除去这些粉饰，我认为武田信玄也还称得上一个了不起的人物。根据《甲阳军鉴》等书的记载，武田

① 指甲州（甲斐国别称）武士所代表的兵法学派。——译者注
② 指德川幕府时代研究军事的学者。——译者注
③ 岛津义久（1533—1611），日本战国时代到安土桃山时代的武将，萨摩国的守护大名，岛津氏第16代家督。——译者注
④ 伊达政宗（1567—1636），日本战国时代到德川幕府时代的大名，伊达氏第17代家督。——译者注
⑤ 蒲生氏乡（1556—1595），日本战国时代到安土桃山时代的武将，幼年时是织田信长的人质，后来追随丰臣秀吉。——译者注

信玄鼎盛时，不仅控制了甲斐国，其余威还震至八九个国家，包括信浓国、上野国的四十多座城、三河国的十多座城、远江国的九座城、骏河国的九座城、伊豆国的四座城、美浓国的一座城、飞驒国的两座城和越中国的两座城，到当地求证，大家也都会说起武田信玄。同时，越前国的朝仓义景、近江国北部的浅井长政、加贺国的六角义贤、伊势国的北畠氏和大阪本愿寺僧人，都唯武田信玄马首是瞻。武田信玄之所以如此强大，一方面是因为他的兵力；同时在武道①方面，当时有很多人甘拜下风。下野国佐野氏的族人、天德寺住持宝衍曾说，武田信玄从十六岁到五十三岁，在战事上从未失利。德川家康也说过："我用过武田信玄的武士。他已将弓箭的用法详细地普及到每一个武士。此外甲斐国的兵法实在厉害。"据说，能抵御子弹的竹制盾牌，也是甲斐国武士发明的。德川家康曾大量任命来自甲斐国的武士为传令官和监察官，也是看中了他们久经历练的特点。总之，武田信玄是先知先觉者，科学地研究战争、训练武士。在这方面，武田信玄即使不是唯一，也是最出色的。例如，他创造了叫"水股者"的步兵，负责投掷石块，充当前锋；他还创造了"黑武者""赤武者"等涂抹异彩的队伍，促使其争相立功；这些都是他研究战争的成果。当时，局部力量开始统一，家的时代变为国的时代；武士也不再像从前一样，只是三三两两的族人。身处这个时代，武田信玄对战争的科学研究正当时。

甲斐国和信浓国是山国，风气与平原不同。当地人多是硬骨

---

① 日本传统战斗技术的总称，包括武器的使用方法、骑术等。——译者注

头，连德川家康也不敢小瞧他们。英雄豪杰代表地方风气，我们很难断定是甲斐国的风气造就了武田信玄的人格，还是武田信玄的人格造就了甲斐国的风气。应该说，没有甲斐国的硬派风气，就没有武田信玄，而武田信玄助长了这种风气。实际上，即使没有武田信玄，甲斐国也会盛行武力。其他山国也是如此，包括东海道的伊贺国、山阴道[①]的石见国和四国[②]的土佐国。总之，武田信玄训练了甲斐国武士，征服了四邻，使甲斐国成为强国。当时的英雄豪杰都是武将兼政治家，一方面致力于磨炼武士，另一方面怀柔百姓。武田信玄也不例外，在政治方面显露出非凡的天才。游客如果前往现在的山梨县，可以看到一些坚固的堤防，这些堤防被称为"武田信玄堤"。甲斐国是山国，夏秋际多水灾，武田信玄于是专门加固了堤防，当地人因此很崇敬他，称他为"武田信玄公"。德川幕府时代，甲斐国实行的"大切小切"[③]的税收制度，也是武田信玄遗留下来的，德川家康并未更改，百姓也都坦然接受。不过，武田信玄作为政治家，最大的长处不在民政，而在财政——他创造了名为"甲州金"的金币，至今仍有少量留存。这种金币是圆形的一分金，重四十五克，是精金。另外，还有二朱判和一朱判等金币，也都是圆形。日本制造圆形金币，就是始于此。根据成岛柳北的说法，甲州金模仿了葡萄牙王国的货币制成。武田信玄借鉴了传教士带来的文化，开采金矿，

---

① 五畿七道之一，指本州岛日本海沿岸的西部。——译者注
② 位于日本的西南部，包括四国岛及其附属岛屿。——译者注
③ 将应该缴纳的贡米分成三部分，其中三分之一按照"大米四石一斗四升换算金一两"折合成金币纳税，称为"小切"；另外三分之一按照当时的米价换算成纸币纳税，称为"大切"；剩余三分之一直接以大米纳税。——译者注

制造货币，实现了国富民强，一时间力压群雄。后来，甲斐国的猿乐师①金春喜然的儿子大久保长安被德川家康重用，复兴了佐渡金矿，为德川幕府带来巨额黄金。不仅如此，常陆的金矿也是甲斐国开发的。武田信玄一方面通过严明的纪律训练武士，另一方面拥有天下无人能比的财富，能够雄霸一时也是理所当然的。

第7节　武田信玄和德川家康的关系

有人认为德川家康以武田信玄为师，跟着他经历了种种磨炼，培养了大将军和政治家的器量，仿佛与高手下棋时的"他山之石，可以攻玉"。这种说法听上去有道理，但双方的较量只有三方原之战，德川家康打了一个回合就败下阵来。如果说这次失利令德川家康的武艺大增，难免有妄下结论的嫌疑。我们如果去问九泉之下的德川家康是否以武田信玄为师，说不定会被痛骂。实际上，武田氏灭亡后，许多家臣都投靠了德川家康，却没有一人身居要职：如横田尹松、城景茂、初鹿野信昌、岩间正赖、小幡昌盛、小宫山昌亲、樱井信忠、小田切茂富、小田切光犹、洼田吉正、藤原昌广等人成了德川家康的直参武士②；又如小坂新助、米仓丹后守、曲渊吉景等人效忠大久保忠邻③；再如孕石丰前、广濑将房和三科形幸等人投靠井伊直政。这些人都十分自

----

① 指从事猿乐的人。猿乐是日本传统表演艺术之一。——译者注
② 即直接隶属于将军的家臣，包括旗本和御家人。其中，旗本可以直接参见将军，御家人不能直接参见将军。——译者注
③ 大久保忠邻（1553—1628），日本战国时代到德川幕府时代初期的武将、谱代大名。——译者注

负，并没有成为得力助手，也没有享受良好的待遇，只有土屋忠直是个例外。天正十七年（1589年），七岁的土屋忠直出仕德川氏，后来成为大名。只是以他的年龄，他还称不上武田信玄的遗臣。总之，亡国后，甲斐国武士只能沦为三河武士的仆从。德川家康如果真的以武田信玄为师，那他对待这些遗臣就太过凉薄了。因此，我们无法认同"师徒"一说。不过，孔子说"三人行，必有我师"，像德川家康这种聪明人，看到武田信玄能文能武，也会虚心向他学习。从元龟三年（1572年）春武田信玄和德川家康决裂，到天正十年（1582年）武田胜赖自杀，这十一年里，甲斐国武士都是德川家康的劲敌。通过与劲敌作战，德川家康提高了武艺，但若说是武田信玄成就了德川家康，就有些言过其实了。

第 10 章

德川家康和武田胜赖的斗争

第1节　德川家康的忍耐

天正元年 _(1573年) 四月十二日，武田信玄去世。天正十年 ₍₁₅₈₂
_{年)} 三月十一日，武田胜赖在天目山自杀。这十年里，德川家康
的正面敌人是武田胜赖。起初，武田胜赖斗志昂扬，德川家康好
不容易才守住三河国和远江国。后来，武田胜赖的势力逐渐衰
退，而德川家康的势力日益稳固。最终，德川家康获胜。和织田
信长联手后，德川家康用五年时间统一了三河国，又用五年时间
占领了远江国，成为两国国主。之后的十年里，他只致力于保住
这两国。而作为盟主的织田信长占领了十九个国，被尊称为"大
人"，代替足利氏支配了整个日本。与织田信长相比，德川家康
的进步太慢了。三方原之战时，他还是壮年；武田氏灭亡时，他
已经四十二岁，是初老之人了。人生易老，光阴似箭，想必德川
家康也有很多感慨吧。不过，对他而言，这十年并非完全没有意
义，至少他磨炼了忍耐力。世间流传着他的遗训，内容如下：

> 人生就像负重远行，欲速则不达。知晓人生本就不自
> 由，也就没有什么不满足的了。忆苦思甜，方无贪欲。忍
> 耐是平安长久的基础，动怒是平安长久的劲敌。只知道争
> 强好胜而不知道低头屈服，灾难很快就会来临。要反省自
> 己，不要责备他人。过犹不及。

其中，有些文字是好事者的伪作，不可尽信。不过，德川家
康确实善于忍耐，这表现在他一生的所作所为中。仔细想来，他

之所以能够养成强大的忍耐力，就是因为有武田胜赖这个劲敌。在与其对抗的十年里，德川家康下足了功夫，不急不躁，循序渐进。三河国和远江国的武士也利用这段时间，成长为全日本无与伦比的精兵。他们与久经历练的甲斐国武士为敌，坚守领地。在德川家康及其部下看来，即使不能增加领地面积，至少也要增强自身实力。织田信长的成功源于富农组织的大改革，德川家康的持重则源自小农组织的精细活。通过这十年，德川家康把三河国和远江国的武士训练成了最精良的士兵。此外，这十年里，他的事业尽管进展十分缓慢，但始终朝着光明前进。他的第一次重大胜利就是天正三年（1575年）的长篠合战。

第2节　武田胜赖进攻与德川家康防守

以胜败论英雄是人之常情。武田胜赖身死国灭，被天下人耻笑。后人说他宠信长坂光坚和迹部胜资等佞臣，远离老将忠臣。但国家的盛衰兴亡未必取决于一人之力，如果运势将尽，那么即使是贤君也会亡国。以德川家康为例，他如果在僧人暴动时被火枪击毙，或许也会被批评："三河国那个年轻气盛的德川家康，想平定暴动，结果和富樫政亲①一样命丧黄泉，真是大傻瓜。"然而，人生也要靠运气，对败军之将恶语相向是见识短浅的表现，惨遭如此批判也是人生的一大不幸。如果仔细研究武田胜赖，我

---

① 富樫政亲，出生时间不详，死于1488年，日本室町时代后期的武将，富樫政春之子。——译者注

们就会发现此人绝不简单。武田信玄去世后，他守住了领地，运用合纵连横之策困扰织田信长。不过，武田信玄已死，武田胜赖即使有父亲的器量，也会被部下轻视，影响甲斐国的威信。

天正元年 (1573年) 七月五日，足利义昭再次与织田信长作对，移居真木岛。七月八日，织田信长率军进京，包围真木岛，迫使足利义昭求和。他不能将征夷大将军家的嫡系赶尽杀绝，也不想让足利义昭继续兴风作浪，便于七月十八日命令丰臣秀吉护送足利义昭前往河内国的若江城，确保足利义昭远离政治中心。八月十七日，他从敦贺郡翻越木目山岭进入越前国。八月二十四日，朝仓景镜来到龙门寺，将朝仓义景的首级献给织田信长，宣告了朝仓氏的灭亡。八月二十七日，浅井久政和儿子浅井长政相继自杀，宣告了浅井氏的灭亡。九月二十四日，鲶江城的六角义贤闻风丧胆，匆忙撤走。

概括来看，武田信玄去世后仅仅数月，足利义昭就被放逐出京，浅井氏和朝仓氏灭亡，六角义贤出逃，我们可以想象出武田胜赖的压力。同时，原本畏惧武田信玄的三河武士纷纷背叛武田胜赖。作手城的奥平定能和奥平信昌父子离开族人，再次归顺德川家康，率部下在三河国泷山修建要塞，将矛头指向武田氏。德川家康也派出援兵相助。天正元年七月十九日，他们攻陷了"山家三方众"中的菅沼氏坚守的长篠城。武田胜赖派武田信丰[①]前去援助菅沼氏。武田信丰率军赶到凤来寺一带的黑濑，听闻长篠城

---

① 武田信丰（1549—1582），日本战国时代的武将，是武田信玄的弟弟武田信繁的次子。——译者注

已被攻陷，便失望地撤走了。穴山信君[1]也想援助菅沼氏，便在远江国森城布阵，结果被德川家康率军击退。长篠城位于三河国设乐郡的山谷中，是从甲斐国和信浓国上洛的必经之地，对武田胜赖而言很重要，长篠城被夺走意味着武田信玄时期拥有的优势被逆转了。远江国的天方城和二俣城，以及三河国的武节、足助、可久轮、凤来寺、六笠和一宫等地都落入德川家康手中。如果只看这些事实，有人可能会认为武田胜赖是个不肖子孙。然而，从天正元年（1573年）冬到天正二年（1574年），他又转入攻势，德川家康则转入守势。

第3节　武田胜赖的勇猛

我认为，武田信玄去世后，甲斐国采取守势是有原因的。遗憾的是，我们无法了解详情，只能推测这或许与当时迷信盛行有关。武田信玄在高野山的成庆院修大威德明王法[2]，诅咒上杉谦信。据说，上杉谦信四次持戒、醍醐灌顶，时而修护摩法[3]，时而参禅，还戒掉了酒色。英雄尚且如此，普通人就更小心翼翼以趋吉避凶。同时，甲斐国是山国，古风犹存，宗教信仰虔诚。国

---

① 穴山信君（1541—1582），日本战国时代到安土桃山时代的武将，甲斐国武田氏的家臣。——译者注
② 以大威德明王为主尊的修法。大威德明王是五大明王之一，镇守西方，有大威德力，能斩断一切魔障。——译者注
③ 日本密教的修法仪式，用火焚烧贡品以供奉神灵。——译者注

主武田信玄去世后，除葬礼外，国人还举行了七七吊唁^①等法事。新国主武田胜赖刚刚上任，似乎不宜更改原有的制度。不过，各项事宜结束后，元龟四年（1573年）年底，武田胜赖便率军出征远江国，在久野城和挂川城等地放火。他还越过天龙川上的浅滩，佯攻滨松城，与德川家康隔着马笼川展开了步兵战。之后，武田胜赖率军后撤，在蟹田原布阵。他征调徭役，修建诹访原城，加强对骏河国的控制，便于进攻远江国。诹访原位于远江国榛原郡，又称牧野原、金谷原，是一个横跨榛原郡和城东郡的高原，武田胜赖派人修建的诹访原城位于金谷驿的西面，诹访原的北端。此举不仅彰显了武田胜赖阻止德川家康踏入骏河国的气势，还体现了他进攻远江国以实现亡父夙愿的志向。

天正二年（1574年）正月，武田胜赖出兵美浓国岩村口，包围了明智城。二月月初，明智城被攻陷。织田信长从岐阜城出兵，但听说明智城已陷落，便撤回了。武田胜赖的攻势并没有就此停止。同年六月五日，他再次出兵远江国，包围了小笠原信兴驻守的高天神城。织田信长认为此次是个好时机，便决定和儿子织田信忠一起支援德川家康。六月十四日，织田信长父子离开岐阜城。六月十七日，他们抵达吉田城。六月十九日，织德联军正要扬帆渡过今切渡口时，接到报告称小笠原信兴的族人小笠原长忠被武田胜赖利诱，开城投降了。织田信长和德川家康无比失望，只好中途折返。

---

① 佛教认为人死后，为寻求生缘，以七日为一期，至第七个七日终，必生一处。佛教传到日本后，七七吊唁也成为日本的风俗。——译者注

概括来看，武田胜赖掌权以来，第一战逼近滨松城下，第二战攻占了高天神城。高天神城建在远江国横须贺城东面的丘陵上，距离海边只有一里，是从甲斐国进攻远江国的要塞。拿下高天神城后，武田胜赖既可以保持与诹访原城的联络，也可以与田中城、持船城遥相呼应。武田胜赖失去长篠城，得到高天神城，难以就此对输赢下定论。这样一来，他占据二俣城，逼近远江国西部；占据高天神城，威胁远江国东部。天正二年九月，武田胜赖率军出征远江国，来到天龙川，与德川家康隔江而对。尽管此次出征没有实质结果，武田胜赖不久也就撤兵了，但从整体上来看，他仍处于攻势。德川家康应该也认为武田胜赖不容小觑。

第4节　大贺弥四郎背叛德川家康

甲斐国并未随武田信玄去世而衰退。新国主武田胜赖年轻气盛，在美浓国守住了岩村城，夺取了明智城；在远江国修建了诹访原城，夺取了高天神城。面对如此强敌，三河国和远江国的武将难免心生忧虑，最终一个叫大贺弥四郎的人背信弃义。此人起初是德川家康的下等随从，擅长处理庶务，精通算术，实属日本战国时代罕见的人才。因此，他深得信任，被任命为三河国奥郡二十四乡的代理长官。大贺弥四郎居住在滨松城，时常前往冈崎城为德川信康效力。他虽然没什么战功，但掌管钱粮、租税和领地封赏，是一个实权人物。向主君谢恩时，德川氏的家臣也会给大贺弥四郎送去谢礼。于是，此人开始狐假虎威，借主君的领地卖好，逐渐成为风云人物，连一些老臣都要看他的脸色。在任何时代，掌管钱粮和

租税的人都容易仗势凌人，连重臣都要忌惮三分。大贺弥四郎也是如此，行事肆无忌惮，个人财产越来越多，引起了众怒。他有所察觉，便计划暗中联络甲斐国的人攻下冈崎城，以保障自己的荣华富贵。他与密友小谷甚左卫门、仓知平左卫门和山田八藏商议，催促武田胜赖出兵，并且约定作为内应，进入冈崎城杀掉德川信康，夺走三河国武将送到冈崎城的人质。各项准备已经开始，山田八藏却忽然反水，把计划和盘托出。德川家康闻言大惊，立刻下令逮捕并拷问大贺弥四郎，之后将其活埋。

还有一个说法称，德川家康的武士中有一个叫近藤康用的刚直人士来到老臣面前，声称要退还新得到的领地，并明确表示，自己无论如何都不会为了得到领地而谄媚大贺弥四郎。此事传到了德川家康耳中，他亲自询问近藤康用，才知道大贺弥四郎恃宠而骄。德川家康大惊，下令逮捕大贺弥四郎，没收其财产，还发现了其与武田胜赖秘密往来的书信。根据这个说法，大贺弥四郎入狱后，他与武田胜赖往来的罪证才被发现。无论哪个说法，都证明了这两人确有密约。武田胜赖如约出兵，听闻大贺弥四郎入狱，便调转矛头攻向二连木城。德川信康在法藏寺布阵，德川家康在吉田布阵，与武田氏展开步兵大战。最后，武田胜赖撤退。仔细想来，大贺弥四郎的背叛证明了武田胜赖的实力。如果武田氏实力不强，三河国和远江国的人心就不会动摇，大贺弥四郎也不会想着投靠他了。

第5节　长篠合战

如前所述，武田胜赖继承父亲武田信玄的遗志，保持了甲斐国的武威，仍然是清洲同盟的劲敌。不幸的是，年轻气盛的大将往往只知前进，不知后退。长篠城被夺走，武田胜赖心有不甘。天正三年 (1575年) 四月，他再次率军攻入三河国。同年二月二十八日，德川家康将长篠城封赏给奥平信昌。此前，奥平信昌和父亲奥平定能下决心投靠德川家康，放弃了交给武田胜赖的人质，结果奥平信昌的妻儿惨遭杀害。为了表彰奥平信昌的忠心，德川家康将长篠城封赏给他。武田胜赖率军包围长篠城后，攻势猛烈。德川家康计划全力支援，他认为此战是力破武田胜赖的好机会，便向织田信长求援，织田信长也认为要一决雌雄，就带着儿子织田信忠出兵了。五月十三日，织田信长父子抵达热田城；五月十四日，他们抵达冈崎城；五月十六日，他们抵达牛久保城；五月十七日，他们在野外安营。五月十八日，织田信长在设乐乡极乐寺山布阵，织田信忠在新御堂山布阵，德川家康在辰巳坂上的高松山布阵。这三个地方总称"有海原"，从此地到被武田胜赖包围的长篠城，只有一里地，两军遥遥相对。织田信长命丸毛兼利和织田信秀[1]留守牛久保城，以备撤退之需。德川家康交出的人质，酒井忠次的次子本多康俊也被安置在牛久保城。织田信长如此小心谨慎，想必也是将武田胜赖视为大敌。还有一个说法称，

---

[1] 织田信长的六儿子，与祖父织田信秀同名，本能寺之变后跟随丰臣秀吉，后来获赐丰臣姓。——译者注

德川家康派家臣小栗大六去请援兵，织田信长却迟迟不动。德川家康又派奥平定能和石川数正再次催促，织田信长仍然按兵不动。还有说法称，德川家康求援时，织田信长集合武将商议。毛利秀赖说："敌军此番来势汹汹，德川家康必定战败，主君出兵也无用。"佐久间信盛反对道："即使德川家康战败，您也必须出马，否则德川家康会与武田胜赖结盟，那么我们就危险了。"织田信长认为佐久间信盛言之有理，才决定出兵。当然，这些说法都是军学者之流编造出来的，不可尽信。然而，武田胜赖包围长篠城是天正三年四月（1575年）下旬，织田信长离开岐阜城是同年五月十三日，这不符合织田信长一贯的作风。仔细想来，织田信长与闻名天下的甲斐国主力正面交锋，胜负就在此一战，或许正是因此，谨慎的织田信长才没有仓促行事。五月二十一日，两方交战，清洲同盟大胜，武田胜赖大败。

第6节　武田胜赖的自大

武田胜赖过于自大，听闻织德联军出兵后，他如果主动退兵就能平安无事。另外，长篠城旁边有一座鸢巢山，他如果要决一死战，就可以在此山安营扎寨。这样一来，织德联军很难攻上来，他也可以进退自如。然而，他只希望一战定胜负，便留下七名武将防守长篠城，自己则率军越过泷泽川，把兵力部署在仅容一人通过的狭长小路上。德川家康和织田信长料定武田胜赖会亲自出战，准备在泽山使用火枪。天正三年（1575年）五月二十日晚，酒井忠次悄悄率军出营。五月二十一日清晨，酒井忠次率军登

上鸢巢山，进攻长篠城，守军大惊失色。酒井忠次一行乘胜进入长篠城，烧毁营寨，抢占了武田胜赖的大本营。实际上，武田胜赖的一些武将看出形势不利，商议退兵。然而，鸢巢山已落入织德联军手中，进退两难之际，武田氏的士兵只能向前冲。于是，他们和往常一样，推着大鼓上阵。织德联军并不出战，只在阵地前筑起结实的栅栏，将火枪手和步兵安置在栅栏内。武田氏的士兵几次攻到栅栏处，都被打了回去。甲斐国、信浓国和骏河国诸位大名鼎鼎的武将，包括山县昌景、小幡信贞、横田康景、川洼诠秋、真田信纲、土屋宗藏、甘利信康、杉原正之、名和宗安、高坂助宣、兴津安元、冈部竹云斋、惠光寺快川、根干甚平、土屋贞纲、和气善兵卫、马场信春等人都战死了。面对拥有大量火枪的织德联军，曾经自诩日本第一的甲斐国武士已经落后了。据说，在此战中，织田信长一方使用的火枪多达三千支。《信长公记》记载，织田信长面向鸢巢山准备了数百支火枪，阵前的栅栏里又预备了大约一千支火枪，再加上德川家康提供的火枪，总数达到三千支，绝非虚言。兵器已经改变，战术也不得不变——织田信长深谙此道，然而，山县昌景和马场信春等甲斐国武将只会沿用旧式战术，也就是推着大鼓一起往前冲。《三河物语》记述，这些人遇到密如雨点的枪弹，很多人被密如雨点的枪弹打死了，武田氏必然失败。不过，如果鸢巢山没有落入织德联军手中，武田氏就不会腹背受敌。血气方刚的武田胜赖因为太过年轻，不懂后退，结果就是自投罗网。

第7节　武田氏衰落

据《东武谈丛》记载，长篠合战前，德川家康的部下想起三方原之战的惨败，担心此番再次失利。众人忧心忡忡时，酒井忠次表演了狂言《捞虾》，引来哄堂大笑，缓解了气氛。长篠大捷后，有人提议乘胜追击。然而，织田信长拒绝道："此时追击必然会遭到天魔阻碍。不如搁置三年五载，武田氏内部生变时再出马。"这是《川角大阁记》的说法，真实情况可能并非如此。当时的武田氏与北条氏是盟友，织德联军很难彻底击败武田胜赖；同时，越前国有僧人暴动，大阪本愿寺的僧人也支持武田胜赖；另外，中国[①]的毛利氏与织田信长有矛盾，织德联军如果与武田胜赖陷入胶着战，难保不被他人偷袭；无论从哪一点来看，织田信长暂时撤兵都是最佳选择。天正三年（1575年）六月十三日，织田信长回到岐阜城。随后，他将长篠大捷的消息告诉上杉谦信，请对方出兵信浓国和甲斐国，进一步打击武田胜赖。这说明织田信长依然想维持与上杉谦信的同盟，以免"前门驱虎，后门进狼"。我们不知道上杉谦信得到捷报后的心情如何，但经过长篠合战，甲斐国武士已经不再令人畏惧，连蠢蠢欲动的三河国武士和远江国武士也安定下来。原本属于武田氏的城池都落入德川家康手中，包括远江国的光明城、二俣城和诹访原城。如前所述，诹访原城不仅是往来高天神城的必经之路，也是战略要地，与武田氏

---

① 日本区域名，位于本州岛西部，包括现在的冈山县、广岛县、山口县、鸟取县和岛根县。——译者注

的田中城和持船城仅隔一条大井川。尽管诹访原城有武田胜赖安排的室贺氏和小泉氏等守军，但他们难以支撑。天正三年八月二十四日晚，这些守军出逃。德川家康命令松井康亲镇守诹访原城，大须贺康高驻守横须贺城，以应对高天神城的武田氏士兵。这样一来，诹访原城和横须贺城就成了德川家康领地的最东端，正对着武田氏的据点。

第 11 章

清洲同盟的攻势

第1节　织田信长平定暴动

大阪本愿寺僧人与织田信长为敌后，各地僧人纷纷响应。元龟元年（1570年）十一月，长岛发生僧人暴动，织田信长的弟弟织田信兴被杀。天正元年（1573年）十月二十五日，织田信长回国，途经多艺山，长岛的僧人联合伊贺国和加贺国的武士，在一个必经之处埋伏，打死了织田信长的重要家臣林通政。天正二年（1574年）正月，越前国发生了僧人暴动，暴动者杀死了织田信长派驻的代理长官。这些事件都源于大阪本愿寺僧人与织田信长为敌。如前所述，在武田信玄的斡旋下，大阪本愿寺僧人表面上与织田信长和谈，暗中却磨刀霍霍。武田信玄去世后，朝仓义景和浅井长政相继去世，织田信长的势力渐增，威胁到了大阪本愿寺僧人的利益。天正二年四月月初，陷入困境的大阪本愿寺僧人再次公然与织田信长作对。大阪、长岛和越前国的僧人也都支援武田胜赖，共同对抗织田信长。其中，长岛愿证寺的寺主证意①娶了武田胜赖的妹妹菊姬，成为织田信长的心腹大患，因为长岛位于尾张国和伊势国之间，正对着岐阜城和清洲城。为了将暴动者一网打尽，天正二年六月二十三日，织田信长从岐阜城出兵，包围了长岛。僧人无力抵抗，请求投降。然而，织田信长加紧了攻势。八月二日晚，僧人难以支撑，便趁着狂风暴雨出逃，结果被斩杀了一千人左右。九月二十九日，织田信长接受了僧人的投降请求，允许他们自行撤退。暴动者如同被放出笼的鸟儿，纷纷出城，却落入

---

① 　证意（1537—1571），一向宗僧人。——译者注

陷阱，命丧黄泉。织田信长的卑鄙手段令僧人十分愤怒，七八百个僧人赤身上阵，冲向织田信长的阵营，给织田信长方面也造成不少伤亡。其他僧人趁乱越过河流，向多艺山和北伊势口等地撤退，逃回大阪。

这样一来，织田信长消除了长岛的隐患，使武田胜赖失去了帮手。天正三年 (1575年) 八月上旬，织田信长挟长篠合战的余威，率军攻入敦贺郡。八月十六日，他率大军翻越木目山岭，征讨越前国的暴动者。共计一万两千二百五十多暴动者被逮捕，全部被砍杀，越前国的暴动者由此也彻底臣服了。随后，织田信长让先头部队进军加贺国，占领了能美郡和江沼郡。德川家康清除了武田胜赖在三河国与远江国的势力；织田信长平定了武田胜赖的同党——长岛的暴动者和越前国的暴动者。同年十月十二日，孤立无援的大阪本愿寺僧人再次求和。十一月十四日，织田信长趁势从岐阜城出兵，攻打岩村城，七天后攻下该城。武田胜赖率军支援岩村城，结果刚走到国境线上，就听说岩村城已被攻陷，只好折返。岩村城在美浓国惠奈郡，是个要塞，起初归属织田信长，后来被武田信玄的部下秋山虎繁夺取，此次又被织田信长夺了回来。由此可见，武田胜赖的领地逐渐被清洲同盟吞并。

第2节　上杉谦信和毛利辉元联手

或许有人认为长篠大捷为清洲同盟打开了运势。然而，事实并非如此。此战之后的形势发生了很大变化，清洲同盟四面受敌，引发这种变化的主要人物仍然是足利义昭。天正元年 (1573年)

七月，足利义昭被逐出京都，流放到河内国。此后，足利义昭通过吉川元春①联络到中国②的霸主毛利辉元③。尽管足利氏今非昔比，但"瘦死的骆驼比马大"，众人仍然称其为"大人"，称其使者为"上使"。面对足利义昭的请求，毛利辉元有些心动。不过，他的祖父毛利元就曾留下遗嘱，说不可妄图夺取天下。他不敢违背祖父的遗嘱，左右为难。听闻足利义昭的动向，织田信长担心毛利辉元与自己为敌。于是，天正元年九月二十日，织田信长致信毛利辉元。在信中，他一方面极尽讨好之词，另一方面也提及上杉谦信是自己的盟友，暗含威胁的意思。大约过了二十天，足利义昭再次致信毛利辉元，希望借助他的力量进京。面对织田信长和足利义昭，毛利辉元认为站在哪一边都不是上策，便派出了能言善辩的安国寺惠琼④，提议织田信长和足利义昭和谈，让足利义昭回京。织田信长当然不同意，安国寺惠琼只好离开了。

总之，虽然天正元年足利义昭不断利诱毛利辉元，但毛利辉元未与织田信长作对。后来，织田信长支持山阴道尼子氏的残党山中幸盛等人自立门户，引发了毛利辉元的不满。天正二年 (1574年) 三月二十日，移居纪伊国宫崎的足利义昭派出使者，怂恿武

---

① 吉川元春（1530—1586），日本战国时代到安土桃山时代的武将，毛利元就的二儿子，吉川兴经的养子。——译者注

② 日本本州岛西部的一个著名地理单元，包括现在的鸟取县、岛根县、冈山县、广岛县和山口县。——译者注

③ 毛利辉元（1553—1625），日本安土桃山时代到德川幕府时代的武将，长州藩初代藩主。——译者注

④ 安国寺惠琼（1539—1600），日本战国时代到安土桃山时代的僧人、武将。——译者注

田胜赖、上杉谦信、北条氏政及大阪本愿寺僧人结盟，共同对付织田信长。天正三年（1575年），足利义昭从纪伊国来到播磨国，向宇喜多直家①求援，遭到拒绝后，他前往备后国，再次向毛利辉元求援。此次足利义昭亲自前来，毛利辉元只好答应，便公然与织田信长为敌。这里面还有一个原因，就是前文提及的织田信长暗中授意山中幸盛等人自立门户，触犯了毛利辉元的利益。得到毛利辉元的承诺后，足利义昭派人去见上杉谦信，游说甲斐国、相模国和越前国结盟。此时，上杉谦信刚好得到长篠大捷的报告，不知道他心中是何滋味。但织田信长已经挫败了甲斐国的锐气，又平定了僧人暴动，占领了越前国和加贺国的两个郡。事已至此，对雄霸北陆道的上杉谦信而言，无法再与织田信长和平共处。同时，足利义昭不断派出使者，游说甲斐国、相模国和越前国结盟，促使上杉谦信下定决心。天正三年十一月，武田胜赖向上杉谦信送出誓约书，甲斐国和越前国正式结盟，这改变了日本的局势。此前是清洲同盟对抗足利义昭、大阪本愿寺僧人、武田胜赖、北条氏政结成的同盟，如今演变成清洲同盟对抗足利义昭、大阪本愿寺僧人、上杉谦信、毛利辉元、武田胜赖结成的同盟。另外，北条氏政和武田胜赖仍然处于友好关系，使清洲同盟不得不面对东面的上杉谦信、武田胜赖和北条氏政，以及西面的毛利辉元和大阪本愿寺僧人。引发这个大转变的足利义昭的确很有手段。

---

① 宇喜多直家（1529—1582），日本战国时代的武将，备前国的大名。——译者注

第3节　清洲同盟的有利条件

如果没有这些变化，清洲同盟本来可以趁着长篠大捷逐步扩大领地。如今，大阪本愿寺僧人再次出动，武田胜赖也恢复了元气，形势严峻起来。看到上杉谦信与自己为敌，天正四年（1576年）二月，织田信长把居城从岐阜城迁到了安土城。安土城位于近江国蒲生郡，其所在之山的山脚下是琵琶湖，该城距离京都很近，还是往返北陆道^①的要塞。如果和毛利氏作战，该城也是最合适的根据地。因为在这里，织田信长方便发号施令，还可以利用湖上的船自由往返。截至天正六年（1578年）三月十三日上杉谦信去世，清洲同盟始终被上杉谦信、毛利辉元、武田胜赖、北条氏政、大阪本愿寺僧人结成的新同盟围攻，兵力和领地都远远逊色于后者。或许有人认为清洲同盟会被压垮，但事实并非如此，清洲同盟常常处于攻势。具体来说，新同盟要想形成合力，就必须服从节制，但这很困难。同时，这个新同盟内部关系复杂：北条氏政和上杉谦信有私仇，武田胜赖也不甘心屈居人下。此外，同盟成员之间交通不便，信息传递不流畅。天正四年上半年，毛利辉元和上杉谦信开始通信。然而，直到同年九月，武田胜赖和毛利辉元还没有书信往来。由此可见，新同盟内部并没有统一的约定和战略。与此相反，清洲同盟虽小，但力量集中。织田信长撤掉了领地内的各处关卡，修建了道路桥梁，使士民可以自由往来，情报也都集中到中枢机构。《川角太阁记》记录了上述情形，说

---

① 北陆道，五畿七道之一，包括本州岛中部、面向日本海的区域。——译者注

道："织田信长掌管天下时，开放了关卡，打通了道路，明确了上下关系，熟知日本各种情报，便于统治整个日本。"

"开四门，达四聪"[1]是织田信长的政策。他号令严明，从权力中枢直达底层百姓，使万民顺从。与此相反，新同盟没有中心，号令不统一，行动不一致。同时，新同盟中有能力对抗织田信长的只有上杉谦信和毛利辉元。其中，上杉谦信实力强大，他如果立志消灭织田信长，可以直接从越后国杀过来。但他的意志并不坚定，使织田信长比较轻松。

第4节　上杉谦信其人

上杉谦信是长尾为景的儿子。天文十七年 (1548年)，他继承了兄长长尾晴景的领主职位，进入越后国春日山城。永禄四年 (1561年)，他又继承了上杉宪政[2]的家业。此后，为了恢复上杉氏的关东管领职位，他多次出兵关东，讨伐北条氏。因为他曾数次于川中岛与武田信玄作战，所以后世的军学者之流往往将他们相提并论。起初，上杉谦信与织田信长交好。天正三年 (1575年) 年末，受足利义昭鼓动，他改变了心意，后于天正六年 (1578年) 三月集结兵力，计划上洛追讨织田信长，复兴征夷大将军家。近畿的百姓闻讯惊恐。然而，上杉谦信却突然染病去世了。军学者之流说他为人义气，是人中豪杰，并举出了下面这个例子。

---

① 意即要解决民生问题，首先要了解民生疾苦。——译者注
② 上杉宪政（1523—1579），日本战国时代大名，山内上杉家第15代当主，曾任关东管领，收长尾景虎即上杉谦信为养子。——译者注

天正四年（1576年）正月一日，春日山城举办新年庆典。部下劝上杉谦信占领甲斐国和信浓国，以免被清洲同盟捷足先登，但他认为这是乘人之危，于是断然拒绝。不过，事实并非如此。上杉谦信和武田信玄一样，都志在富国强兵。他后来与织田信长反目成仇，也并非因为重义气，而是为了争夺地盘。具体来说，上杉谦信曾经称霸日本海岸沿岸，将北陆道视为势力范围。但天正三年八月，平定越前国的暴动后，织田信长把手伸向了加贺国的两个郡——这类似于欧洲列强无视美国的门罗主义[①]，将美洲大陆变成殖民地，上杉谦信对织田信长心生不悦就是始于此时。天正四年春，能登国的畠山氏爆发内乱，畠山义隆被杀，武士各谋出路。其中，三宅长盛等武士要投靠织田信长，温井景隆和游佐基光则要投靠上杉谦信。至此，上杉谦信才公然与织田信长作对。这不是领土争夺，又是什么呢？其后，虽然足利义昭再三催促，但上杉谦信并不响应，而是计划占领加贺国和能登国。天正四年十一月，上杉谦信发兵加贺国，夺取了四个郡。天正五年（1577年）九月十五日，他又占领了七尾城，作为攻占能登国的根据地。同年十一月十六日，他将能登国的各处关卡分配给部下，自己则率军回到越后国。如果上杉谦信重义轻利，又怎会不顾同盟之约而白白耽搁时间呢？还有其他史料能够证明他急于谋利，那就是他垂涎富庶的关东，但听闻关东武士多依附北条氏政时，上杉谦信又迟疑起来——他既想率军上洛，又想攻入关东。通过天正

---

① 　主张美国不干涉欧洲列强的内部事务，也不容许欧洲列强干涉美洲的事务。——译者注

六年正月十九日上杉谦信下达的命令来看，他是计划先打败北条氏政，再率军上洛。正所谓"搏二兔者，不得一兔"，上杉谦信如此三心二意，反映了他的自私自利。北条氏政看透了这一点，便与他绝交，转身与武田信玄联手。总之，上杉谦信是个自私的人，但他兵力强盛，如果决心西进，肯定会给织田信长带来重创。天正五年闰七月，织田信长与陆奥国的伊达氏联合，请其牵制上杉谦信，还派了柴田胜家等人率军前往加贺国。天正五年九月，织田信长、上杉谦信双方的先头部队在加贺国能美郡手取川附近展开了小规模战斗，阻挡了上杉谦信的行进。天正六年春，上杉谦信计划进攻关东，在春日山城做了充分准备。然而，同年三月九日，上杉谦信突然染病，随即于三月十三日去世。听闻消息，织田信长如释重负。

第5节　织田信长以攻为守

织田信长还有一个强敌，那就是毛利辉元。天正四年（1576年）七月，村上武吉、来岛氏、儿玉就方、粟屋大夫和乃美宗胜等毛利辉元的水兵，驾驶七八百艘大船，冲破了织田信长的包围网，将兵粮运入大阪。此前，织田信长围攻大阪，夺取了边城，将暴动者赶入内城，严严实实地包围起来。如今，毛利辉元的水兵破坏了包围网，沉重打击了织田信长。得到消息后，与织田信长为敌的各方势力都欢欣鼓舞，上杉谦信声称自己会即刻杀到大阪。毛利氏又取得了海上大捷，这使人感觉到，织田信长的末日即将来临。于是，有人想趁火打劫，松永久秀就是其中之一。他早就

暗中与越后国的上杉谦信联合，催促上杉谦信上洛。不过，织田信长并非胆小之人，而是采取了以攻为守的策略。天正五年（1577年）二月，织田信长率军攻入纪伊国的杂贺，制伏了当地土豪和根来寺僧人。杂贺和根来寺不仅有许多火枪制造师，也是大阪本愿寺僧人的后援，织田信长此举相当于砍断了大阪本愿寺僧人的手足。同年八月上旬，织田信长命柴田胜家出兵北陆道，攻入贺州，在御幸冢和大圣寺修筑城池，与上杉谦信对抗。八月十七日，蠢蠢欲动的松永久秀父子在大和国志贺城起兵造反，但志贺城很快就被织田信长率军攻陷。八月十九日晚，松永久秀在天守阁①自焚。这样一来，除大阪之外，整个近畿都落入织田信长手中。同年十月十三日，织田信长派丰臣秀吉进攻中国。十月二十八日，丰臣秀吉率军抵达播磨国，掳走了播磨国武将的亲属作为人质。十一月十日，丰臣秀吉掌控了整个播磨国。随后，丰臣秀吉出兵但马国，夺取岩渊城和竹田城，占领了位于播磨国、备前国和美作国交界处的上月城，并派山中幸盛和尼子胜久守城。织田信长攻势猛烈，但毛利辉元实力强大，使处于夹缝中的武将不知何去何从。天正六年（1578年）二月，播磨国三木城城主别所长治暗中联络毛利辉元，掀起了反对织田信长的大旗。备前国的宇喜多直家则与毛利辉元绝交，投靠织田信长。这样一来，织田信长便可双面出击，同时向武田胜赖和毛利辉元发动进攻。上杉谦信突然去世，使东部的形势更有利于清洲同盟。

---

① 天守阁，日本战国时代以后，在城中建造的具有象征意义的建筑物。——译者注

第6节 扭曲的人心

讲述上杉谦信去世引发的形势变化前，我们先将目光转向松永久秀。英雄豪杰是时代的产物，如同春天莺啼和秋天蝉鸣，因为每个时代的人物不同，所以论述人物也是在论述时代。据说，有一次，德川家康去慰问织田信长，发现有一位老人在座。织田信长介绍说："这是松永久秀。他做了三件世人不可为的事：第一件是撺掇主君三好氏造反，杀死了征夷大将军足利义辉；第二件是他本人造反，灭掉了三好氏；第三件是放火烧了奈良东大寺[①]的大佛殿。"一番话说得松永久秀面红耳赤，但这些恶事人尽皆知，他无法开脱。不过，在当时，卖主求荣并不罕见。例如，织田信长的岳父斋藤道三流放了主君土岐赖艺，夺取了美浓国。斋藤道三的儿子斋藤义龙患有麻风病，他杀死了父亲，成为新任国主。天文二十年 (1551年) 九月一日，陶晴贤杀死了主君大内义隆。后来，陶晴贤被毛利元就杀死。毛利元就奉旨讨贼等说法也是后世编造的，因为他之前一直讨好陶晴贤。大内义隆被杀时，毛利元就的长子毛利隆元还支援陶晴贤，杀死了头崎城城主平贺隆宗。如果说"君父之仇，不共戴天"是人间正道，那么身为大内义隆家臣的毛利元就在长达四年的时间里讨好陶晴贤就是不义之举。宇喜多直家也杀死了主君浦上宗景和岳父中山信正，成为备前国国主。安房国的里见氏原本是安西氏的老臣，后来也抢夺了主君的家业。总之，如果用道德规范确立之后的标准来衡量，那

①　东大寺，公元8世纪圣武天皇时修建的寺庙，日本华严宗的总寺。——译者注

么松永久秀实属乱臣贼子。但当时还有很多类似的例子，正因如此，松永久秀仍能坦然地与人交往。应仁（1467年—1469年）以后是崇尚武力的社会，法律和制度名存实亡，道德和仁义徒有虚名。英雄豪杰都不在乎君臣之义、父子之情和朋友之交，不被情理支配，不被道德约束。为了自保，他们无所不能忍，无所不能为。可以说，集罪过于一身的松永久秀是体现这种扭曲人性的代表之一。

第7节　松永久秀生平

松永久秀出身卑微，三十五岁前后才成为三好长庆的右笔[①]，受到重用，被任命为弹正少弼[②]，从四位[③]下。从三好长庆掌握京都实权的天文二十一年（1552年），到织田信长上洛的永禄十一年（1568年），松永久秀都处在幕府的中枢机构，参与征夷大将军负责的事务，堪称近畿的栋梁，甚至可以说是织田信长和丰臣秀吉的领路人。织田信长和丰臣秀吉同样出身不高，后来成就了霸业。按照时间顺序来叙述，织田信长继承并扩大了松永久秀的事业，丰臣秀吉又继承并扩大了织田信长的事业。正所谓"居高声自远"，松永久秀长期辅佐征夷大将军，久而久之被误认为掌握了实权，连他自己也产生了这种幻觉。此时的征夷大将军足利义辉天资聪颖，看不起松永久秀，对他的飞扬跋扈非常愤怒，便秘密

---

① 　在日本幕府时代，有专门的文官担任武士家族的秘书，被称为"右笔"，负责代写文章、起草公文等。——译者注

② 　弹正少弼，日本弹正台（掌管监察、治安事务的最高机构）的副官。——译者注

③ 　从四位是日本的一种官位级别，相当于中国古代的从四品。日本的从四位分为从四位上和从四位下两种。——译者注

向上杉谦信求援。为了自保，松永久秀杀了足利义辉，扶持足利义荣[1]担任征夷大将军，织田信长放逐足利义昭的行为与之非常相似。这样一来，松永久秀以卑微的出身掌握了天下实权，其言论也备受追捧。

据《川角太阁记》记载，黑田孝高说织田信长请教过松永久秀"什么是好武者"，对其答案深表认同。松永久秀的确善于发现人才，曾经看出了德川家康的谋臣本多正信的非凡才华。据说，有一次，松永久秀见到本多正信，便说："我见过不少三河武士，他们大都有勇无谋，只有你与众不同。既不强势，也不软弱，不虚伪做作，不卑鄙下贱。"正所谓好汉识好汉，松永久秀善于发现人才，也证明了自己的能力。可惜的是，松永久秀生在一个道德沦丧、背信弃义的时代，不能理解力量统一、规范形成的新时代，仍然按照从前的惯例，动辄企图趁火打劫，最终因此丧命。不过，松永久秀最终选择了壮烈自杀。他在志贺山切腹自尽[2]时，织田信长的部下佐久间信盛派人传话说："您秘藏的'古天明平蜘蛛'茶釜是我家主君梦寐以求的，请速交出，以免宝物被毁坏。"松永久秀答道："'古天明平蜘蛛'茶釜和'九十九发茄子'茶器这两样宝物，在下本想传给后代。当初在安土城，织田信长赏赐在下饮茶，说希望可以用'九十九发茄子'茶器来品茶。因此，在下建造了新茶室，希望能请织田信长一起饮茶，但他东征西战，至今未能如愿。如今，在下愿意献出'九十九发

----

[1] 足利义荣（1538—1568），日本室町幕府第14代征夷大将军。——译者注

[2] 松永久秀应为自焚而死。但原文在此引用的是《川角太阁记》的记载——切腹自尽。——译者注

茄子'茶器，但'古天明平蜘蛛'茶釜和在下的头颅，决不会任凭你们摆布。"说罢，松永久秀将"九十九发茄子"茶器递给了佐久间信盛，打碎了"古天明平蜘蛛"茶釜，之后自焚而死。英雄末路，如此壮烈，真是悲哀啊。《武德安民记》中记载，石田三成的家臣岛清兴感叹世事变化，说世间再也没有松永久秀，而大阪奉行①之辈没有决断力，不敢杀掉德川家康。森林会随地带而变化，人物也会随世道而变化，通过松永久秀的生平，我们可以窥探当时的一些时代特点。

第8节　北条氏政与清洲同盟合作

越后国的上杉谦信去世后，他的外甥上杉景胜②继任家督一职。上杉谦信在世时就立上杉景胜为嗣子，让家臣称其为"中城大人"，称自己为"内城大人"。天正三年（1575年）正月十一日，上杉谦信亲自为上杉景胜行加冠礼，让他继承了官职。此前，元龟元年（1570年）四月，北条氏康的儿子北条三郎成了上杉谦信的养子，改名上杉景虎。因此，上杉谦信去世后，越后国忽然一分为二，上杉景胜和上杉景虎两雄相争。北条氏政当然支持弟弟上杉景虎。另外，甲斐国的武田胜赖是北条氏的同盟，又新娶了北条氏政的妹妹桂林院殿，即后来的北条夫人。因此，对上杉景虎而言，北条氏政是嫡亲的兄长，武田胜赖是姻亲的兄长。如果他们

---

① 此处应该指丰臣氏的五奉行。——译者注
② 上杉景胜（1555—1623），日本战国时代及德川幕府时代初期的大名，丰臣氏政权下最有实力的大名之一。其母仙桃院是上杉谦信的姐姐。——译者注

联手，那么上杉景胜的处境就岌岌可危了，但不知为何，武田胜赖选择支持上杉景胜。有一个说法称上杉景胜派出使者，贿赂武田胜赖的宠臣长坂光坚和迹部胜资，还给出如下优惠条件：

第一，上杉景胜成为武田胜赖的妹夫；

第二，上杉景胜唯武田氏马首是瞻；

第三，上杉景胜献给武田胜赖一万两黄金作为谢礼。

于是，武田胜赖破坏了与北条氏政的约定，转而支持上杉景胜，上杉景胜便不再惧怕。天正七年 (1579年) 三月二十四日，在越后国颈城郡鲛尾城，上杉景胜逼死了上杉景虎，掌握了越后国大权。七月，上杉景胜迎娶了武田胜赖的妹妹菊姬。这触怒了北条氏政，因此，他计划背弃武田胜赖，改为与清洲同盟合作。九月四日，北条氏政派山角定胜到滨松城拜见德川家康。在德川家康的介绍下，北条氏政的儿子北条氏直向织田信长献上了三只鹰。不久后，九月十三日，织田信长、德川家康和北条氏政就交换了誓约书，正式结盟。虽然上杉景胜是武田胜赖的盟友，但越后国的内乱尚未平息，因此他不适合出兵。即使能够出兵，从越后国到甲斐国路途遥远，他也很难与武田胜赖联合作战。与此相反，清洲同盟和北条氏政距离甲斐国很近。连武田信玄都未曾公然与清洲同盟为敌，但武田胜赖改变了父亲武田信玄的策略，不惜东、南、西三面受敌，相当于作茧自缚。而清洲同盟解除了东面的后顾之忧，更有优势了。至此，形势发生了很大变化。

第9节　荒木村重

俗话说："当局者迷，旁观者清。"天下大势逐渐有利于清洲同盟，但孤陋寡闻之人浑然不觉。上杉谦信去世后，武田胜赖和毛利辉元联手对付织田信长。本愿寺住持显如也煽动各地分寺的僧人挑拨是非，甚至引发了织田信长的部下造反。天正六年 (1578年) 十月下旬，摄津国伊丹城城主荒木村重起了异心，暗中联络本愿寺住持显如和毛利辉元。当时的内乱多发生在边境，因为身处夹缝的武士容易受到两边的影响，左右摇摆。例如，浮田氏背叛毛利氏转而投靠丰臣秀吉，三木城的别所长治和伊丹城的荒木村重背叛织田信长转而依附毛利辉元。地位卑微时，荒木村重处处讨好织田信长。如今，荒木村重成了摄津国的守护大名，拥有尼崎城的荒木村次、高槻城的高山右近、茨木城的中川清秀、能势城的能势赖道、多田城的盐川长满、三田城的木下重坚和大和田城的安部仁右卫门等部下。这些人如果联合起来，就会成为织田信长的心腹大患，因为他们会切断丰臣秀吉等人的退路。毛利辉元也意识到了这一点，便极力拉拢荒木村重。荒木村重部下众多，其领地广阔又临近内海，方便他与毛利辉元往来。于是，荒木村重以为自己可以一呼百应，成为第二个松永久秀。

听闻荒木村重要造反，织田信长格外担心，便派出使者劝说他，表示愿意答应任何条件，却遭到拒绝。织田信长无奈，只有出兵。天正六年 (1578年) 十一月三日，织田信长率军从京都二条出发。十一月六日，毛利辉元率领六百艘兵船抵达摄津国，在大阪的

川口地区与织田信长的部下九鬼嘉隆[①]率领的部队大战。结果，毛利辉元不仅成功地向大阪运粮，还在回航途中攻下了花隈城，封赏给荒木村重。这样一来，大阪得到兵粮，荒木村重和毛利辉元也以花隈城为枢纽，自由地往来于海上，似乎就要大获成功。不过，织田信长独辟蹊径，巧妙地化解了危机。荒木村重的老臣、高槻城城主高山右近是虔诚的天主教教徒，织田信长便请来高山右近崇敬的神父涅基-索尔多·奥尔冈蒂诺，请他出面劝说高山右近，还承诺只要他立下功劳，便允许他任意修建教堂。在佐久间信盛、丰臣秀吉、松井友闲和大津长昌的陪同下，涅基-索尔多·奥尔冈蒂诺立即进入高槻城，劝说高山右近。高山右近知道背叛荒木村重会殃及自己交给他的人质，但还是说："自古就有舍小保大的惯例，即使我方人质被杀，换得天主教繁荣，上帝也会很欣慰吧。"于是，他打开了高槻城城门，向织田信长投降。高山右近的投降引发了连锁反应。天正六年十一月二十四日夜半，茨木城的中川清秀宣布投降。十二月一日，大和田城的安部仁右卫门也投降了。这样一来，原本认为能够一呼百应的荒木村重陷入了困境，只好据守伊丹城，等待毛利辉元的援兵。然而，毛利辉元不出兵，武田胜赖也没有动静。荒木村重据守的伊丹城成了孤城，守城的将士逐渐动摇。天正七年（1579年）九月二日，荒木村重趁着夜色逃出伊丹城，前往尼崎城。同年十一月，伊丹城沦陷。

　　别所长治据守的播磨国三木城，同样成了孤城。天正八年（1580

① 　九鬼嘉隆（1542—1600），日本战国时代到安土桃山时代的武将，水军将领。——译者注

年）正月十七日，三木城沦陷。随后，织田信长的部下分兵进入中国，毛利辉元也逐渐陷入被动。形势愈加有利于织田信长，因为上杉景胜和武田胜赖暂时都没有长途出兵的动向。

第10节　德川家康和武田胜赖相持不战

让我们把目光转回德川家康。从长篠大捷到天正七年 （1579年）九月十三日织田信长、德川家康和北条氏政建立攻守同盟，德川家康和武田胜赖之间并没有什么值得关注的战争。主要大事如下：

天正三年 （1575年） 九月，德川家康率军进攻天龙川右岸的小山城，武田胜赖则率军进攻冈部城。德川家康的部队退到诹访原城，武田胜赖率军进入小山城。

天正四年 （1576年） 三月，武田胜赖率军进攻远江国的横须贺城。德川家康率军从滨松城包抄其部队。武田胜赖退兵，为了打通从海上向高天神城运粮的通道，他命令部下在相良修建新城。

天正四年七月，德川家康率军进攻远江国的犬居城。武田信玄以来，犬居城城主天野景贯就依仗天险追随武田氏。二俣城归属德川家康后，犬居城在远江国成了孤城，天野景贯却依然采取对抗态度。此次，天野景贯难以继续坚守犬居城，便逃往甲斐国。

天正五年 （1577年） 十月，武田胜赖率军从小山城出发，进攻横须贺城。德川家康率军离开滨松城迎战，武田胜赖率军撤回。

天正六年 （1578年） 三月，德川家康率军进攻骏河国的田中城，割了禾苗。他的部队并未与田中城的守军交战，而是撤回牧野城。他命令百姓修建城池，建好城池后，他回到滨松城。

天正六年八月，德川家康率军进攻小山城，又到骏河国的田中城割禾苗，然后撤到诹访原城，最后回到滨松城。

天正六年十一月，武田胜赖率军进攻小山城，德川家康和儿子德川信康在马伏塚布阵。有消息称武田胜赖将要率军进攻挂川城，德川家康也做了相应的准备。但武田胜赖并未率军进攻挂川城，而是率军返回了。

天正七年（1579年）四月下旬，武田胜赖率军进攻骏河国的江尻城，其先头部队在高天神城和国安城布阵。德川家康和儿子德川信康率军进攻马伏塚，甲斐国武士离开国安城，武田胜赖回国。

以上就是武田胜赖和德川家康相互攻伐的大事记。德川家康在滨松城时，武田胜赖佯装要率军进攻两国边境。等德川家康迎战时，武田胜赖又撤回。德川家康也不敢越过大井川攻入武田胜赖的领地，只是在田中城割禾苗。总之，双方都十分谨慎，没有集中主力决战，就好像竞技场上的两位相扑力士只是小打小闹，并未扭打在一起。我认为，这是因为甲斐国余威尚存，所以德川家康不敢轻易出手。不过，织田信长、德川家康和北条氏政联合后，形势就发生了很大的变化，逐渐有利于德川家康。但此时德川家康遭遇了家庭风波，陷入肝肠寸断的痛苦中。这场家庭风波迫使他杀害了夫人筑山殿，又逼死了长子德川信康。

第 12 章

德川家康丧妻失子

第1节　德川信康的为人

筑山殿的父亲是今川氏族人关口亲永，母亲是今川义元的妹妹。德川家康在骏府城做人质时，娶了筑山殿。两人生了一儿一女，即长子德川信康、长女龟姬。当时，有一个叫奥平信昌的武士坚守长篠城，抵御武田胜赖，助清洲同盟大获全胜。织田信长便提出让龟姬嫁给奥平信昌以示奖励，德川家康没有异议，德川信康却感到不快。此时的德川信康已经娶了织田信长的女儿德姬，成了天下最有实力的大将军、权大纳言[①]织田信长的女婿，又是三河国和远江国国主德川家康的世子，身份尊贵，他认为奥平信昌只不过是偏远地区的一介武士，配不上妹妹龟姬。也有可能是筑山殿想让女儿龟姬嫁给名门望族，才通过德川信康表达了异议。无论如何，德川家康认为儿子言之有理，便报告给织田信长，却遭到拒绝，德川信康也表示听从父亲和岳父的安排。于是，龟姬嫁给奥平信长后，事情就告一段落了。不过，我们从中可以看出，德川信康很有主见，不会轻易服从别人。据《三河物语》记载，德川信康喜好武道，经常招来武勇之士昼夜谈论，也喜爱骑马和放鹰狩猎。他很有器量，这从他去世后仍然流传下来的言论中可以发现。据说，直到后来，德川氏的家臣还很崇拜德川信康的言论，想要遵照执行。武田胜赖也曾感叹德川信康令人恐惧，是一员猛将。然而，德川信康行事粗暴，曾经当着正室德

---

① 权大纳言，即定额之外临时任命的大纳言。大纳言是太政官（日本古代掌管立法、行政、司法事务的最高国家机关）中的四等官，相当于中国古代的亚相。——译者注

姬的面，撕裂了她侍女的嘴，亲手杀死了她的侍女。有一次，他欣赏舞蹈时觉得舞女的装束不好、舞姿不佳，便用弓箭射杀舞女。还有一次，德川信康外出放鹰狩猎却无功而返，途中遇到一位法师，便怪罪他坏了自己的运气，用马活活拖死了他。此外，据说德川家康的家臣榊原康政家里流传过下面这个故事：

> 在三河国时，榊原康政见德川信康行事多有不妥，便时常劝谏，却遭到憎恨。有一次，榊原康政又来劝谏。德川信康大怒，取来身旁的弓，搭上了三叉箭，要射杀他。但榊原康政不慌不忙，说自己是为了少主，并且少主如果痛下杀手，必定会惹恼主君。说罢，他也不离开座席，只是安静地等待着。德川信康似乎有所醒悟，便缓和了脸色，进入里屋了。

由此可见，德川信康过于心狠手辣，甚至有些残暴。不过，当时有很多心狠手辣的人。例如，《信长公记》记载，天正二年（1574年）正月一日，织田信长下令给朝仓义景、浅井久政和浅井长政的头颅贴上金箔，以此祝酒。斋藤道三将犯了小错的人处以车裂之刑，或者架起大釜，命令罪人的父母兄弟或妻子儿女在下面烧火，将罪人活活煮死；武田信玄也曾用大釜煮死罪人；当时的情况大抵如此。德川信康的强势和骄纵在年轻武将中并不罕见。

实际上，德川信康也有温情的一面。德川家康有一个叫小督局的侍女，是池鲤鲋神社的祭祀官永见贞英的女儿。德川家康和小督局约为百年之好。小督局怀孕后，却因故不能在城内产子，

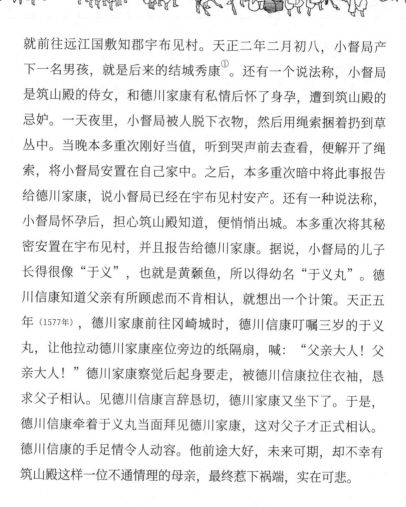

就前往远江国敷知郡宇布见村。天正二年二月初八，小督局产下一名男孩，就是后来的结城秀康[①]。还有一个说法称，小督局是筑山殿的侍女，和德川家康有私情后怀了身孕，遭到筑山殿的忌妒。一天夜里，小督局被人脱下衣物，然后用绳索捆着扔到草丛中。当晚本多重次刚好当值，听到哭声前去查看，便解开了绳索，将小督局安置在自己家中。之后，本多重次暗中将此事报告给德川家康，说小督局已经在宇布见村安产。还有一种说法称，小督局怀孕后，担心筑山殿知道，便悄悄出城。本多重次将其秘密安置在宇布见村，并且报告给德川家康。据说，小督局的儿子长得很像"于义"，也就是黄颡鱼，所以得幼名"于义丸"。德川信康知道父亲有所顾虑而不肯相认，就想出一个计策。天正五年（1577年），德川家康前往冈崎城时，德川信康叮嘱三岁的于义丸，让他拉动德川家康座位旁边的纸隔扇，喊："父亲大人！父亲大人！"德川家康察觉后起身要走，被德川信康拉住衣袖，恳求父子相认。见德川信康言辞恳切，德川家康又坐下了。于是，德川信康牵着于义丸当面拜见德川家康，这对父子才正式相认。德川信康的手足情令人动容。他前途大好，未来可期，却不幸有筑山殿这样一位不通情理的母亲，最终惹下祸端，实在可悲。

---

① 结城秀康（1574—1607），日本安土桃山时代到德川幕府时代初期的武将、大名，德川家康的次子，后来成为丰臣秀吉的养子，改名"羽柴秀康"，再后来成为结城晴朝的养子，改姓结城。——译者注

第2节 筑山殿和德川信康之死

　　如前所述，筑山殿忌妒心很强。但德川家康早已不是无名小辈，而是三河国和远江国国主，有不少女性争宠。筑山殿失去了父亲关口亲永，没有了后援，忌妒心愈加强烈，竟然有些精神失常了。德川家康不知该如何处置，夫妻关系日益疏远。德川家康便让筑山殿住在冈崎城附近的筑山，作为德川信康夫妻的监护人。也有一个说法称，筑山殿从骏河国归来后，德川家康曾经命令她住在筑山，此次是离开滨松城回到故居。不过，筑山的地址不明。来到儿子德川信康身边的筑山殿看到小夫妻很和睦，便想从中作梗，引发了儿媳妇德姬的不满。德姬是织田信长的长女，和德川信康同岁，婚后生下两个女儿。筑山殿便以子嗣为由，劝说儿子多娶几个妾。恰好武田胜赖的家臣大和守日向昌时[①]的庶女被赶出家门，流落到三河国。筑山殿便劝德川信康纳她为妾。德川信康也认为男人不应该畏惧岳父和夫人，这使原本琴瑟和鸣的小夫妻心生隔阂了。另外，据说筑山殿行为不端，无法忍受长期独守空房之苦，暗中与来自甲斐国的医师灭敬私通。她担心事情败露，便想着"一不做，二不休"，劝说儿子暗中与武田胜赖联络，将甲斐国武士迎入冈崎城，灭掉织田信长和德川家康。筑山殿还计划事成之后去甲斐国，嫁给武田胜赖的某个部下为妻，快乐地度过后半生。于是，筑山殿让灭敬当使者，向武田胜赖报告

---

① 　日向昌时，又名日向是吉，出生时间不详，死于1582年，武田氏的重要家臣。——译者注

了这个意向。武田胜赖大喜，说小山田信茂刚丧妻，可以娶筑山殿为继室。孰料事情败露，传到了德姬那里。德姬大惊，列举了德川信康和筑山殿的十二条罪状，密告了父亲织田信长。

德川家康也听到了一些风言风语，有些担心。天正六年（1578年）九月，他下令，严禁国侍居住在冈崎城。十二月，他亲自前往冈崎城查看。天正七年（1579年）七月十六日，德川家康派酒井忠次前往安土城，向织田信长进献骏马。织田信长将酒井忠次带到一间内室，给他看德姬的书信，逐条询问这十二条罪状。德川信康平日对待老臣如同老奴，酒井忠次等人早就心存不满，便回答说有十条属实。织田信长便说无须再找他人核实了，并让酒井忠次转告德川家康，命令德川信康切腹自尽。酒井忠次领命回国，径直来到滨松城，向德川家康报告。天正七年八月三日，德川家康离开滨松城，进入冈崎城。八月四日，他命令德川信康退居大浜城。八月十日，德川家康将各位国侍叫到冈崎城中，严禁众人通风报信。八月二十九日，他命令野中重政在小薮村处死了筑山殿。德川信康先后被转移到了远江国的堀江城和二俣城。九月十五日，德川信康在二俣城切腹自尽。临终前，他只说："我做梦也没想到会被认为与武田胜赖同心，要造反。我死后，请务必将此事告知父亲大人。"德川家康也觉得妻儿十分可怜，可他不敢违背织田信长的命令。他抛弃了亲情，斩断了血缘，以此确保国家安全。自古以来，与大国结盟的小国都不得不做出牺牲。即使德川家康和织田信长关系亲密，如此惨剧也在所难免。后人应该以此为鉴。

第 13 章

武田氏灭亡

第1节　高天神城陷落

　　德川家康虽然是英雄，但遇到夫人筑山殿和儿子德川信康丧命这样的惨事也难免断肠。不久后，织田信长、德川家康和北条氏政建立了三国同盟，共同对付武田胜赖。不过，三国同盟并未取得显著的战果。此后的一段时间里，武田胜赖虽然腹背受敌，但始终不屈不挠。天正七年 (1579年) 九月，三国同盟结成，德川家康和北条氏政约定夹击武田胜赖。北条氏政率先派兵攻打三岛，闻讯后，武田胜赖在黄濑川布阵。两军的营地十分靠近，但北条氏政畏惧敌军，不敢出战。德川家康率军越过大井川，向田中城进发，在骏河国益津郡布阵。闻讯后，武田胜赖决定改变计划，越过宇津谷山脊，绕到田中城，从背后袭击德川家康的部队。于是，他留下一些武士应付北条氏政，自己率军调转方向，急速行进。北条氏政察觉后大惊失色，赶紧派使者给德川家康送信。这个使者从伊豆国出发，走海路。而武田胜赖一行途经富士川时，遇到大雨，耽搁了不少时间。天正七年九月二十四日，听闻武田胜赖出兵骏府城，德川家康立刻率军越过大井川，往远江国榛原郡的色尾方向撤退，途中遭到持船城守军的追击。九月二十八日，德川家康接到了北条氏政的通报，便进入诹访原城。据说，武田胜赖十分气愤，因为错过了时机，只能白白放走德川家康。我参照古本《家忠日记》，记录了事件的大体经过。由此可见，腹背受敌的武田胜赖毫不怯懦。然而，从此时开始，武田胜赖不得不分心对敌，气势锐减。天正八年 (1580年) 八月，德川家康决定长期包围高天神城，便命人在高天神城四周挖壕沟，筑起高土

墙，高土墙上面又搭起了高木墙，还有用绳子连接的竹栅栏。他还命人在壕沟外面设置了七八重大栅栏，在大栅栏里面，每隔两米就设有一名士兵。如果守军出城，就再加派人手。为了防备甲斐国武士从后面袭击，德川家康又命人在包围网的后方也挖了壕沟。《信长公记》记载道："武田胜赖在远江国高天神城派驻了众多武士，被德川氏围困在里面。德川家康本人亲临阵地。"

此前，武田胜赖每次袭击德川家康，都是渡过大井川来到小山城，再到高天神城。如今，这条路线已被切断。为了支援德川家康，北条氏政也压制着甲斐国的水兵，切断了通往高天神城的水上通道，使高天神城成了孤城。德川家康打算活活饿死高天神城的守军，就制订了长期包围的计划。如前所述，北条氏控制着整个骏河湾。在骏河湾，骏河国和远江国只有一个清水港，伊豆国却有很多港湾。其中，君泽郡的重须港群山环绕，港内风平浪静。北条氏将重须港作为水兵根据地，存放了许多船。为了对抗北条氏的水上霸权，武田信玄占领骏河国后，曾将清水港作为军港培养水兵，但时间比较短暂。而北条氏政与德川家康联手后，武田胜赖就不能再从水上增援，高天神城便失去了补给。武田胜赖如果有先前的锐气，就可以排除万难前去营救，但此时他不敢出兵。天正九年（1581年）正月，有消息称武田胜赖在召集甲斐国和信浓国的武士，要救援高天神城。织田信长和儿子织田信忠都认为这是打击对手的好机会，便做了各种准备，将越前国大野郡的武士分拨给水野忠之，准备支援德川家康。但武田胜赖迟迟不动，高天神城内已有很多人饿死。天正九年三月二十二日夜，守军冲出城。德川家康和手下将士已等候多时，此时大开杀戒。

德川家康亲手砍下的首级就有六百八十八个，足以想见当时的惨状。从天正二年（1574年）武田胜赖占领高天神城，到此时已有八年。甲斐国、信浓国和骏河国的武士据守在高天神城，从东面威胁清洲同盟。然而，武田胜赖的精力已经衰退，始终没有派出援军，结果高天神城的守军或被饿死，或被虐杀，实在是可悲可叹。遇到凭吊往事的游客时，乡野老翁也会在春天宁静的樱花树下，或者在远江河静静流淌的深夜里说起这段往事，悲叹武士的残梦。

第2节　武田氏的困境

仔细思考武田胜赖的一生，我们便会发现他就像一个"只顾向前冲"的棋手，缺乏后劲，最终败下阵来。武田信玄的强敌上杉谦信善于算计，志在富国强兵，不愿因任何事情而遭受损失。与其相反，武田胜赖常常怀着不切实际的想法，一心想夺取天下。天正七年（1579年）正月二十五日，吉川元春致信武田胜赖，说自己要出兵摄津国与和泉国，毛利辉元也要出兵近畿。四月五日，武田胜赖收到此信。四月六日，他回信，和吉川元春约定从东西两个方向夹击织田信长，援助荒木村重和本愿寺住持显如，辅佐足利义昭回京。实际上，吉川元春对武田胜赖说要出兵，只不过是虚张声势。不过，通过这封书信，我们可以看出武田胜赖野心勃勃，始终想霸占近畿，却不敢真正出兵。本愿寺住持显如意识到盟友不可靠，便与织田信长和谈。天正八年（1580年）四月九日，以本愿寺住持显如及其妻室教光院如春尼为首，下间赖

廉、平井祐专、矢木重仍等寺官都退出了大阪。八月二日，本愿寺新住持教如离开大阪。至此，曾经是"日本教皇"的本愿寺住持失去了一切权力，而作为濑户内海咽喉的大阪也落入织田信长手中。如果毛利辉元和武田胜赖成功夹击织田信长，那么局势绝不会发展成这样。本愿寺住持投降，也证明毛利辉元和武田胜赖能力不足。事已至此，织田信长再无顾虑，一方面出兵加贺国和能登国，另一方面逐步兼并毛利氏的地盘。即使是处在偏远地区的大名，如今也觉得天下大局已定。陆奥国的伊达氏和苇名氏等大名纷纷投靠织田信长。高天神城又被德川家康攻陷，使武田胜赖接连遭受打击。天正九年 (1581年) 七月，武田胜赖在甲斐国韭崎修建了新府城。武田信玄一生都住在旧城里，没有大兴土木。而武田胜赖修建新府城，证明他已陷入被动局面。据《信长谱》记载，天正九年十一月，织田信长的儿子坊丸从甲斐国回到安土城，举行了元服仪式，改名为织田胜长。武田信玄和织田信长交好时，提出要一个养子。织田胜长便去了甲斐国，如同人质。此时，武田胜赖心生胆怯，便把织田胜长送回安土城。他想通过和谈破解困局，但织田信长肯定不会答应。就在武田胜赖无比苦闷时，甲斐国最终灭亡了。

第3节　武田胜赖兵败自杀

　　武田氏的领地横跨甲斐国、信浓国、骏河国和上野国。其中，甲斐国是武田氏的大本营，由武田氏的近臣或者谱代家臣负责守卫，而其他三国是附属国。信浓国的诹访氏、大草氏、知久

氏、下条氏、小笠原氏、保科氏、屋代氏、芦田氏、真田氏、木曾氏等人，都是武田信玄时期归降的，他们承担赋税徭役，随主君出征，他们虽然被迫屈服，但并没有被完全同化。上野国的小幡氏和藤田氏也是如此，只有骏河国不同。骏河国一面是北条氏的领地，另一面是德川氏的领地，并且地处交通便利的东海道，稍有不慎就会落入他人手中。因此，武田信玄和武田胜赖格外重视骏河国，都派近臣守护骏河国，使其俨然成了第二个甲斐国。换言之，武田氏真正统治的领地只有甲斐国和骏河国。实际上，武田信玄和武田胜赖也想努力经营信浓国。但信浓国是山国，位置偏远。武田信玄和武田胜赖便退而求其次，只要信浓国的武士不造反就可以了。

如今，武田氏衰微，信浓国最早出现了异动。木曾谷有一个叫木曾义昌的人住在福岛城，是当地的豪族。木曾义昌投降后，迎娶了武田信玄的女儿真龙院。武田信玄将千村备前守、山村良利等武士送到木曾谷，名义上是照顾女儿，实际上是监视木曾义昌。从此以后，木曾义昌就感觉抬不起头来。听闻武田胜赖节节败退，天正九年（1581年）年底，木曾义昌主动联系美浓国苗木城城主远山友政，说要归顺岐阜城的织田信忠。远山友政当即报告给织田信忠，又报告给织田信长。织田信长听说木曾谷是一个险地，担心中计，便要求木曾义昌先交出人质。木曾义昌答应了。于是，织田信长决定攻入甲斐国。天正九年十二月下旬，织田信长派人将兵粮运到要塞。德川家康和北条氏政也约定同时发起进攻。天正十年（1582年）二月一日，木曾义昌交出的人质上松义丰抵达安土城。听闻木曾义昌造反，武田胜赖大惊，命令武田信丰和

仁科盛信率军讨伐木曾义昌，两人却大败而归。这样一来，武田胜赖只能亲自率军作战。两天后，他离开新府城，在诹访原城布阵。听闻甲斐国已经内乱，二月十二日，织田信忠率军离开岐阜城，从伊那口进军。结果，众人纷纷投降。织田信忠的部队如入无人之境，七天就攻陷了高远城。三月六日，他的部队正式进入甲斐国。武田胜赖派人放火烧了新府城，想去投靠小山田信茂。没想到，小山田信茂设置了关卡，武田胜赖只好四处躲藏。三月十一日，他被泷川一益的部下追捕，在东山梨郡田野兵败自杀，终年三十七岁。田野的腹地是天目山，世人说武田胜赖在天目山战死，就是这个缘故。其继室北条夫人和十六岁的长子武田信胜也自杀了。三月五日，织田信长率军离开安土城。三月六日，他的部队抵达美浓国吕久川渡口。他得到报告，称高远城被攻陷，仁科盛信的首级也被送来了。他下令将首级送到岐阜城，挂在长良川的河滩。三月十四日，织田信长抵达信浓国波合，查看了武田胜赖父子的首级。三月十九日，他抵达诹访原城。三月二十日，他接见了德川家康、穴山信君和木曾义昌。

德川家康的行军路线如下：

天正十年二月十八日，德川家康率军从滨松城出发，抵达挂川城。二月十九日，他在牧野原布阵。二月二十日，他率军抵达骏府城。二月二十七日，他从朝比奈信置手中接管了持船城。三月一日，江尻城城主穴山信君前来参见德川家康，献上马和鹰，德川家康接受了他的投降请求。三月初九，德川家康从万泽出发，来到富士山山麓的八代郡的市川，进入甲斐国，拜见织田信长。

天正十年三月二十八日，织田信忠从甲斐国来到诹访原城，

拜见织田信长。这标志着织德联军大获成功。

天正十年二月月末，北条氏政出兵吉原，在大宫的浅间神社等地纵火，但并未进入甲斐国。三月二十一日，北条氏政派人到诹访原城祝贺织田信长取得大捷，赠送了马和江川酒等礼物。三月二十五日，为表祝贺，北条氏政又派人将一千袋大米作为马饲料送到诹访原城的大本营。

第4节　武田氏灭亡的原因

织田信忠离开岐阜城的时间是天正十年（1582年）二月十二日，武田胜赖死去的时间是天正十年三月十一日。换言之，曾经威震日本的武田氏仅用了不到三十天就灭亡了。武田胜赖如果因英勇抗敌、弹尽粮绝而亡，还当得起大国领主之名。但在这三十天里，他唯一一场像样的战争就是高远城防守。除此之外，他都在狼狈逃跑。北条氏的小田原城被丰臣秀吉围困时，北条氏以一座孤城坚守了一百五十天。如果从丰臣秀吉出兵之日开始计算，那么北条氏坚守了长达半年。后人赋诗道："末路犹知士心属，孤城半岁费环攻。"

反观武田胜赖，在新府城未敢放出一箭，只是抱头鼠窜。武田氏起初很强大，后来过于软弱，这是有原因的。根据人文地理学的说法，山国人大都是血气方刚、英勇善战，却唯我独尊、容易争吵、缺乏合作精神。黑山公国就是一个例子，这个人口不到三十万的小国内部分裂成四十多个部族，各执己见，争斗不休。我长期生活在古时信浓国的领域，观察当地人的气质，感觉与黑

山公国的人类似；甲斐国也是如此。在这样的国家，如果国主的势力足够强大，以严明的号令让众人臣服，就可以威震四方；如果国主势力衰退，人心就会涣散，将领们重回各自为政的状态。训练虎狼，可以用来驱赶羊群；但如果失去约束，虎狼就会反过来伤人，这就是武田氏的遭遇。穴山信君是武田信玄的外甥、武田胜赖的妹夫①，但很早就投靠了德川家康。武田信丰是武田胜赖的堂弟，但每逢国家大事，都称病不出。武田信廉是武田信玄的弟弟、大岛城守将，听闻织田信忠将至，便弃城而逃，回到甲斐国。到了紧要关头，最亲近的家族成员尚且如此，其他人就可想而知了。这也证明了甲斐国武将喜欢以自我为中心，缺乏合作精神。据《信长谱》记载，举兵征伐前，织田信长便暗中联络甲斐国诸将，要求他们效忠自己，并且承诺赏赐他们骏河国或者信浓国。许多人信以为真，纷纷背叛武田胜赖，包括上述的穴山信君、武田信丰和武田信廉。小山田信茂曾说要将武田胜赖迎入自己的领地，以都留郡的残存领地维系武田氏的家业，却突然变卦，设置了关卡。作为武田氏根据地的甲斐国尚且如此，更别提信浓国和上野国了。织田氏来袭时，武田氏的部下没有做任何抵抗，而是纷纷献媚，只想自保。总之，武田氏的部下缺乏协作精神是武田氏灭亡的重要原因。

不过，如果武田胜赖处事公道，那么武田氏的部下就不会轻易背叛。但武田信玄和武田胜赖总是让信浓国、上野国和骏河国

---

① 穴山信君的母亲南松院是武田信玄的姐姐，夫人是武田胜赖的妹妹见性院。——译者注

的武士去与织德联军作战，因而这三国的武士死伤众多。例如，死于长篠合战的真田信纲是信浓国的，小幡信贞是上野国的，兴津安云和冈部竹云斋是骏河国的；高天神城沦陷时，被杀的栗田宽久是信浓国的，冈部元信、三浦真明、孕石元泰、朝比奈信置等武士是骏河国的。因此，这三国有许多人失去了亲人。从情感上来说，织田信长和德川家康是他们的仇敌，众人不会乐于看到国土被蹂躏。同时，当时的惯例是，如果主君获胜，那么武士也能扩大领地，而战败国的武士如同奴仆。因此，身为武士，无人甘愿投降。但这里面也有一个程度的问题：如果获胜需要付出过大的代价，并且是毫无意义的牺牲，就会让人心生动摇。这样一来，原本缺乏协作精神的武田氏诸国四分五裂了。武田氏灭亡，就是因为这一点。《信长公记》中有如下记载：

> 近年来，武田胜赖制定了新税制，设立了新关卡，使百姓怨声载道。官府收了重刑犯的贿赂，释放了他们；过错小的犯人却被严加惩罚，或被处以磔刑，或被处死。万民悲叹，人心疏远，百姓都盼着织田信长早日打败武田胜赖。

无论什么时代，战争都花费巨大。从武田信玄到武田胜赖，甲斐国战争不断。尽管武田信玄开采金矿，讲究富国之术，但到武田胜赖时，财政捉襟见肘，只能加征税收。这种财政的窘迫状态也记录在了三浦净心的《北条五代记》中：

天正十年（1582年）春，有消息说织田信长已向甲斐国进发。百姓听闻后无不欢欣雀跃，说自己经年累月被武田信玄和武田胜赖压榨，此次定要全部奉还，让他们遭到报应。

这都是同时代的人记录的，与后人的臆测不同。从这些记录来看，武田氏灭亡的原因在于过度用武、耗尽财政、失去民心。天正九年（1581年）秋，武田胜赖着手建造新府城。天正九年年底，他移居新府城。据说，天正十年三月三日，他从新府城出逃时，该城的工程尚未完成。国家财政已经十分艰难，国主却大肆修建城池，且历时半年之久仍未完成。

第 14 章

日本的统一和织田信长的经略

第1节　日本逐渐走向统一

　　根据前文所述，武田氏灭亡的原因有三个：一是武田胜赖自不量力，与织田信长、德川家康和北条氏政为敌；二是山国人以自我为中心，缺乏合作精神；三是武田氏的财政已经枯竭。总之，我们可以断定以武田胜赖为首的甲斐国武士缺乏智慧，从而导致国家灭亡。不过，这种说法没有考虑到时代背景。如果放眼当时的整个日本，我们就会发现武田氏的灭亡并不单纯是因为其自身的原因。实际上，当时的日本已经呈现出统一的气象，但武田胜赖无法理解大局。如前所述，火枪出现后，零散分布的武士无法再继续孤立下去，家的时代变成了国的时代，大国也应运而生。武田信玄全盛时占据了四个国家，上杉谦信占据五个国家，毛利辉元成为十个国家的守护大名，这都是证明日本开始走向统一的典型例子。

　　此外，日本建国伊始，天皇便是至尊。即使在武士当权的时代，大名的爵位和任官文书也是天皇赐予的。这一切和《大宝律令》①颁布之后的盛世并无区别。虽然也有人把官位让给子孙，表面上好像把天皇赐予的官职视为私有物一般，但实际上只是转让了土地，任官文书仍然要等天皇赏赐。不过，当时的皇宫已经完全荒废，和穷乡僻壤的民宅没有区别，没有土墙，竹栅栏上爬满各种低矮植物。尽管如此，对待与天皇有关的事，各位武士仍

———————
①　大宝元年（701年），日本参照唐朝律令制定的律令，是日本古代基本法典之一。——译者注

然不敢怠慢。只要天皇有令，他们还是会献上心意。连歌师^①宗牧的《东国纪行》记载，有一年，织田信长的父亲织田信秀接到修葺皇宫的命令，便派老臣平手政秀进献木材。后奈良天皇非常感动，下达了由宫廷女官抄写的圣旨。这种事情应该各地都有。其中，中国的大内氏不仅献上后奈良天皇即位仪式所需的材料，每年还上贡白银千贯。有人认为当时的日本分裂成许多小国家，没有政治中心，没有统一国家的意识，这是错误的。即使在群雄割据的时代，日本人也不敢忘记京都有万民之上的天皇，每逢大事都要上奏，使自己的行动正当化。例如，天文十四年（1545年），越后国的黑田秀忠造反，长尾晴景想要讨伐他，便奏请后奈良天皇下达圣旨。这样一来，日本有处于等级制度顶端的天皇，即使它分裂成许多小国，从理论上来说也仍然是一个国家。地方豪杰必须遵从天皇的圣旨。由此可见，日本的分裂只不过是一时的特殊形态，终究还是要向统一的大方向发展，这是国家统一的大势。

第2节　日本统一的基础

如果把日本看成一个整体，那么各自为政、互不相让的地方豪杰就像近代史上的西方列强。不过，这两者也有差异：西方列强大多是多民族国家，由其中的某一个民族掌权建立起来的国家，各国人民的容貌、语言、风俗及其历史都不相同，难以形成一个整体，如同不能混合的水和油；但日本人是同一个民族，

---

① 即专门创作连歌的人。——译者注

语言和风俗相同，不存在上述障碍。当然，日本并非起初就是单一民族国家。古时，日本有虾夷、隼人、肥人、国栖、韩人、秦人①等民族。这些人和狭义上的日本人混居，各自占据不同的部落，相互竞争。经年累月，他们逐渐融合，同化成一个民族，其容貌、语言和风俗逐渐统一。从最南端的萨摩国到最北端的津轻，百姓的爱好大体相同。连歌师分成两派互相比拼，还游历各地传播文化。乡下人也经常聚在一起，玩比赛性质的俳谐接龙。三十一个音节的和歌也被人们吟诵。萨摩国地处九州②南端，国主岛津氏世代都有和歌人③；安房国地处关东，国主里见义弘曾在路边创作和歌，讽刺郡吏。文学已经普及全国，宗教也是如此。一向宗僧人广泛分布在北陆道、东海道、九州，很多武士拥有禅学素养。整个日本的禁忌和信仰也都相同，因此，从精神层面来看，日本开始成为一个统一的国家；从经济状态来看，日本也不会一直处于分裂状态。《碧山日录》记载了长禄三年（1459年）发生的事情。

逆臣足利成氏④独霸关东，堵塞道路，妨碍商旅，拒

---

① 这些都是生活在古代日本的部族，其中，虾夷、隼人、肥人、国栖是日本的原住民，韩人和秦人是指3世纪到7世纪，从中国和朝鲜半岛移居日本的人，被称为"渡来人"。——译者注
② 九州，构成日本列岛的一个大岛，位于日本的西南部。——译者注
③ 指专门创作和歌的人。——译者注
④ 足利成氏（1438—1497），日本室町时代到战国时代的武将，第五任镰仓公方。——译者注

不纳贡。同时，中国^①的虚耗令人担忧。

由此可见，当时整个日本都有了商业活动。商人将货物从关东运到京都，从中牟利。《碧山日录》还记载道："有一年，各地大米大量进入京都，价格比往年秋季还便宜，令百姓喜悦。"如果经济没有统一，商业没有扩大到日本全国，那么这种现象就不会出现。因此，我们认为当时的日本经济已经打破了小国的界限。随着经济的统一，承担货物集散的枢纽和港口也发达起来，演变成了城市。根据《梅花无尽藏》的记载，从文明年间（1469年—1487年）到长享年间（1487年—1489年），越后国的柏崎市场上有三千多户商人，深巷中还有五六千户商人，远江国的引间也有近千户富裕商人。这些都是独立发展起来的商人，证明日本的经济早已摆脱了割据状态。不过，当时的武器并不发达，商界无法自保，遍布全国的经济网也遭到战争的破坏。这与20世纪初期的国际局势类似——弱国无力保护百姓，只能在强国默许下开展贸易。一旦强国从中作梗，弱国就要饱尝贸易受限的痛苦。因此，室町幕府失去威信后，各地大名纷纷图谋自立，在交通要道设置关卡。这破坏了商界的统一，使商人不得不服从。然而，有了火枪后，大国逐渐形成，商界的统一趋势再次出现，政界也走向统一，这是促使日本统一的原因之一。

---

① 日本的一个区域概念，位于日本本州岛西部，由鸟取县、岛根县、冈山县、广岛县、山口县组成。——译者注

第3节　兵农分离

　　青年时代，织田信长遭遇族人和家臣造反，但毫不退缩，占领了尾张国。此后，在战场上追随他的七八百名武士各自建造了宅院，和他住在同一个地方。武士集中在城下町[①]居住，就是发端于此。德川家康将滨松城作为居城，他治理三河国和远江国时，国侍都住在各自领地的住所，有事时才响应号令出兵，但谱代家臣大多住在滨松城的城下町。据《松荣纪事》记载，永禄十二年（1569年）左右，三河国的兵制如下：

　　第一，旗本武士：本多广孝、本多忠胜、鸟居元忠、榊原康政。

　　第二，机动部队：大久保忠世、大须贺康高、松平康纯。

　　第三，以石川家成为总大将的西三河诸将：松平亲乘、松平康安、岛田重次、松平信一、松平忠赖、酒井重忠、内藤家长、平岩亲吉、铃木重直、铃木重爱。

　　第四，以酒井忠次为总大将的东三河诸将：松平亲次、松平信定、松平康直、松平康忠、松平清宗、松平景忠、设乐贞道、菅沼定盈、西乡清员、松平忠次、奥平定能、牧野成定、鹈殿康定。

　　上述说法真伪难辨，但旗本武士和机动部队属于谱代家臣，而石川家成和酒井忠次下面的诸将是国侍，这应该接近当时的事实。具体来说，国侍原本是独立的大名，属于"外来户"，要向主君交出人质。他们平时待在自己的领地，有事时才会响应号令

---

① 　城下町，以领主的居城为中心建立的城市。——译者注

出兵，这就像后世受制于家老的大名。与此相反，谱代家臣又叫"谱第"，大都住在主君的城下町及其附近，只要有命令，随时可以上战场，后世的"旗本武士"就是源于此。当然，从严格意义上来说，旗本武士与机动部队不同。旗本武士是主君的亲兵，当时被称为"牵马的"或"拉弓的"。显然，本多忠胜和榊原康政不是这个意义上的旗本武士，他们是独立的武将，是从外围护卫主君的亲兵，也就是旗本武士的外援。但后来，旗本武士和机动部队被统称为旗本武士。据说，德川家康在滨松城时，有一名旗本武士犯罪后想逃离，德川家康听闻后，命令榊原康政枪杀这名旗本武士。榊原康政当即追出去，在城门外的岗哨枪杀了这名旗本武士。榊原康政如果住在自己的领地，而非滨松城，就难以迅速追击。在德川家康的众多部下中，本多忠胜和榊原康政等人之所以有名气，是因为他们住在主君附近，可以随时和主君共进退。知道了本多忠胜和榊原康政比其他将领高出一头的原因，我们就更容易理解武士逐渐集中到城下町的趋势。

武士集中到城下町，带动了商业的发展。《利家夜话》记载，元龟三年（1572年），三方原之战发生前，织田氏的七队援军夜宿在滨松城的商人家中。由此可见，在兵农尚未完全分离的时代，武士住在自己的领地或者乡下的房屋中，和百姓一样劳作，管理领地的事务。然而，武士集中到城下町后，兵农逐渐分离，战争开始专业化，兵器愈加精良，军事天才也应运而生。通过训练和用规矩约束武士、储备足够的粮食和武器的人自然战无不胜。胜负早已知晓，"打肿脸充胖子的人"越来越少，天下也逐渐走向统一。如果探寻根源，就是火枪促使兵制发生了变化。天

正三年（1575年），织田氏用三千支火枪大败武田氏，表明割据的时代已经远去，统一的时代已经来临。火枪投入战场以后，各地领主意识到了集中力量的必要性，促使分散的武士集中到城下町。这造成了兵农分离，又连锁式地引发了战争的专业化。开战前，强弱早已分晓，天下自然屈服于强者。因此，武田氏灭亡是时代的产物，就像在科学运用于工业、机械代替人工的产业革命时代，小资本家的工厂受到大资本家的挤压而破产。时势如此，武田氏灭亡也不应该只怪罪武田胜赖一人。

第4节　时势造就了织田信长

概括来说，"家的时代"变成"国的时代"，"小国的时代"变成"大国的时代"。如今，大国的时代也已成为过去式，天下逐渐走向统一。时势造英雄，同时英雄也造时势，当然，促进天下统一的英雄并非一个人。毛利元就、北条氏康、武田信玄、上杉谦信、织田信长等人都立下大功，将小国合并为大国，为统一奠定了基础。不过，这些英雄中，功劳最大的是织田信长，他把统一的理想逐步变成了现实。《神皇正统记》的作者北畠亲房虽然厌恶武士，却不得不赞许源赖朝和北条泰时的功绩："从保元之乱[①]和平治之乱[②]开始，如果没有源赖朝和北条泰时，

---

① 保元元年（1156年），崇德上皇和后白河天皇争夺实权引发的贵族内部和武士内部的武力冲突。——译者注
② 平治元年（1159年），源义朝联合藤原信赖举兵，想打倒平清盛。结果，源义朝和藤原信赖被杀，以平清盛为首的平氏武士家族掌握了实权。——译者注

日本不知道会变成什么样。"室町幕府末期，国家纲纪全无，各地武士一味竞争，没有一日不动干戈，有篡位的，有弑父的，人间好像变成了地狱。而毛利元就、北条氏康、武田信玄和上杉谦信等人应运而生，如同虎狼一般镇服群雄，在日本形成割据势力，在各自领地内开创了太平之世，使百姓得以休养生息。织田信长进一步扩大了这份事业，为日本的统一奠定了基础，唤醒了百姓对太平盛世的渴望。之后，丰臣秀吉继承并扩大了织田信长的事业。最后，德川家康又继承并扩大了丰臣秀吉的事业。经过丰臣秀吉和德川家康的努力，织田信长的理想成为现实——开创了德川幕府时代近三百年的太平，奠定了明治时代[①]和大正时代[②]的根基。当然，即使没有织田信长，日本也会统一。但这个统一到底是什么情形，只能停留在想象中。实际上，明治时代和大正时代不外乎是继承了织田信长建立的政府，所有日本人都应该感谢这位新时代的开创者。不过，仅仅这么说未免过于抽象，我将基于事实，进一步说明为何织田信长是新时代的开创者。

第5节 织田信长的英雄慧眼

英雄往往立足于赤裸裸的现实，从这个意义上来说，织田信长堪称英雄，能够看穿真相。《信长公记》中记载的下面这个故

---

① 指明治天皇在位期间，即1867年到1912年。在此期间，日本完成了资本主义改革，跻身资本主义国家行列。——译者注

② 指大正天皇在位期间，即1912年到1926年。在此期间，民主主义思潮席卷日本的各个领域，形成了大正民主主义运动。——译者注

事就是一个例子。

　　天正六年（1578年）正月二十九日，安土城的弓箭手福田
与一的住处起火了。织田信长认为发生火灾是因为有的家
臣没把妻儿从岐阜城带过来，他命令菅屋长赖带着出勤
册，严格调查。最后发现没把妻儿带在身边的有弓箭手
六十人、牵马人六十人，总计一百二十人，织田信长怒斥
了他们。

　　乍眼一看，织田信长的做法似乎不太妥当。但他能发现常人
容易忽视的细节，断定发生火灾是因为家臣中有许多独居的人，
并且立即查证。日本有句谚语说："独居女子齐整整，独居男子
脏兮兮。"因为女人有秩序、爱整洁，将住处收拾得很干净。织
田信长善于观察，当即断定发生火灾的原因在于男子独居。这眼
光可谓触到了事物的本质。《信长公记》还记载了另一个故事。

　　天正八年（1580年）三月，有一个叫无边的云游僧人，来
到石场寺的荣螺坊。众人听闻此僧举止奇特，纷纷前来施
舍。无边说丑时将传授重要的秘法，于是，男女信众昼夜
云集。织田信长听闻后，想看看无边到底是何人物，便给
荣螺坊下令，将此人召到安土城。织田信长亲自来到马
厩，仔细观察无边，若有所思。片刻后，织田信长询问无
边的出生地。无边回答说："无边。"织田信长又问他是
中国人，还是印度人。无边只答道："修道者。"闻言，

织田信长说："除了日本人、中国人、印度人，其他人都不可信。既然是个怪物，就用火来烧炙吧。"无边被逼得走投无路，只好答道："在下是出羽国的羽黑人。"织田信长说："你只不过是一个卖货僧，既不知出生地，也没有住处，却吹嘘着要传播佛法，还声称不私吞任何布施，而是转交给寄宿的人家，看上去无欲无求。但你多次寄宿在这户人家，这就不是真的无欲无求。听说你有超能力，不如让我们见识一下。"无边却没有展示出来。织田信长又说："有超能力的人，从长相到眼神都远胜于常人，人品也十分出众。而你比山野的樵夫还寒碜。从今往后，你不能再欺骗女子、浪费百姓的钱财。"说罢，织田信长命令家臣剪掉无边的头发，将其衣服扒光，绑上绳子，驱逐出城。

这个故事也反映了织田信长的慧眼，无论是什么，他都能看出端倪。因此，高等家臣和中等家臣不敢偏袒部下，负责财务的家臣也不敢无端浪费，任何事情都要秉公处理。俗话说："水至清则无鱼，人至察则无友。"织田信长眼光如此锐利，甚至达到了苛责的程度，因此招惹了仇敌，最终遭到了明智光秀[1]的背叛。不过，正因为织田信长能够看破真相，不被假象欺骗，不被感情左右，敢作敢为，才能够在混沌中发现光明，创造出日本的光明

---

[1] 明智光秀，日本战国时代到安土桃山时代的武将、大名，1582年发动本能寺之变，逼死了主君织田信长，后被丰臣秀吉打败，在逃亡路上受重伤自杀。——译者注

前途。在传统被废、礼法被弃、名义失去意义的世间，英雄豪杰努力追求事实，希望能够立足于事实之上。这就好像在波涛汹涌中寻找亘古不变的岩石，并且立足其上。拿破仑·波拿巴是这样的人物，织田信长也是。拿破仑·波拿巴生于制度、法律、哲学、信仰都消亡的时代，只相信自己的判断。织田信长也生于同样的世道，他抛弃空想，只想立足于事实之上。这两个人物之所以能够成为新时代的开拓者，原因就在于此。

第6节　织田信长的用人之道

随着重视实力的时代来临，许多出身卑微的英雄豪杰也应运而生。例如，美浓国国主斋藤道三的父亲松波庄五郎，出身于京都的西冈，原本是一名无主武士，定居在美浓国后，改姓斋藤氏。松永久秀起初是近江国人，也可以说是西冈的商人。他们都出身卑微，后来成为大国国主或者栋梁，这种情况之前在日本历史上从未有过。保元之乱和平治之乱以后，武士开始崛起，伊势国的平清盛[①]跃升为太政大臣[②]，叙从一位[③]。他的族人中，有公

① 平清盛（1118—1181），日本平安时代末期的武将、公卿，凭借在保元之乱和平治之乱中取得的功绩身居高位，掌握实权，创立了日本第一个武家政权平氏政权。——译者注
② 太政大臣，日本太政官的长官，律令官制的最高职位，相当于中国古代的相国或太师。——译者注
③ 从一位是日本的一种官位级别，仅次于正一位，相当于中国古代的从一品。在历史上，平清盛、丰臣秀吉、德川家康等人都担任过从一品的高官。——译者注

卿十六人、殿上人[①]三十多人，各地地方长官六十多人，使他实现
了史无前例的荣华富贵。之后，源赖朝在镰仓开设幕府，成为日
本六十六国的总追捕使[②]，掌握兵马大权。表面上看，古时的国家
政治已经彻底消亡，让人不禁感叹时势急转直下。然而，源氏和
平氏原本就是皇嗣[③]，被降为人臣的历史并不长久。他们的家臣又
成了地方武士，也就是乡下贵族。因此，所谓武士取代贵族，实
质上是乡下贵族取代城市贵族，寒门子弟尚未得到机会。室町幕
府也是如此——北条氏与足利氏世代通婚，北条氏取代足利氏，
就相当于为亲人收拾烂摊子。而室町幕府中的三执事[④]和四职等
职位，大都由征夷大将军的族人或者重臣的子孙担任。换言之，
在源赖朝和北条泰时手下当权的贵族，其子孙依然享有特权。然
而，斋藤道三和松永久秀等人崭露头角时，天下出现了无名之辈
跃升为国主或者担任要员的现象。这在日本历史上实属罕见，即
使不能说是革命，也得承认斋藤道三和松永久秀等下层人物的发
迹从根本上颠覆了以往的政治基础。当然，这些变化是有原因
的，此处不再赘述。我只想请读者了解这个事实——世态已经发
生巨变，而万事都会洞穿本质的织田信长当然不会错过机会。
因此，他致力于提拔人才，助推了形势的变化。织田信长不问门
第、不讲谱系，只以才华和实力为标准重用英雄。例如，丰臣秀

---

① 殿上人，指日本古代可以进入清凉殿觐见天皇的官员。——译者注
② 总追捕使，日本平安时代末期负责军事、警察等职责的官职。——译者注
③ 以源赖朝为代表的源氏一支是清和天皇的后代。以平清盛为代表的平氏一支
   是桓武天皇的后代。——译者注
④ 三执事，室町时代辅佐征夷大将军的最高职务是执事，后来被称为管领。此
   处指斯波氏、细川氏和畠山氏三家。——译者注

吉是尾张国爱知郡中村的乡民。《吾妻镜》记录了其出生地：

"在距离热田神宫西北方向五千米的地方，有五六十座萱草覆盖的民房，因为（丰臣秀吉）是贫贱的乡民之子，所以无人知道其父母的姓名。"

丰臣秀吉的确是一介寒士，父母都无名无姓，但织田信长提拔他为股肱之将。据《甫庵太阁记》记载，泷川一益是火枪手，被提拔为关东管领。荒木村重只有一支枪、一个仆从，也得到赏识，被任命为摄津国的守护大名。明智光秀起初是细川幽斋①的家臣，后来也得到重用，负责京都的政务。所谓"卒伍中培养出来大将军"，就是指此事。织田信长用人唯才，鼓舞了天下人，加快了新时代的到来。

第7节　织田信长的人才教育

所谓培养人才，并不是直接从人群中选拔优异者。无论哪个时代，人才都不是成品，不像在店铺里流动的陶器。织田信长鼓舞人才，不像挖掘古董一样，把人才从尘土中捡起来，而是亲自培养人才。据《利家夜话》②记载，前田利家②晚年时评价自己的儿子前田利长道："前田利长年轻时，有两三次机会得到了织田信长的言传身教。"意思是说，前田利长有幸受到织田信长的

---

① 细川幽斋（1534—1610），日本战国时代到德川幕府时代初期的武将、大名。——译者注
② 前田利家（1539—1599），日本战国时代到安土桃山时代的武将、大名，丰臣氏五大老之一。——译者注

教诲。这段话虽短，但意味深长。从这段话中可以发现，织田信长既是大将军，也是大教育家。有他这样的主君，部下只能兢兢业业。例如，武士上战场时穿着奇特，未必会被织田信长训斥，但如果完不成任务，就一定会挨训。如果有人不下功夫，不思进取，也会被斥责。织田信长的重臣佐久间信盛父子据守天王寺五年，终于等到大阪守军投降，却被斥责为懒惰，遭到流放。因为在这五年里，明智光秀占领了丹波国，羽柴秀吉占领了中国的数国，柴田胜家统一了加贺国。与他们相比，佐久间信盛只知道谨遵命令，没有开拓精神。织田信长不喜欢如同木偶的部下，不欣赏因循守旧之人，所以对佐久间十分不满。据《甫庵太阁记》记载，丰臣秀吉为织田信长效力，每当不自量力时都会受到训斥。天正五年（1577年）八月，丰臣秀吉没有报告织田信长，就自作主张率军回到北陆道，结果挨了一顿痛斥。天正七年（1579年）九月，丰臣秀吉没有提前请示就独断专行，说要和备前国的浮田氏和谈，又遭到训斥，被赶回播磨国。不过，丰臣秀吉立下大功时，也会受到赞赏。总之，织田信长希望部下灵活处事，不要只知道听从命令。《老人物语》中记录了下面这个故事：

　　一次，织田信长叫侍从进屋，一个小侍从便进去了。不久，他说已经没事了，小侍从就退下去了。不一会儿，他又叫侍从进屋，另一个小侍从进去了。过了片刻，他说不需要了。这个小侍从也退下去了。再过了一会儿，他又叫人进屋，第三个小侍从进去了。片刻后，第三个小侍从退下时，将织田信长座位旁边的垃圾带走了。织田信长赞

赏道："执行命令时应该用心，就像第三个小侍从。交战时，无论进攻还是后退，都要看时机，要谨慎行事。"

"执行命令时应该用心"，这句话道破了织田信长的人才教育方法。他的部下不能懒惰，不能机械防守，而必须主动争取，建功立业。这样一来，人才怎么能不有所作为呢？织田信长不仅麾下出了无数豪杰，还统一了日本，让日本再度回归和平，这绝非偶然。

第8节　织田信长的仁政

梁惠王见孟子，卒然问曰："天下恶定乎？"孟子答曰："定于一。"梁惠王又问："孰能一之？"孟子答曰："不嗜杀人者能一之。"这是《孟子·梁惠王》中一段著名的对话。归根到底，无论哪个时代，政治的根本都在于人民。如果人民成长不起来，政治家就失去了资本。从这一点来看，织田信长可以说是非常残忍。特别是天正七年（1579年）十二月十二日，在京都和尼崎，他将荒木氏及其手下数百人，或者处以磔刑，或者烧死。至于《信长公记》中记载的"草灰随风飞舞，像群鱼上下翻腾，被灼热的火焰呛着，嘶叫的悲鸣，伴随着浓烟传到空中"，描绘的场面更是如同炼狱，而该事件也是人类历史上的惨剧。天正三年（1575年）年末，织田信长怀疑水野信元有异心，便让德川家康杀掉他。天正七年，织田信长逼死了女婿德川信康。天正八年（1580年），织田信长又下令流放了佐久间信盛、林秀贞、安藤守就父

子、丹羽氏胜等人。上述种种事情令人感觉织田信长十分绝情，当时的人也持这种看法。据《老人杂话》记载，天正十年(1582年)，在甲斐国的征伐结束后，德川家康上洛时，织田信长命令长谷川秀一同行，名义上是陪同德川家康察看堺港，实际上是要伺机除掉德川家康。还有说法称，织田信长是一个诡计多端、连子女都不信任的人。据《三河物语》记载，在本能寺遭到明智光秀进攻时，织田信长还怀疑儿子织田信忠。这些虽然都是街谈巷议，但证明世人认为织田信长为人凶狠。如果真的是这样，那么织田信长就是孟子所说的"嗜杀人者"，不应该得到天下。不过，这种观点太过片面。总体上来说，残酷无情是当时的常见现象，并非织田信长一人的过错，就像前面评论松永久秀时说的一样。织田信长重刑罚，犹如恐怖的阎王，这是他管理部下的做法。对待百姓时，他却充满温情。《信长公记》中记载的下面这个故事就是最好的例证：

　　　　美浓国和近江国之间有一个地方叫山中，当地有一个身体残疾的乞丐在路边讨饭，终日被风吹雨淋。在岐阜城与京都之间往返时，每次看到这个乞丐，织田信长都觉得他十分可怜。一次，织田信长问当地人："乞丐应该会四处流浪，为什么这个人一直在此地呢？"当地人答道："他的祖先过去在此地杀害了常盘御前[1]，因此受到报应，世代生下来都是残疾人，就只好在此讨饭了。大家叫

① 常盘御前，日本平安时代末期武将源义朝的妾，源义经的生母。——译者注

他'山中猴子'。"天正三年（1575年）六月二十六日，织田信长上洛时途经山中，便勒马停下，命令部下把当地的男女老少都叫过来。当地人大惊，不知道他有什么吩咐，便战战兢兢地赶过来。织田信长亲自取出两百米布，请当地人收下，让他们给"山中猴子"建一间小屋，不要让他饿死。织田信长又说："我希望乡邻收麦子后，给他一些麦子；收稻米后，给他一些稻米。一年两次，每年都稍微给他一些粮食。"不必说讨饭的"山中猴子"了，当地的男女老少无不泪湿衣袖，随行人员也都感动落泪。

织田信长爱民如子，如果能把仁政推广到整个日本，肯定可以实现天下太平。不过，如果他的仁政只体现在这一件事上，那他只不过是一时兴起，不值得大加歌颂。但实际情况并非如此，他的仁政还体现在其他方面。

织田信长的仁政有很多，特别是废除通行税一事，深得民心。自古以来，世界各国都会设置关卡以便收税，或者在渡口征收过路费。日本也是如此，天下太平、政令统一时，只有天皇和征夷大将军设置的关卡。但在群雄割据的战国时代，各地豪杰纷纷私设关卡，就好像把天下据为私有，强行征收钱财。他们做出强盗行为却不引以为耻，是有原因的。如前所述，在那个武力为尊的时代，要想维持领地或者增加领地，就需要军人和粮食。这就促使地方豪杰通过征收通行税积累钱财，当时往来日本各地的人，无不为繁多的关卡而苦恼，为高额的通行税而悲叹。据《日

本教会史》记载，最早在日本传播天主教的弗朗西斯·哈维尔[①]从九州前往京都时，在途中各地都被征收通行税。织田信长获悉后，便规定在自己领地内取缔一切通行税，允许百姓自由往来。永禄十一年（1568年），织田信长拥戴足利义昭上洛时，废除了新领地中的所有通行税。永禄十二年（1569年），统一伊势国后，织田信长也宣布停止征收该国通行税。此后，每当攻城略地后，织田信长都会撤掉关卡，使商人的货物可以自由通行，从而让百姓受益。《信长公记》称赞道："天下安泰，织田信长宅心仁厚。"事实的确如此，长期饱受战乱之苦的百姓如同久旱遇甘霖，无不感恩戴德。织田信长不仅废除了通行税，还致力于改善交通，让百姓可以安全通行。《信长公记》中记载了如下事例：

> 天正二年（1574年）年末，织田信长任命坂井利贞、高野藤三、篠冈八右卫门、山口太郎兵卫在各地负责修建道路，发行了带有红章的文书。天正三年（1575年）正月，修路工程就竣工了。织田信长又命人在江河上配备渡船，架桥梁，平整险路，搬离石头，将道路拓宽到五米半宽，道路两旁种上了松树和柳树。当地男女老少纷纷走出家门，主动洒水清扫道路。

《信长公记》中还记载了另一个事例：

---

① 弗朗西斯·哈维尔（1506—1552），西班牙籍天主教传教士，后来到日本传教。——译者注

德川家康时代

　　天正三年，织田信长说要改造近江国的势田桥，命令山冈景隆和木村次郎左卫门从若狭国的神宫寺山和朽木山运来木材。织田信长选定天正三年七月十二日为吉日，命人竖起柱子。新桥的宽度为七米半，长度为三百多米，桥两边还建造了栏杆。

　　据说，罗马人维持罗马帝国统治的秘诀在于修建大路。织田信长也将重心放在了交通上，为日本的再次统一做好了准备。他推行了路标制度——每四千米设置一个路标。同时，为了使建筑长久地保存下来，织田信长要求必须保障建筑质量。天正七年 (1579年)，修复山城国八幡神社的水井时，原本计划用木头做材料，织田信长下令改用中国铜做材料。濑田桥也按照高质量的要求，修建得十分气派，惠及万民。织田信长修桥建路，让百姓可以来去自如。借用人体来比喻，就是改善了血液循环，促进了神经反应。如果这都不是仁政，那还有什么堪称仁政呢？织田信长也十分关心百姓。天正十年 (1582年)，伊势大神宫举办正迁宫^①仪式。他询问仪式所需费用，主管人报告说只要一千贯白银就够了，其他费用通过募捐解决。但织田信长反对募捐，并表示："前年建造八幡宫时，说是需要三百贯白银，结果花了一千贯白银。这次仪式，一千贯白银肯定不够，就不要再麻烦百姓了。"说罢，他先支出了三千贯白银，还承诺会继续资助，织田信长爱惜百姓到了如此地步。在世人眼中，他如同鬼怪一般残忍无情，但与此同

---

① 正迁宫，指神社修葺后，将神请到新大殿的仪式。——译者注

时，他也充满温情。"嗜杀"的确是他性格的一个方面，但在面对淳朴的百姓时，他是孟子所说的"不嗜杀人者"。日本统一的理想在他手中变成现实也在情理之中。

第9节　织田信长的治国之道

我这么说，并不意味着织田信长就像近代的"为民谋福祉的党派"——他的头脑中没有民主观念。但无论在哪个时代，百姓都是国家的根本。兵力源于百姓——只有百姓缴纳年贡，大名的积蓄才会增多，才能供养武士，战胜敌国。所谓民富即国富，就是这个道理。织田信长深谙此道，便大力推行仁政。天下人都敬服他，争相投奔，使受他统治的土地日益富裕。由此可见，仁政并不是去讨好每一个人。废除通行税、开放关卡、修建道路，让百姓来去自如，就是仁政。在治理百姓时公平裁判，不徇私偏袒，统一法律、统一标准，更是仁政中的仁政。天正三年 (1575年)，织田信长将越前国赏赐给柴田胜家时，亲自书写了相关规定。其中有一节写道："处理诉讼时，要遵照法律，不要偏袒，要公平裁决。如果双方都不满意，就派杂役来询问我们，再行定夺。"这是在告诫柴田胜家要依照法律治理百姓，不能偏袒，织田信长自己也是如此。天正七年 (1579年)，京都的盲人提起诉讼。当时，摄津国的兵库有一个富人叫常见。常见觉得荣华富贵都很无常，担心落魄后会被嘲弄，便决定成为一名检校[①]。他虽

---

① 检校，是日本古代盲人能谋得的最高职位。——译者注

然不是盲人，但交了一千贯白银后如愿地成为检校，被称为"常见检校"。此后，常见检校便向盲人收取供奉，贪污受贿，玩弄权术，大肆敛财。盲人十分苦恼，只好提起诉讼。织田信长听闻后，认为常见的所作所为不合法律，要严肃处分。常见检校非常恐慌，再三致歉。织田信长便罚他献上两百枚[①]黄金，用这些钱在宇治川和平等院修建了桥梁。由此可见，只要百姓的诉求合理，织田信长就会公正判决。因此，他备受爱戴。同时，织田信长十分节俭，擅长理财，积累了非常可观的储蓄。天正二年（1574年），包抄高天神城的计划失败后，他送给德川家康两皮袋黄金作为军费。据说，一皮袋黄金需要两个人才能抬起来，可见织田信长积攒下了多少黄金。在他写给柴田胜家的规定中还有如下条款：

接受委任，负责大国时，万事都要留意，不可疏忽。最重要的是武力，要做出判断，储备足够维持五年乃至十年的兵器和钱粮。

通过这条规定，我们可以看出织田信长的远见。他的领地能够富裕，不仅因为他凡事都善始善终、重视节俭，还因为他治理下的百姓安居乐业，吸引着各地的百姓。甲斐国百姓疏远武田胜赖，想投靠织田信长，也是被其仁政吸引。

---

① 此处的黄金指日本古代的金币"大判"，从重量上来看，1枚金币约合165克黄金。——译者注

第10节 织田信长重视商业

即使在民间经济尚不发达的室町时代，商人也已经成为一股势力。《宗长手记》中记载道："商人不信神佛，不惧盛衰，不懂风月，疏远亲友，只顾买卖，别无他事。"实际上，当时的乡村就有许多富商，被称为"得人"和"长者"。城市中，富商就更多了，例如作为贸易港口的和泉及可以堪称繁华之地的京都。当地有许多富豪，收藏着天下的名画和名器。其他地方也有许多富商。他们虽然出身平民，但擅长做生意。有些商人的生活水准甚至超过了大名。当时的小说《文正草子》说文正角冈控制着海边的制盐作坊，建造了很多仓库，堆满了不计其数的珍宝，家臣多达三百多人。这虽然是小说，但反映了当时的世态。尽管武士和农民中也有富人，但从总体上来看，商人出身的富人占据大多数。他们就像国家的仓库，平时储存钱财，一旦有事就可以发挥作用。就像近代各国的政治家想与他国开战，必须得到有钱人的支持。织田信长深谙此道，平时十分关照商人。在某年七月十八日举行的盂兰盆节舞会上，时任上总介①的织田信长亲自装扮成天神，打着小鼓来到津岛，在当地富豪堀田道空家的庭院里跳了一会儿舞后，回到了清洲城。按照当时的惯例，对方也要跳舞作为回赠。因此，津岛五个村的村长都来到清洲城，受到织田信长亲自接见。他和来客打招呼，用扇子给大家扇风，还请大家喝茶。

---

① 上总指上总国，介是负责地方行政的次官。上总介即上总国的地方次官。——译者注

百姓到领主的城中回赠舞蹈，领主还亲自出门迎接，和气地打招呼。据说，津岛人都十分感动。

上述例子可能是织田信长笼络人心的手段。不过，当时的津岛是尾张国第一城市，美浓国和尾张国的河流在此交汇，河水绵延三里多，一直到桑名，各地的船在此往返，寺庙和住户多达数千所。织田信秀在世时，尾张国就被称为"第一富国"。织田信长继承了父亲织田信秀的遗志，努力关照商人。不仅如此，占领近畿后，他注意到了堺港的财富。天正三年（1575年）十月二十八日，他邀请京都和堺港喜欢茶道的富豪到妙光寺，亲自为众人斟茶，笼络人心。后来，德川家康将日本的大城市都变成幕府直辖城市，以经济实力支撑幕府，也是向织田信长学来的。

第11节　织田信长的领导才能

织田信长生于门阀被废、人才受到重用的时代，他鼓舞众人精神，从基层培养出大将军。然而，鼓舞人才让他们发奋图强，是一回事；有组织力、把人才凝聚成一个整体，是另一回事。即使知人善用，但如果不会管理，也会导致国家灭亡。换言之，如果没有驾驭人才的手段，就像骑着烈马的人失去了缰绳。从这一点来看，织田信长几乎是天生的领袖。许多史学家都说织田信长未得善终是理所当然的，他当着德川家康的面数落松永久秀，在大名齐聚的宴席上让明智光秀颜面扫地，认为他这些做法缺少度量，容易招人忌恨。但这只是一种偏见，是用现在的价值观来评判古人。有一则刘邦早年不喜欢儒生的故事，据说刘邦看到有

人戴着儒冠而来，就摘下儒冠往里面撒尿；日常说话时，刘邦也常常大骂儒生。还有源赖朝和上总广常①之间的故事。源赖朝举兵时，上总广常率领周东、周西、伊南、伊北、厅南、厅北等地的两万多人，来到武藏国隅田河边拜见源赖朝。上总广常认为其他人都支持平清盛，只有自己投奔源赖朝，肯定会打动源赖朝。没想到，源赖朝非但不感动，反倒责怪上总广常来迟了，许久不准他来拜见自己。将群雄视为小儿，从气势上碾压他们，是驾驭人才的一个手段。在这种气势面前，野心勃勃的英雄也会低下头颅。这就像第一次骑马，只要知道自己是万物之灵，有决心驾驭它，马也会感受到这种气势。而那些起初就胆怯的人，马也会欺负他们。织田信长无视群雄，对待他们毫不留情，显露出首领的气度，这种气度类似于汉高祖痛骂儒生、源赖朝斥责上总广常的气度。即使为此招来横祸，也只不过类似于被烈马摔了下来。正所谓"善水者溺于水"，织田信长痛骂群雄、目中无人，招来杀生之祸；但"观过知仁"，这也证明他有大将军的气度。他以此驾驭人才，便拥有了绝对的权威。织田信长写给柴田胜家的规定中，还有如下内容：

> 以上是作为新规定提出的，重要的是务必服从织田信长。如果感觉要求不合理，就不要在表面上花言巧语，而要提出谏言。不管怎样，要崇敬织田信长，不得怀恨在

---

① 上总广常，本名平广常，日本平安时代末期的武将，响应源赖朝的号召，率军讨伐平家。——译者注

心，永远不要攻击织田信长。如果能够做到这些，一定会
受到武士守护神的庇佑，武运长久。

这段文字显示了织田信长的领导能力。他要求家臣进谏，更
要求家臣绝对服从，否则就将失去神灵庇佑。而群雄也都敬畏织
田信长，听从他的命令。可以说，织田信长以气势压服了群雄。
在天下逐渐统一的时代，这样的凝聚力至关重要。

第12节　织田信长的尊王之心

注重名号的时代已经消亡，取而代之的是注重力量的时代。
不过，当力量最强的织田信长成为日本的中心后，世间又开始尊
崇名号。具体来说，名与实是一个事物的两个方面。一个人如果
名不副实，就会蒙受耻辱。但如果先有实再有名，那这个名就是
对实的表彰。制度和宪法，如同树木的枝干和叶子。根部有活力
时，树木枝繁叶茂，能结果实；如果根部失去活力，树木就会腐
朽。反过来说，有活力的根部会表现为树干和枝叶，有实力的人
也必须有相应的名号。无论是法律、制度，还是秩序、人伦，归
根到底都是实力的体现。只有依靠实力，它们才有存在的意义。
法律如果不惩罚违法者，道德如果不谴责无德者，就都会变成毫
无意义的泡沫。室町时代末期，日本沦为乱世，众人蔑视法律制
度，无视伦理道德，意味着在背后支撑它们的力量早已消亡。但
力量统一后，法律制度和道德伦理会重新得到重视，这是人类社
会的常态。旧秩序被废除，新秩序得以衍生，是古今中外共同的

现象。那么，新秩序衍生时，谁能成为整顿社会秩序的中心呢？
这就是英雄的用心之处。拿破仑·波拿巴复兴天主教教会，参考
罗马法律制定了《拿破仑法典》，体现了他作为政治家的见识。
这就像被烧毁的大街一样，大小房屋都变成灰烬，热闹的街头夷
为平地，但街道下的沟渠、街石、房屋的根基保留了下来，可以
供人们重新建立街道。法国大革命破坏了所有旧事物，将旧制度
一扫而空，但拿破仑·波拿巴知道传统信仰依然保留在民间，古
典学问依然渗透人心，才在此基础上制定了新秩序。日本也是如
此，室町时代末期成为乱世，旧事物被破坏，但日本依然是一个
整体，百姓的尊王之心丝毫未减。如果只关注群雄割据的情形，
我们或许会认为日本被分裂成许多独立的小国。然而，从天皇的
立场来看，群雄只不过是臣子。织田信长统一国家之初就着眼于
此，他认为日本只有以尊王之心为基础建立新秩序，才能构筑理
想的国家。这就像拿破仑·波拿巴唤醒了法兰西人心中的天主教信
仰，在被革命破坏的旧社会上构筑了新社会。可以说，这是一种
更容易成功的方法。拥护足利义昭上洛时，织田信长就致力于尊
王。他让朝山日乘、村井贞胜为正亲町天皇修建皇宫，工程历时
三年。到元龟二年（1571年），紫宸殿、清凉殿、内侍所、昭阳殿及
各个女官居室建造完毕。织田信长还借了许多钱给京都的商人，
命令他们每月将利息进献给正亲町天皇。另外，他命令各地领主
归还公家①的领地，使万民感受到天皇的权威，如同重见天日。随
着皇室威信的增加，正亲町天皇也开始封赏织田信长，日本全国

① 公家，原本指天皇或者朝廷，后来引申为在朝廷任职的贵族。——译者注

上下也越来越敬畏织田信长。天正元年 (1573年) 十二月，在备前国的冈山①，安国寺惠琼写了一封信，将近畿的情况报告给毛利氏。其中有一段写道："织田信长的盛世应该能维持三到五年。在不久的将来，他会成为公家，但之后会从高处跌落。"

元龟元年 (1570年) 三月十四日，织田信长就任弹正大弼②，官居正四位下。天正二年 (1574年) 三月十八日，他就任参议③，官居从三位。天正三年 (1575年) 十一月四日，他没有经过中纳言④，便直接就任权大纳言。同年十一月七日，他兼任右近卫大将⑤。天正四年 (1576年) 十一月二十一日，他就任内大臣⑥。天正五年 (1577年) 十一月二十日，他就任右大臣⑦。而到本能寺之变时，安国寺惠琼的预言变成了现实。几年中，织田信长得到皇恩，成为大臣和大将军，以日本的尊王之心为基础，构筑了顺应时代的新秩序。在天下趋于统一时，这应该是最聪明的做法了。朝廷借助织田信长的力量提升了威信，织田信长又凭借朝廷提高了自身的地位。由此，越来越多的英雄豪杰向他低头屈服。新的太平盛世即将到来，织田信长真可谓识时务的俊杰。

---

① 位于今日本大阪府大阪市生野区。——译者注
② 弹正大弼，日本弹正台（掌管监察、治安事务的朝廷机关）的次官。——译者注
③ 参议，太政官的官职之一，位于纳言之下。——译者注
④ 中纳言，太政官的四等官，位于大纳言之下。——译者注
⑤ 近卫大将，近卫府的长官。近卫府是负责皇宫警卫的机构，包括左近卫府和右近卫府。右近卫府的长官就是右近卫大将，通常由大臣和纳言兼任。——译者注
⑥ 内大臣，太政官定额外的长官，在左大臣和右大臣之下。——译者注
⑦ 右大臣，太政官的长官，在太政大臣和左大臣之下，相当于中国古代的右丞相。——译者注

第13节　织田信长引领时代

　　织田信长顺应了时势，因此，他的事业与时俱进。室町时代末期，武士各自独立，只顾自保和扩大领地，日本进入了实力至上的时代。我们把这一时代称为家的时代，织田信长生于这个时代，成为力量强大的人，并且实力日益壮大。当时，家与家的竞争十分激烈。大家族逐渐吞并小家族，就衍生出了国。于是，家的时代变成国的时代。织田信长乘势占领了尾张国和信浓国，成为强者。与此同时，各地的小国合并成大国。而织田信长占据日本中央，应对东西两侧的敌军。后来，时势进一步演变，日本逐渐归于统一。织田信长推动了时代改革。他拥戴皇室，集中兵权，储存钱粮，限制宗教，废除关卡，公正裁判，安抚百姓，确立了未来的发展纲领。这一切的基础都在于知人善用。经过丰臣秀吉和德川家康的继承发扬，织田信长信奉的人才战略一直延续到现在。从这个意义来说，织田信长堪称日本近代文明的引路人。虽然他不幸被家臣杀害，但日本依然走向统一，没有再次变成乱世。这与诗歌的发展类似——在诗人笔下，诗歌从无形的感情抒发，逐步过渡到有形的感情抒发。一位诗人有感而吟诵诗歌，然后离去；虽然他的身影消失在山野中，但听过这首诗歌的人深受触动，明白了诗歌可以成为情感的载体。如此一来，诗歌就不会退回到起初的无形的感情抒发的状态。织田信长破除混沌、开启光明，指导国家走向统一。虽然他去世了，但日本不会再回到黑暗中。像织田信长预见的那样，时势最终发展到太平。所谓英雄造时势，就是这个意思。德川家康曾经说："世道

的治与乱如同天气：晴天的时候，即使看上去要下雨，实际上还是晴天；雨天的时候，即使看上去要转晴，最终还是会下雨。治世时，即使好像要乱，最终也会归于和平；乱世时，看上去要太平，最终还是会动乱。"如果说织田信长的惨死影响了日本统一趋势，那么日本应该会再退回归于乱世。但织田信长已经打下了统一的根基，时代潮流已经不可逆转。同时，他的事业早已深入人心，日本人都体会到了统一的利好。最终，丰臣秀吉和德川家康继承了他的事业，真正统一了日本。

第 15 章

德川家康占领骏河国、甲斐国和信浓国

第1节 大事记

天正十年 (1582年) 三月十一日，武田胜赖自杀。

天正十年三月十九日，织田信长抵达诹访原城。

天正十年三月二十日，德川家康在诹访原城拜见织田信长。

天正十年三月二十八日，织田信忠从甲斐国回到诹访原城，拜见织田信长。

天正十年三月二十九日，织田信长将骏河国封赏给德川家康。

天正十年四月三日，织田信长离开诹访原城，前往甲斐国台原，打算游览富士山后，前往骏河国与三河国，再回到安土城。

天正十年四月五日，织田信长进入甲斐国古府。

天正十年四月十日，织田信长离开甲斐国古府，在姥口住宿。

天正十年四月十一日，织田信长在本栖住宿。

天正十年四月十二日，织田信长在骏河国大宫住宿。

天正十年四月十三日，织田信长在江尻城住宿。

天正十年四月十四日，织田信长在田中城住宿。

天正十年四月十五日，织田信长在远江国挂川城住宿。

天正十年四月十六日，织田信长在滨松城住宿。

天正十年四月十七日，织田信长在吉田城住宿。

天正十年四月十八日，织田信长在池鲤鲋住宿。

从天正十年四月十二日到四月十八日，织田信长经过了德川家康的领地。《信长公记》记载道："德川家康让领地内各国修建道路，在江河上架桥配舟，在路边安排警戒力量，在织田信长停泊的地方建造馆舍，各处还有连绵不绝的茶屋和马厩。为了

预备织田信长的膳食，德川家康派人去京都和堺港探访美食，极尽周到。此外，他还花费数日准备织田信长侍从的食宿，修建了一千五百间小屋。德川家康诸事用心，非同一般。"

天正十年四月二十一日，织田信长回到安土城。

天正十年五月十五日，德川家康陪同穴山信君来到安土城，向织田信长谢恩。

天正十年五月二十一日，德川家康进入京都。

天正十年五月二十九日，织田信长进入京都，德川家康抵达堺港。

天正十年六月二日凌晨，明智光秀在本能寺逼死织田信长。

天正十年六月四日，德川家康从战乱中脱险，来到三河国大浜城。

天正十年六月五日，德川家康回到冈崎城。

第2节 德川家康脱险

本能寺之变发生时，德川家康正在近畿。情况危急，于是他取道伊贺国，然后从伊势国的白子乘船。天正十年 (1582年) 六月四日，德川家康抵达三河国大浜城。次日，他回到冈崎城，家臣才放下心来。之后，他准备出兵近畿，为织田信长报仇。此时，伊势国和尾张国都派来使者，声明要共同讨伐明智光秀。因为有事耽搁，德川家康出兵稍有延迟。天正十年六月十五日，德川家康的部队才抵达鸣海城。此时，他接到伊势国的报告，得知明智光秀已经被诛。德川家康派酒井忠次等重臣继续向津岛进发，想打

探详细情报。不久，丰臣秀吉派人传话说自己已经诛杀了明智光秀，平定了近畿，要求德川家康退兵。天正十年六月十九日，这个消息传到鸣海城。六月二十一日，德川家康率军返回滨松城。

第3节　甲斐国大乱

决定出兵近畿的同时，德川家康也密切关注甲斐国的局势。天正十年（1582年）六月五日，他排除万难回到冈崎城后，立刻致信冈部正纲，要求他管理下山城。下山城位于甲斐国南部的巨摩郡，是穴山氏世代的居城，穴山信君在此占有八代郡和巨摩郡。武田胜赖在世时，穴山信君就暗中联络德川家康，归顺织田信长。在德川家康的斡旋下，织田信长同意保留穴山信君的领地。随后，德川家康陪同穴山信君来到近畿。在堺港听闻本能寺之变后，穴山信君心中起疑，便独自踏上归途，却在经过陌生的地界时被暴民打死。德川家康知道穴山信君的旧领地因失去主君而陷入动乱，便命令冈部正纲去稳定局势。天正十年六月六日，德川家康派本多信俊和名仓信光赶赴甲斐国，向新府城的河尻秀隆通报了近畿的变故。武田氏灭亡时，除穴山信君的领地之外，织田信长把甲斐国都封赏给了河尻秀隆，并且拜托德川家康多加关照。因此，德川家康才派本多信俊等人前去通报消息，孰料河尻秀隆反倒怀疑德川家康。天正十年六月十四日夜晚，河尻秀隆杀死了本多信俊，率领家臣离开新府城，想回到近畿。听闻河尻秀隆杀死了德川家康的使者，新府城的武士纷纷起兵造反。天正十年六月十八日，河尻秀隆被杀。至此，甲斐国大乱。

第4节　织田氏的武将撤离

　　得知甲斐国大乱时，德川家康正要动身回滨松城。他刚刚接到丰臣秀吉已除掉明智光秀的报告，认为此时不便插手近畿事务，不如专心经营甲斐国和信浓国。此前，织田信长灭掉武田氏时，将领地分赏给诸位大名，具体情况如下。

　　骏河国分给了德川家康。

　　除了穴山信君的领地，甲斐国分给了河尻秀隆，他驻守在新府城。

　　甲斐国的八代郡和巨摩郡分给了穴山信君，他驻守在下山城。

　　信浓国的高井郡、水内郡、更级郡、埴科郡分给了森长可，他驻守在川中岛。

　　信浓国的安昙郡和筑摩郡分给了木曾义昌，他驻守在福岛城。

　　信浓国的伊那郡分给了丰臣秀赖。

　　信浓国的诹访郡由河尻秀隆和穴山信君分别占领。

　　信浓国的佐久郡和小县郡，以及武田氏在上野国和武藏国的旧领地，分给了泷川一益，他驻守在厩桥城。

　　不过，这只是一个大致的划分。遵照织田信长的命令，在上述新大名下面，还有许多原本居住在当地的武士。以信浓国为例，伊那郡有松尾城城主小笠原信岭、大草氏、千久氏、下条氏、藤泽氏等武士，佐久郡有前山城的伴野刑部少辅、岩尾城的岩尾小三郎，小县郡上田城有真田昌幸，更级郡有屋代秀正，川中岛有高坂昌元、高坂昌澄。上野国和武藏国有小幡氏、长尾氏、由良氏、本庄氏、安田氏、仓贺野氏、涩川氏、高山氏等武

士，他们都是当地豪族，表面上欢迎织田信长派来的新大名，但暗藏私心。如果没有织田信长施压，他们就会立刻回到以前独立的状态。新大名和当地豪族之间时刻面临发生冲突的危险，何况织田信长的部下是新近得到领地，与当地人还不熟悉，双方的感情比较疏远。听闻主君遭遇大变故，织田信长的部下愤愤不平，争相抛弃领地西上。例如，天正十年（1582年）六月七日傍晚，接到织田信长父子被逼自杀的报告时，以上野国厩桥城为居城的关东管领泷川一益立刻决定西上，并且释放了上野国和武藏国武士的人质。天正十年六月十九日，泷川一益的部队同北条氏直的部队打了一仗，之后经木曾路回到近畿。为了讨伐上杉景胜，川中岛的森长可出兵越后国，攻入关山和三本木。听闻本能寺之变后，森长可立刻退回居城，他一面平息各地武士的叛乱，一面经飞驒国回到近畿。小诸城的道家正荣和伊奈郡的毛利秀赖等人也都迅速抛弃守城。总之，随着织田信长死去，他的部下都撤离了甲斐国、信浓国和上野国。

第5节　德川家康占领甲斐国

织田信长的部下撤离甲斐国、信浓国和上野国后，当地武士便恢复彼此独立的旧形态，相互争斗。见此情形，邻国也来插手。北条氏直打败了泷川一益，收服了武藏国和上野国，又觊觎信浓国和甲斐国。上杉景胜给客将村上国清和小笠原洞雪斋加派援手，让他们分别出兵信浓国的川中岛和深志城，各自复兴祖辈的事业。此外，上杉景胜还占领了信浓国佐久郡。群雄已经出

手，德川家康怎能甘居人后？天正十年 (1582年) 六月下旬，他派大久保忠世、石川康通、本多广孝及其儿子本多康重、冈部正纲等人率军进入甲斐国，占领了整个甲斐国。德川家康又命令依田信蕃攻入信浓国佐久郡，整合旧领地。武田氏灭亡时，诹访赖忠成为无主武士，他集结兵力，占领了先祖的居城——诹访郡的高岛城。此次，诹访赖忠接受大久保忠世的劝告，向德川家康投降。以信浓国伊那郡松尾城城主小笠原信岭为首，大草氏、知久氏、下条氏等人也都前来投降。至此，上杉景胜的势力覆盖川中岛、小县郡和佐久郡、信浓国北部的大部分地区，余威震于信浓国中部的松本地区。德川家康占领了甲斐国后，信浓国诹访郡和伊那郡的武士都前来投靠，佐久郡的一部分武士也来归降。等北条氏出兵佐久郡和小县郡时，局面又发生了一些变化。

第6节 信浓国大乱

国中无主，其他强国出兵混战时，难免有人想趁机牟利，真田昌幸就是一个例子。起初，他追随上杉景胜。上杉氏尚未攻入信浓国时，真田昌幸就已献上誓约书。天正十年六月十八日，上杉景胜率军进攻川中岛时，真田昌幸前来拜见，再次表明心意。但不久，真田昌幸改变了主意，与北条氏直秘密往来，联合川中岛的武士高坂昌元，意图造反。天正十年 (1582年) 七月，北条氏直率部翻越碓冰岭，向佐久郡进发。上杉景胜知晓后，将高坂源吾处以磔刑以示惩戒。随后，上杉景胜在贝津布阵，准备迎战。北条氏直派真田昌幸率领前锋渡过筑摩川，兵临善光寺。上杉景胜

又正对着千曲川和大平川布阵。北条氏直未战，退回尼渊。还有一个说法称，上杉景胜派人来到北条氏直的营地，名义上是送来高坂源吾的首级以约定交战时间，却趁着夜色放火，使北条氏直当即败走。这应该是军学者为了吹嘘越后国武士的骁勇而编造的故事。也有传闻说，德川家康与上杉景胜合谋，要切断北条氏直的后路。北条氏直畏惧，退到了轻井泽，而真田昌幸在尼渊，与上杉景胜遥遥相对。至此，上杉景胜再次占领了川中岛。他将更级郡封赏给村上国清，将其他三郡封赏给上条氏、藤田氏与上仓氏。小县郡和佐久郡成为上杉景胜和北条氏直争夺的地盘，德川家康则占据了佐久郡的一部分。

第7节 乙骨撤兵

天正十年（1582年）七月下旬，诹访赖忠背弃德川家康，改投北条氏直，使甲斐国和信浓国的局势又发生了些许变化。这一年的大事如下：

天正十年七月三日，德川家康从滨松城出发。

天正十年七月九日，德川家康抵达甲府城。

天正十年七月十四日，德川家康发出信函，命令信浓国将士都听从酒井忠次的指挥。诹访赖忠大怒道："我是作为德川家康的盟友前来归顺的，做梦也没想过会成为酒井忠次的部下。"之后，他便投靠北条氏直，坚守高岛城，与德川家康作对。

天正十年七月二十二日，酒井忠次率领三河武士包围了高岛城，却未能攻陷高岛城。德川家康又派来大久保忠世、本多广

孝、大须贺康高、石川康道、冈部忠冈等人。

天正十年八月一日，北条氏直派兵增援诹访赖忠。北条氏直的部队从佐久郡海野口来到雨境岭，在梶原布阵。听闻北条氏直的部队来袭，包围高岛城的三河武士便于当日撤退到白须。

天正十年八月三日，三河武士撤到乙骨原。北条氏直的部队号称有五万人，在后面紧追。然而，乙骨原的兵力只有三千人，并且距离新府城有七里路。

天正十年八月六日，三河武士未折损一兵一卒，全部回到新府城，史称"乙骨撤兵"，是德川氏作战史上的一个骄傲战绩。

天正十年八月七日，听闻北条氏直的部队大举来犯，德川家康率部来到新府城。

天正十年八月八日，三河武士与北条氏直的部队在麻生原对阵，但未开战。

天正十年八月十日，德川家康再次进入新府城。北条氏直留驻若神子城的兵力众多，而德川家康留驻新府城的兵力不足八千人，所以双方僵持未战。

天正十年八月十二日，北条氏忠率领一万多人，越过甲斐国和骏河国交界处的御坂，来到黑驹。古府中城的德川氏武士出战，大获全胜，斩获北条氏忠的三百名士兵，逼退了北条氏忠的部队。

天正十年八月二十日，德川家康率部前往甲府城。北条氏士气不振，北条氏直屯兵不动，北条氏忠战败逃走。由此可见，兵力强弱不在于人数多寡，而在于精与不精。真田昌幸善于察言观色，如今也意识到北条氏直靠不住，便再次联络德川家康。德川

家康随即命令真田昌幸和依田信蕃在碓冰岭布阵，切断小田原城的粮道，北条氏直开始萌生退意。

天正十年十月二十九日，北条氏直和德川家康和谈，达成以下条件：

第一，甲斐国和信浓国任由德川家康占领。

第二，上野国是北条氏直的领地。

第三，真田昌幸已经改投德川家康。因此，真田昌幸在上野国沼田的领地归北条氏直所有，而德川家康会另外封赏领地给真田昌幸。

北条氏直和德川家康还约定，德川家康将次女督姬嫁给北条氏直。至此，北条氏和德川氏再次联合，德川家康得以占领甲斐国和信浓国的一部分。

第8节　德川家康占领佐久郡

德川家康占领了甲斐国，但信浓国仍然是他与上杉景胜争夺的地盘。此前，利用北条氏直和德川家康争夺甲斐国的机会，上杉景胜专心经营信浓国，招降了佐久郡和小县郡的多位武士。和北条氏直和谈后，德川家康即刻出兵信浓国。天正十年（1582年）十一月七日，德川家康的部队在佐久郡攻陷了前山城。随后，他的部队攻陷了高棚城和小田井城，许多武士开始暗中联络德川家康。天正十一年（1583年）二月二十二日，依田信蕃兄弟三人率军进攻佐久郡岩尾城。最终，岩尾城陷落，但依田信蕃兄弟三人战死。天正十一年三月，大久保忠世和依田信蕃的儿子依田康国联

合进攻佐久郡小诸城，小诸城守将宇佐美胜行弃城而逃。这样一来，德川家康的部下就夺取了佐久郡。上杉景胜却据守川中岛不出，使小县郡的武士也大都转投德川家康，埴科郡的屋代秀正也来投靠德川家康。至此，信浓国的势力范围大致可以划分如下：

> 诹访郡由诹访赖忠占领，他驻守在高岛城。
>
> 伊那郡由保科正直、小笠原信岭、大草氏和知久氏分别占领，其中，保科正直驻守在高远城；小笠原信岭驻守在松尾城。
>
> 筑摩郡和安昙郡分别由木曾义昌和小笠原贞庆占领，木曾义昌驻守在福岛城，小笠原贞庆驻守在深志城。
>
> 佐久郡诸位武士都服从大久保忠世的指挥。
>
> 小县郡由真田昌幸占领，他驻守在上田城。
>
> 埴科郡由屋代秀正占领。

以上便是德川家康的势力范围。

除埴科郡的一部分外，川中岛属于上杉景胜。

木曾义昌的情况不详，有人说他的领地在西边，中间隔着险峻的地势，既没有归属德川家康，也没有归属上杉景胜。诹访赖忠虽然一度背叛德川家康，但后来再次归顺。保科正直趁乱出兵，占领了旧领地高远城，随后投靠德川家康。小笠原贞庆是小笠原长时的三儿子，长期住在京都。织田信长去世后，听闻信浓国大乱，小笠原贞庆便在沟口贞康的陪同下回到故乡，逼迫叔父

小笠原洞雪斋①切腹自尽，自己占领了深志城。天正十一年四月二十八日，小笠原贞庆、诹访赖忠、真田昌幸和保科正直在甲府城共同拜见德川家康，表明臣服于德川氏。

第9节　德川家康成为五国国主

此前，德川家康不过是三河国与远江国国主。天正十年（1582年），织田信长将骏河国封赏给德川家康，德川家康得以统领东海三国。织田信长被杀后，德川家康趁乱占领了甲斐国。天正十一年（1583年）春，德川家康占领了大半个信浓国，一跃成为五国国主。然而，这三个新收服的领地中，真正归属德川家康的是骏河国和甲斐国，而信浓国只不过是所谓的附庸国。换言之，德川家康对信浓国的统治尚未完全稳固。他与丰臣秀吉交战时，信浓国就出现了动摇，信浓国的武士几乎全部背叛了德川家康。尽管骏河国和甲斐国是新归顺的领地，但其武士始终忠心耿耿，这说明德川家康的政治手腕非常高超。

---

① 　小笠原洞雪斋是小笠原贞庆的父亲小笠原长时的弟弟。——译者注

第 16 章

小牧之战

第1节 大事记

天正十年 _(1582年) 六月十三日，丰臣秀吉杀死明智光秀。

天正十年十月十一日到十月十五日，丰臣秀吉在大德寺为织田信长举办法事。丰臣秀吉住在宝寺城。

天正十年十一月三日，前田利家来到宝寺城拜见丰臣秀吉，帮柴田胜家请求和谈。丰臣秀吉应允。

天正十年十二月十一日，柴田胜家的使者来到滨松城拜见德川家康，恭贺他平定了甲斐国。

天正十一年 _(1583年) 正月十八日，织田信雄和德川家康在冈崎城会面。

天正十一年正月，丰臣秀吉出兵伊势国，讨伐泷川一益。

天正十一年三月，因为被怀疑与明智光秀是同党，近卫千久离开京都，投靠德川家康。

天正十一年四月二十一日，贱岳之战爆发。

天正十一年四月二十二日，德川家康致信丰臣秀吉，询问形势。

天正十一年四月二十四日，柴田胜家自杀。

天正十一年五月十八日，织田信孝^①在尾张国大御堂寺自杀。

天正十一年五月二十一日，丰臣秀吉开始修建大阪城。当天，德川家康派石川数正拜见丰臣秀吉，献上名贵的茶器，祝贺他即将迁居大阪城。

---

① 织田信孝（1558—1583），日本安土桃山时代的武将、大名，织田信长的三儿子。——译者注

天正十一年七月二十日，德川家康的次女督姬嫁给北条氏直。

天正十一年七月，德川家康欲和上杉景胜开战。

天正十一年八月六日，丰臣秀吉派使者津田盛月拜见德川家康。

天正十一年八月二十五日，德川家康前往甲斐国，制定法令。

天正十一年十二月四日，德川家康回到滨松城。

天正十一年十二月，有传言称丰臣秀吉将出兵攻打织田信雄。

第2节 贱岳之战

丰臣秀吉继承了织田信长的遗业，还获得了许多支持者。其中，最出色的支持者就是丹羽长秀和池田恒兴[1]。织田信长的老部下中，丹羽长秀和池田恒兴的地位仅次于柴田胜家。同时，从一开始，丹羽长秀和池田恒兴就支持丰臣秀吉，共同压制柴田胜家。不过，柴田胜家也不可小觑——他是织田信长的妹夫[2]，也是其最得力的家臣。柴田胜家也有支持者：泷川一益和他关系亲近，佐久间盛政是他的外甥[3]，佐佐成政和前田利家是他的盟友，他们如果联合起来，就会变得很有实力。不过，丰臣秀吉一方面与上杉景胜联手，牵制佐佐成政，另一方面以好友关系为由，劝说前田利家保持中立。因此，柴田胜家被孤立了，最终兵败灭亡。这就是贱岳之战。

---

① 池田恒兴（1536—1584），日本战国时代到安土桃山时代的武将、大名，织田家的重要家臣，其母养德院是织田信长的乳母。——译者注
② 柴田胜家的夫人阿市是织田信长的妹妹。——译者注
③ 佐久间盛政的母亲是柴田胜家的姐姐。——译者注

第3节 丰臣秀吉锋芒毕露

贱岳之战期间，德川家康派使者前往大阪城，表示愿意支持丰臣秀吉。不过，德川家康对丰臣秀吉还是有所戒备。因为丰臣秀吉锋芒毕露，一战灭掉了明智光秀，再战又杀死了柴田胜家，令织田信长的部下无不臣服。即使是丹羽长秀和池田恒兴，如今也只能屈居丰臣秀吉之下。据《甫庵太阁记》记载，截至天正十二年（1584年）正月，丹羽长秀和池田恒兴还派家臣前往京都，与丰臣秀吉的家臣合议政事。之后，这两人的家臣就撤走了，只有丰臣秀吉的家臣留在京都。丰臣秀吉、丹羽长秀和池田恒兴曾经联手灭掉了柴田胜家。据《川角太阁记》记载，丰臣秀吉承认多亏丹羽长秀助力。如今，丰臣秀吉肆无忌惮地行使着胜利者的权利，将柴田胜家的旧领地封赏给丹羽长秀，还说："你曾经比我尊贵，如今却要接受我的封赏。"丹羽长秀只能唯唯诺诺地表示感谢，主从关系就此确定。丰臣秀吉树立威望，建立霸业，几乎完全接手了织田信长的遗业。只有织田信长的次子织田信雄尚未臣服。他资质平庸，又是贵公子，沉迷于舞蹈，并不像他父亲。不过，织田信雄毕竟是织田信长的儿子，仍然是大国之主。正所谓"天无二日，国无二主"，丰臣秀吉必然要与织田信雄决一死战。

第4节 小牧之战的经过

织田信雄是孤立的，非但没有得到织田氏武将的支持，反倒

遭到自己的老部下冈田重孝、津川义冬、浅井长时等人的背叛。织田信雄明白，如果要主动攻击丰臣秀吉，那么唯一可以依赖的盟友就是德川家康。德川家康虽然知道与丰臣秀吉作对很危险，但意识到如果织田信雄被灭掉，下一个就轮到自己了，考虑到终究要与丰臣秀吉对决，德川家康便接受了织田信雄的求援。天正十二年（1584年）三月三日，织田信雄公然挑衅，在伊势国长岛杀死了丰臣秀吉的三位武将。他还要求父亲织田信长的部下支援，却无人响应。其中，池田恒兴在美浓国的大垣城，其子池田元助在岐阜城—毗邻织田信雄的领地。此外，池田恒兴的母亲养德院是织田信长的乳母，所以他与织田氏关系密切。起初，池田恒兴答应了织田信雄的要求，但后来改变了主意。这样一来，织田信长的部下都帮助丰臣秀吉，打击织田信雄、德川家康。下面就是此次大战的大体经过：

天正十二年三月三日，织田信雄杀死丰臣秀吉的三位武将。

天正十二年三月十日，德川家康率军离开滨松城。

天正十二年三月十三日，德川家康的部队抵达清洲城。

天正十二年三月十四日，池田恒兴率军占领犬山城。

天正十二年三月十七日，德川氏的武士在小牧布阵。森长可和酒井忠次在犬山城附近的羽黑山交战，森长可战败。

天正十二年三月二十一日，丰臣秀吉率军从大阪城出发。

天正十二年三月二十七日，丰臣秀吉率军越过鹈沼川，抵达犬山城。

天正十二年三月二十八日，德川家康将阵地转移到小牧。

天正十二年三月二十九日，织田信雄将阵地转移到小牧。

天正十二年四月一日，丰臣秀吉派兵包围小牧，同时率军离开犬山城，在乐田布阵。

天正十二年四月九日，长久手之战爆发。

天正十二年四月二十二日，北条氏直的使者抵达小牧，祝贺德川家康取得长久手大捷。

天正十二年五月一日，丰臣秀吉退兵。堀秀政留守乐田，加藤光泰留守犬山城。

天正十二年五月三日，织田信雄回到长岛。

天正十二年五月四日，丰臣秀吉率军包围加贺国的井城。

天正十二年五月，丰臣秀吉率军攻陷加贺国的井城和竹鼻城，进入大垣城。

天正十二年六月十一日，丰臣秀吉率军进攻多艺郡，在直江构筑城寨。随后，他率军返回大垣城。

天正十二年六月十二日，德川家康率军从小牧进入清洲城，命令酒井忠次率领部下转移到小牧。

天正十二年六月十六日，泷川一益加入丰臣秀吉的阵营，坚守蟹江城。德川家康从清洲城起兵，进攻该城。

天正十二年六月十八日夜，德川家康和织田信雄率军包围了蟹江城，该城守将九鬼嘉隆乘船逃走。此前，九鬼嘉隆通过兵船给蟹江城运粮。织田信雄用大船追击，夺取了泷川一益的军旗。泷川一益逃入蟹江城。

天正十二年六月二十一日，丰臣秀吉率军撤到近江国。

天正十二年六月二十二日，德川家康和织田信雄率军进攻蟹江城。

天正十二年七月三日，泷川一益杀死蟹江城守将前田长定，将该城献给德川家康和织田信雄，乘船撤退。

天正十二年七月五日，德川家康抵达桑名城。

天正十二年七月十三日，德川家康从伊势国回到清洲城。

天正十二年八月十五日，丰臣秀吉率军进攻美浓国。

天正十二年八月二十七日，丰臣秀吉来到乐田，侦察周边情形。

天正十二年八月二十八日，丰臣秀吉烧毁了乐田周边地区。听闻丰臣秀吉出动，德川家康率军从清洲城出发，在岩仓布阵。佐佐成政发兵五千多人，袭击朝日山城。前田利家率军前去增援朝日山城。

天正十二年九月一日，前田利家率军在乐田收割禾苗。

天正十二年九月十一日，佐佐成政率军包围末森城。前田利家率军从佐佐成政后方包抄，佐佐成政的部队大败。

天正十二年九月十三日，织田信雄的使者来见前田利家，希望前田利家和佐佐成政和谈。

天正十二年九月二十七日，德川家康回到清洲城。

天正十二年十月五日，前田利家给直江兼续回信致谢。

天正十二年十月十六日，德川家康命令酒井忠次率部下从小牧转移到清洲城，命令榊原康政率部下转移到小牧，命令菅沼定盈率部下转移到小幡。

天正十二年十月十七日，德川家康回到冈崎城。

天正十二年十一月六日，丰臣秀吉率军来到伊势国，在羽津布阵。织田信雄率军来到桑名，和丰臣秀吉的部队对峙。

天正十二年十一月九日，德川家康率军从冈崎城来到清洲城，援助织田信雄。

天正十二年十一月十一日，丰臣秀吉和织田信雄在矢田河原和谈。

天正十二年十一月十六日，德川家康从清洲城出发，回到冈崎城。

天正十二年十一月二十一日，德川家康回到滨松城。

从天正十二年三月十日德川家康离开滨松城，到十一月二十一日他回到滨松城，按照月份来看是九个月，按照天数来算有二百五十多天。在此期间，丰臣秀吉一次都未能战胜德川家康。战场上，德川家康充分发挥长处，长久手之战和蟹江城之围使德川家康名垂日本战争史。丰臣秀吉曾经评价道："德川家康是一位名副其实的无法利诱和围捕的名将。"这个评价十分中肯。

第5节　德川家康的优势和丰臣秀吉的劣势

在这场名垂日本战争史的小牧之战中，德川家康虽然国小、兵少，但部下是忠心耿耿的历代家臣，这是德川家康的优势。丰臣秀吉虽然国大、兵多，但很多部下是他昔日的同僚，主从关系并不稳固，这是丰臣秀吉的劣势。丹羽长秀曾因支持丰臣秀吉讨伐柴田胜家而获得了越前国，但丰臣秀吉想对付织田信雄时，丹羽长秀就有些愤愤不平了。织田信长的女婿蒲生氏乡[①]和丰臣秀吉

---

① 蒲生氏乡的夫人是织田信长的次女相应院。——译者注

关系亲密，但看到丰臣秀吉在长久手大败后未能审时度势，仍然要强攻德川家康时，蒲生氏乡便嘲弄他。丹羽长秀、蒲生氏乡等人对丰臣秀吉的忠心，显然无法与三河武士对德川家康的忠心相比。因此，丰臣秀吉的兵力虽然多，却像联合军，甚至可以说是乌合之众。而统一三河国后，德川家康用九年的时间吞并了远江国，又用十四年的时间训练三河国和远江国的武士，将其打造成一支精兵。两相对比，兵多未必强，兵少也未必弱。

此外，德川家康没有后顾之忧。他的领地东面是箱根山，毗邻新近联姻的北条氏的领地。北面有山脉通往甲斐国和信浓国，其中甲斐国的将领事实上已经臣服于德川氏，而信浓国的将领除了上杉景胜，也都臣服了。虽然上杉景胜与丰臣秀吉的同盟动摇了信浓国的人心，但该国是山国，有许多溪谷，想要长途奔袭绝非易事。上杉谦信当权时未曾离开川中岛南下，就是一个证明。因此，德川家康没有其他牵绊，可以专心对抗丰臣秀吉，这是他的优势。

丰臣秀吉的境况就不同了。他的领地位于平原地区，四面都有对手。首先，根来寺和粉河寺的法师诱导纪伊国的农民发起暴动，在和泉国岸和田的南面构筑了三四个城寨，挑衅丰臣秀吉的部下中村一氏，制造了不小的麻烦。其次，土佐国的长宗我部元亲统一了四国，成为大领主，他收到织田信雄的书信，想与其夹击丰臣秀吉，稍有不慎，丰臣秀吉就会腹背受敌。再次，伊贺国、大和国与伊势国相邻，当地武士与织田信雄、德川家康有旧交，也有可能伺机起兵，一旦他们凭借天险举兵，想要讨伐绝非易事。最后，丰臣秀吉还有其他顾虑，越中国的佐佐成政起初是

对手，越前国的丹羽长秀也难以捉摸。虽然中国有毛利辉元牵制
长宗我部元亲，加贺国有前田利家牵制佐佐成政，越后国有上杉
景胜牵制丹羽长秀，但丰臣秀吉仍然危机四伏，这是他的劣势。
特别是看到自己一次也未能战胜德川家康时，丰臣秀吉不得不
说，自己就像一个在枪口下起舞的人。

第6节　丰臣秀吉主动求和

　　丰臣秀吉并非顽固之人。此时，他幡然醒悟，知道不应该与
织田信雄为敌。因为织田信长去世后的第二年，他就杀死了织
田信孝，如今又想杀死织田信雄，显然有负众望。与此同时，丰
臣秀吉也意识到与德川家康交战的胜算很小。于是，他毫不犹豫
地与织田信雄和谈。《丰臣秀吉谱》记录了当时的情形："丰臣
秀吉对富田一白和津田盛月说：'织田信长待我恩重如山，我诛
杀了明智光秀为他报仇。然而，织田信孝和织田信雄都想杀我，
我不得已才出兵。如今，织田信孝已死，我要主动向织田信雄求
和。如果和谈成功，从此不再动干戈。希望你们能够理解。'富
田一白和津田盛月非常感动，不觉垂泪，便前往桑名报告，得到
织田信雄首肯。两人回来禀报，丰臣秀吉大喜。"天正十二年 (1584
年) 十一月十一日，丰臣秀吉和织田信雄在矢田河原会面。丰臣秀
吉屈膝跪地，垂泪不语，献上宝剑。他的举止打动了织田氏的其
他部下。他以织田氏旧臣的姿态拜见织田信雄，毫不做作。这只
有丰臣秀吉能做到，即使是德川家康也学不来。织田信雄为人单
纯，面对这样的丰臣秀吉，如何能不原谅呢？因此，织田信雄自

作主张地答应了和谈，还反过来劝说德川家康和丰臣秀吉握手言和。小牧之战就此结束。

第 17 章

丰臣秀吉和德川家康和谈

第1节 大事记

天正十二年 (1584年) 十一月十六日，德川家康派石川数正拜见丰臣秀吉，祝贺他和织田信雄和谈成功。

天正十二年十一月，丰臣秀吉派泷川雄利、富田一白、津田盛月前往滨松城，通报了自己和织田信雄和谈的情况，并要求和德川家康握手言和。德川家康并未回话。

天正十二年十二月十二日，德川家康送次子于义丸去京都给丰臣秀吉做养子。石川数正的儿子石川康胜和本多重次的儿子本多成重随行。

天正十二年十二月十四日，织田信雄来到滨松城，会见德川家康。

天正十二年十二月二十四日，佐佐成政来到滨松城，拜见德川家康。

天正十三年 (1585年) 正月十六日，德川家康前往冈崎城。

天正十三年正月，北条氏直派遣使者到滨松城拜见德川家康，告知攻下了下野国唐泽山城，送来城主佐野宗纲的首级。

天正十三年二月，德川家康回到滨松城，开始在三河国建造吉良城。

天正十三年三月，丰臣秀吉消灭了根来寺里的敌对势力。

天正十三年四月十六日，丹羽长秀自杀。

天正十三年四月，德川家康调查甲斐国的路况。

天正十三年五月，丰臣秀吉率军讨伐长宗我部元亲。

天正十三年六月七日，德川家康从甲斐国回到滨松城。

天正十三年六月二十六日，德川家康患毒疮。

天正十三年七月一日，德川家康病愈。

天正十三年七月十一日，丰臣秀吉成为关白。

天正十三年七月十九日，德川家康前往骏河国。

天正十三年七月，真田昌幸背叛德川家康，投靠丰臣秀吉。丰臣秀吉派上杉景胜增援真田昌幸。

天正十三年八月八日，丰臣秀吉离开大阪城，率军征讨佐佐成政。

天正十三年八月十三日，本愿寺将总寺迁到摄津国天满。

天正十三年八月二十九日，佐佐成政投降。

天正十三年八月，德川家康派大久保忠世、鸟居元忠、平岩亲吉等人集结甲斐国武士讨伐真田昌幸。

天正十三年闰八月一日，大久保忠世、鸟居元忠、平岩亲吉等人率领部队在上田城攻打真田昌幸，遭遇大败。

天正十三年闰八月，德川家康派大须贺康高、井伊直政、松平康重等人率领援兵抵达信浓国，打算攻打真田昌幸。但听闻上杉景胜接受丰臣秀吉的意见，派出了大量援兵，诸将商议后撤退。大久保忠世留守小诸城，防备真田昌幸率军偷袭。

天正十三年闰八月，丰臣秀吉收回了丹羽长重[1]的领地越前国，改为封赏若狭国；他还收回筒井定次[2]的领地大和国，改为封

---

① 丹羽长重（1571—1637），安土桃山时代到德川幕府时代前期的武将、大名，丹羽长秀的长子。——译者注
② 筒井定次（1562—1615），安土桃山时代到德川幕府时代前期的武将、大名，筒井顺庆的养子。——译者注

赏伊贺国。

天正十三年九月十五日，德川家康回到滨松城。

天正十三年九月十八日，德川家康到田原狩猎。

天正十三年十月三日，德川家康回到滨松城。

天正十三年十月二十八日，德川家康在滨松城会见家臣，与家臣商议是否将人质送往大阪城，遭到家臣反对。北条氏直将二十位家老的誓约书送往滨松城，表示愿为德川家康效力。德川家康也命令各位家老向北条氏直送出誓约书。

天正十三年十月，长宗我部元亲来到京都。

天正十三年十一月十三日，石川数正携带妻儿离开冈崎城，投靠丰臣秀吉。在此前后，苅屋城城主水野忠重也投靠了丰臣秀吉。

天正十三年十一月十六日，由于担忧人心动摇，德川家康来到冈崎城，安抚人心。

天正十三年十一月二十三日，德川家康前往西尾城。

天正十三年十一月二十七日，德川家康回到冈崎城。

天正十三年十一月二十八日，丰臣秀吉的使者泷川雄利、津田信益、土方雄久到吉良拜见游猎中的德川家康，劝其回到京都。德川家康没有答应。

天正十三年十一月，德川家康致信北条氏直，告知石川数正已改投丰臣秀吉；又派遣使者到小诸城，召回大久保忠世。大久保忠世让弟弟大久保忠教留守小诸城。

天正十三年十二月三日，之前背叛德川家康的信浓国深志城城主小笠原贞庆进攻保科正直守护的高远城，大败而归。

天正十四年（1586年）正月十日，德川家康前往冈崎城。

天正十四年正月十九日，德川家康在吉良狩猎。

天正十四年正月二十一日，丰臣秀吉派遣使者泷川雄利、富田一白来到吉田城拜访酒井忠次，商议将丰臣秀吉的妹妹朝日姬嫁给德川家康。酒井忠次陪泷川雄利和富田一白来到吉良，拜见德川家康。德川家康同意了这门婚事。

天正十四年正月二十七日，织田信雄来到冈崎城，祝贺德川氏和丰臣氏联姻。德川家康从滨松城来到冈崎城，会见织田信雄。之后，织田信雄回到清洲城。

天正十四年二月二十六日，德川家康离开冈崎城，前往骏府城。

天正十四年三月九日，德川家康在山中城会见北条氏政。

天正十四年三月十一日，德川家康在黄濑川会见北条氏政。

天正十四年三月二十一日，德川家康回到滨松城。

天正十四年四月二十三日，德川家康派遣本多忠胜前往大阪城，送去聘礼。

天正十四年五月五日，本多忠胜回到滨松城。

天正十四年五月十四日，丰臣秀吉的妹妹朝日姬嫁入滨松城。

天正十四年五月二十六日，德川家康派遣榊原康政前往大阪城，告知婚礼已经举行完毕。

天正十四年五月二十七日，上杉景胜来到京都。

天正十四年七月十七日，德川家康来到骏府城，想讨伐真田昌幸。

天正十四年八月七日，丰臣秀吉派使者拜见德川家康，建议他不要讨伐真田昌幸。德川家康采纳了丰臣秀吉的建议。

天正十四年八月二十日，德川家康回到滨松城。

天正十四年九月十一日，德川家康来到骏府城。部下都来恭贺。礼毕，德川家康回到滨松城。

天正十四年九月十四日，德川家康前往冈崎城。

天正十四年九月二十七日，德川家康回到滨松城。井伊直政、本多忠胜、榊原康政各将一位亲人作为人质送到京都。

天正十四年十月十三日，德川家康离开滨松城，开始进京之旅。

天正十四年十月十五日，德川家康抵达冈崎城，迎接丰臣秀吉的母亲大政所到来。

天正十四年十月十八日，大政所进入冈崎城。朝日姬从滨松城赶来拜见大政所。

天正十四年十月二十五日，德川家康抵达京都。

天正十四年十月二十七日，德川家康抵达大阪城，拜见丰臣秀吉。

天正十四年十一月五日，德川家康回到冈崎城。

天正十四年十一月十八日，大政所从冈崎城回京，由井伊直政护送。

天正十四年十二月四日，德川家康移居骏府城。

第2节　丰臣秀吉的政治谋略

作为武将，丰臣秀吉比德川家康略微逊色；作为政治家，他比德川家康略胜一筹。他主动向织田信雄求和，不仅避免了织田

信长的领地陷入分裂，还让德川家康师出无名，失去了继续对抗的借口。德川家康很清楚自己的处境，非但没有对织田信雄自作主张与丰臣秀吉和谈感到恼怒，反倒派使者前去祝贺。同时，他接受了织田信雄的劝告，将儿子于义丸送给丰臣秀吉做养子。他说："因为与织田信长之间有约定，所以我出手帮助织田信雄。丰臣秀吉感念织田信长的恩情，与织田信雄和谈，我也衷心祝贺。此外，我与丰臣秀吉原本就没有芥蒂，既然丰臣秀吉想握手言和，养育我的孩子，我又有什么理由拒绝呢？"这样一来，德川家康和丰臣秀吉恢复了和平关系。此时，越中国的佐佐成政带领六名家臣踏着积雪，经由信浓国来到滨松城，借宿在本多忠胜的住处，他们准备劝说德川家康夹击丰臣秀吉。但德川家康已经和对方和谈，并且送出了于义丸。德川家康在滨松城设宴款待佐佐成政，宴席上，佐佐成政把德川家康比作武田信玄，把自己比作上杉谦信，说双方联合灭掉丰臣秀吉并非难事。德川家康的部下都在冷笑，德川家康却礼貌地说："我原本就与丰臣秀吉没有宿怨，只是不能忘记织田信长的情谊，才帮助织田信雄。既然织田信雄已经与丰臣秀吉和谈，我也无法再开战。"他又说："我统领五国，如果想与丰臣秀吉开战，只靠自己的兵力就足够了，无须他人援助。"佐佐成政沮丧而归，踏着积雪回到了富山，借雪咏怀道："世间万事皆已变，白雪不知纷纷下。"

第3节　丰臣秀吉成为关白

　　织田信长的部下中，佐佐成政英勇无双。但末森之战[①]时，他被昔日同僚前田利家打败，如今又夹在上杉景胜和前田利家中间，不敢轻举妄动。此外，信浓国和飞驒国之间的峻岭几乎是无法逾越的障碍。德川家康那么聪明，怎么会仰仗这样一位遥不可及的盟友呢？这样一来，丰臣秀吉就高枕无忧了。他消灭了根来寺的敌对势力，进攻四国，降伏长宗我部元亲和佐佐成政，征服了曾经与织田信雄、德川家康结盟的势力。他还将筒井定次从大和国转移到伊贺国，除去了心腹大患。后来，丰臣秀吉以内大臣的身份被封为关白，位极人臣。虽然盘踞东海的德川家康并未屈服，但丰臣秀吉的势力宛如大潮一般包围过来。在德川家康统领的五个国中，信浓国最先受到这种势力的影响，开始出现动摇。真田昌幸背叛德川家康占据上田城，就是一个典型例子。这使形势日益有利于丰臣秀吉。

第4节　德川家康舍小保大

　　实际上，德川家康早就预料到真田昌幸会背叛自己，但德川家康有自己的打算。为了对付丰臣秀吉，他不愿意失去北条氏这个同盟，才惹怒了真田昌幸。事情的经过如下：

---

① 末森之战，1584年发生在能登国末森城的攻防战。1584年9月，佐佐成政率军前来攻城，前田利家闻讯后率军赶来支援，击退了佐佐成政的部队。——译者注

真田昌幸本来是德川家康的部下，他攻入上野国，占领了沼田城等八座城池，命令长子真田信之留守沼田城。北条氏直派使者前来拜见真田昌幸，说上野国是北条氏的领地，并且北条氏与德川家康早就结盟，希望真田昌幸遵守盟约，归还领地。北条氏直也声称会遵守约定，帮助德川家康对付丰臣秀吉。于是，德川家康命令真田昌幸归还北条氏的领地。真田昌幸愤懑不平，便投靠了丰臣秀吉。德川家康如果不想让真田昌幸造反，可以放任其自由行动，但代价是自己会与北条氏为敌。两相权衡，德川家康决定舍小保大。而真田昌幸看到德川家康处于劣势，便投靠了丰臣秀吉。德川家康派兵讨伐真田昌幸，丰臣秀吉则派上杉景胜帮助真田昌幸，大败德川军。三方原战败以来，德川军再次大败。德川家康又派来援军，誓要攻陷上田城，但听闻上杉景胜也派来大批援军，便暂时停止进攻，率军回营。担心丰臣秀吉率军袭击，德川家康不敢驻扎在交通不便的信浓国溪谷中长期与上杉景胜对峙，只好暂时放弃了信浓国的大部分领地。

第5节　德川家康的政治智慧

形势日益对德川家康不利，导致三河国与远江国也出现了动摇。有人说："丰臣秀吉是当今关白，我们与他没有宿怨，不如主动交出人质求和，这并不可耻。怠慢了丰臣秀吉并非上策。"此外，丰臣秀吉擅长笼络人心，德川家康则无法保证军心。于是，德川家康提出一个问题试探家臣："是否可以给丰臣秀吉送人质？"老练的他不会先表明立场，而是表现出一种模棱两可

的态度，似乎送出人质也未尝不可，但老臣大都反对。他又招来国侍商议，国侍也都反对。如果德川家康一开始就表明不可交出人质，要与丰臣秀吉对抗到底，那么老臣和国侍也许会有异议。不过，德川家康主动示弱，激发了部下的斗志。他让部下自行决定，自己说出要保持独立。这是德川家康的智慧，是他能在强敌面前保持独立的策略——与武田胜赖和北条氏政的策略不同。与此同时，德川家康加强了与北条氏的合作，即使不能从中获利，至少也可以避免潜在的危险。

第6节　德川家康软硬不吃

德川家康心意已决，部分老臣则有不同见解。石川数正就是如此，他投靠了丰臣秀吉。苅屋城城主水野忠重、信浓国深志城城主小笠原贞庆也纷纷效仿石川数正。信浓国大部分地区的武士都陆续背叛德川家康，德川家康却表现得若无其事。此外，他虽然将丰臣秀吉假想为敌人，却没有做任何准备，整日外出狩猎，似乎毫不在意。他曾经目睹新府城的武田胜赖未能守住城池，也曾目睹织田信长并未死守清洲城，而是冲到桶狭间取下今川义元的首级。此次，与善于造势的丰臣秀吉对抗，德川家康只采取了一个防御手段，那就是麻痹人心、听天由命。他没有失去当年弃守滨松城、出兵追击武田信玄的气魄。但丰臣秀吉不愿与德川家康作战，他有理由相信自己的策略十分成功，因为连对方的老臣也前来投靠自己。丰臣秀吉认为时机已经成熟，便派泷川雄利、津田信益、土方雄久为使者，劝说德川家康臣服。与三位使者相遇时，德川家康臂上架着猎

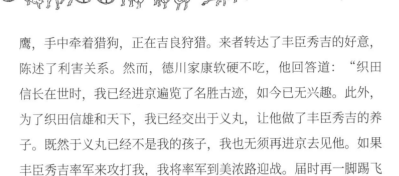

鹰，手中牵着猎狗，正在吉良狩猎。来者转达了丰臣秀吉的好意，陈述了利害关系。然而，德川家康软硬不吃，他回答道："织田信长在世时，我已经进京遍览了名胜古迹，如今已无兴趣。此外，为了织田信雄和天下，我已经交出于义丸，让他做了丰臣秀吉的养子。既然于义丸已经不是我的孩子，我也无须再进京去见他。如果丰臣秀吉率军来攻打我，我将率军到美浓路迎战。届时再一脚踢飞此鹰也并非难事。"

第7节 丰臣秀吉以退为进

丰臣秀吉并没有愤怒，而是希望打动德川家康。和织田信长一样，丰臣秀吉也是顺应时势的英雄。他知道时势趋于统一，只要德川家康臣服，统一大业就会实现。于是，他将妹妹朝日姬嫁给德川家康，又承诺将母亲大政所送去作为人质。丰臣秀吉说："我做的事情史无前例，应该可以载入史册。追随我的已经有三十多个国，而德川家康只统领四个国。我主动将母亲作为人质送给他，即使他不听从我的命令，也决不会对我的母亲处以火刑吧？以后的事情就是心理战了。如果德川家康不同意接收我母亲为人质，我还有其他办法。希望大家能够明白，只要能和德川家康和谈，陆奥国之外的其他地区都会臣服。"为了天下太平，丰臣秀吉不惜牺牲母亲和妹妹。[1] 面对他的诚意，德川家康又怎会不为所动呢？更何况德川家康也知道自己主动去拜见丰臣秀吉，

---

① 即丰臣秀吉把妹妹嫁给德川家康，把母亲送给德川家康做人质。——译者注

对天下苍生的确是幸事。于是，他按照惯例召开了会议，商讨是否进京。酒井忠次的发言代表了家臣的意见，他说："绝不可进京。即使东西方再战也不足为惧，我们都能设法取胜。请主君无论如何都要放弃进京的想法。"德川家康并没有听从家臣的意见，他说："诸位诚心劝阻我，其志可嘉。不过，我有其他想法。即使此次被丰臣秀吉蒙骗，我也无怨无悔。首先，他人已经这般示好，岂能不回应？其次，诸位说即使东西方再战，我们也能获胜。但胜负不定是战争的常态，以为胜券在握的战争也可能会输掉，以为必输无疑的战争也可能会获胜。我朝动乱已有两百多年，四海不稳，百姓无一日安宁。如今，世态趋于和平，如果东西再战，经年累月，天下又将大乱，百姓也会流离失所。怎么能为了我一个人连累那么多无辜的人呢？诸位也要谨记，切莫犯糊涂。"德川家康宁可牺牲小我，也要拜见丰臣秀吉；即使自己惨遭杀害，只要能拯救百姓，他也认为值得。丰臣秀吉相信，只要德川家康臣服，群雄都会臣服，为此不惜让母亲做人质。德川家康也知道，只要自己臣服，日本就会迎来太平，所以他甘愿任人宰割。英雄善于洞察时势，丰臣秀吉和德川家康所见略同。最终，德川家康力排众议，前往大阪城拜见丰臣秀吉。会面时，他鞠躬行礼，献上大刀、骏马和黄金，表明了尊丰臣秀吉为盟主的意向。群雄惊讶道："把丰臣秀吉的母亲留作人质的德川家康尚且如此恭敬，我们又怎敢怠慢呢？"于是，按照丰臣秀吉的预期，日本统一的时代加速到来。

第8节　德川家康与北条氏

对德川家康与北条氏的关系，我也很感兴趣，但此处不再赘述。总之，德川家康能屈能伸、顾全大局，始终讨得北条氏政和北条氏直的欢心，以确保后方的安全，这也让他在面对丰臣秀吉时没有了后顾之忧。

第 18 章

关东改封

第1节　大事记

天正十四年（1586年）十一月二十五日，后阳成天皇[①]即位。

天正十四年十二月一日，丰臣秀吉出兵讨伐九州。

天正十四年十二月十九日，丰臣秀吉就任太政大臣。

天正十四年十二月，丰臣秀吉奏请后阳成天皇，要在各地征兵讨伐岛津义久。他命令部下于天正十五年（1587年）三月到大阪集合。

天正十五年二月一日，丰臣秀吉率军进攻九州。

天正十五年三月一日，丰臣秀吉离开大阪城，亲自担任大将军，率军进攻岛津义久。三河守羽柴秀康随军出征。

天正十五年三月十八日，在丰臣秀吉的命令下，真田昌幸和小笠原贞庆开始为德川家康效力。

天正十五年四月，德川家康派本多广孝为使者，慰问远征中的丰臣秀吉。丰臣秀吉进攻岩石城，本多广孝助战，立下战功，得到丰臣秀吉封赏。

天正十五年五月五日，岛津义久归顺丰臣秀吉。

天正十五年五月七日，岛津义久在太平寺拜见丰臣秀吉。

天正十五年五月十四日，丰臣秀吉凯旋。

天正十五年七月十四日，丰臣秀吉回到大阪城。

天正十五年七月十七日，德川家康前往大阪城，祝贺丰臣秀吉平定九州。

---

① 　后阳成天皇（1571—1617），日本第107代天皇，1586年到1611年在位。——译者注

天正十五年八月八日，德川家康任权大纳言，叙从二位^①。

天正十五年八月十七日，德川家康回到骏府城。

天正十五年八月，肥后国发生暴动。

天正十五年九月十三日，丰臣秀吉从大阪城迁到京都的聚乐第。

天正十五年九月十九日，德川家康到田原狩猎。

天正十五年十月三日，德川家康回到骏府城。

天正十五年十一月十九日，织田信雄任内大臣。

天正十五年十二月九日，德川家康在西尾城放鹰。

天正十五年十二月十九日，德川家康回到骏府城。

天正十六年（1588年）正月十二日，德川家康辞去左近卫大将的职务。

天正十六年正月二十九日，德川家康在中泉狩猎。

天正十六年二月五日，德川家康回到骏府城。

天正十六年三月一日，丰臣秀吉奏请后阳成天皇巡幸聚乐第。德川家康离开骏府城前往京都拜见后阳成天皇。

天正十六年三月十八日，德川家康来到京都。

天正十六年四月十四日，后阳成天皇巡幸聚乐第，逗留五天。织田信雄、德川家康、丰臣秀长^②、丰臣秀次^③、宇喜多秀家^④

---

① 从二位是日本的一种官位级别，位于正一位、从一位、正二位之后，相当于中国古代的从二品。——译者注

② 丰臣秀长（1540—1591），日本战国时代到安土桃山时代的武将、大名，丰臣秀吉同母异父的弟弟。——译者注

③ 丰臣秀次（1568—1595），日本战国时代到安土桃山时代的武将、大名，丰臣秀吉的外甥。——译者注

④ 宇喜多秀家（1572—1655），日本安土桃山时代的武将、大名，丰臣氏的五大老之一。——译者注

等人随行。

天正十六年四月十五日，丰臣秀吉派小早川秀秋传令德川家康、丰臣秀次、羽柴秀康、前田利家等人各自上交誓约书，织田信雄等二十一人也上交誓约书。

天正十六年四月十六日，聚乐第举行和歌会。织田信雄、德川家康、丰臣秀长、丰臣秀次、宇喜多秀家等人被允许在贵族的席位中列座。

天正十六年四月十八日，后阳成天皇回宫。

天正十六年四月二十七日，德川家康回到骏府城。

天正十六年四月，丰臣秀吉致信伊达政宗，赐给他宝刀，并且求取名鹰。伊达政宗将十二只名鹰献给丰臣秀吉。前田利家也致信伊达政宗，希望他能和最上氏同心，守住边境。

天正十六年五月十四日，肥后国国主佐佐成政在尼崎自杀。

天正十六年闰五月，丰臣秀吉派人前往小田原城，训斥北条氏政父子道："各地大名都到京都朝见天皇，只有你们没去，你们想做什么？"北条氏政便派遣使者前往骏府城，请求与丰臣秀吉和谈。

天正十六年六月二十三日，德川家康和继室朝日姬来到京都，探望患病的大政所。

天正十六年八月八日，北条氏政派弟弟北条氏规为使者前往骏府城。

天正十六年八月十五日，德川家康命令榊原康政和成濑国次陪同北条氏规前往京都。北条氏规向丰臣秀吉报告说："北条氏直准备明年来朝见天皇。按照前年和德川氏的约定，他想得到沼

田城。"丰臣秀吉说："沼田城的事，是德川家康和北条氏直之间的事，我不知情。改天，北条氏可以派一名家臣进京，详细汇报其中的情况。"北条氏规拜谢，退出。

天正十六年九月十一日，德川家康回到骏府城。

天正十六年九月，北条氏政派板部冈江雪斋为使者前往京都，向丰臣秀吉报告说北条氏直想得到沼田城，还要在天正十七年 (1589年) 冬前来朝见天皇。丰臣秀吉说："北条氏政父子在关东横行，现在仍未前往京都朝见天皇，罪不可赦。因为北条氏和德川氏是姻亲关系，故暂且赦免北条氏政父子的罪责，并且放宽他们朝见天皇的期限。如果他们明年来朝见天皇，我就把沼田城赏赐给他们。不过，沼田城外是真田昌幸的领地，上野国也是其领地。"之后，板部冈江雪斋回到小田原城。

天正十六年九月，德川家康致信伊达政宗。

天正十六年十一月二十二日，德川家康前往冈崎城。

天正十六年十二月二十一日，德川家康到吉良狩猎。

天正十六年十二月二十四日，德川家康回到冈崎城。

天正十六年十二月，德川家康派遣使者去见伊达政宗，转达说："我受丰臣秀吉之命，调解你和芦名义广等人之间的领地争端。希望你们能在丰臣秀吉的命令下达前和谈。此后，你们不要再破坏盟约、违背命令。"伊达政宗答谢，送还使者。

天正十七年正月二十九日，德川家康到中泉狩猎。

天正十七年二月四日，德川家康回到骏府城。

天正十七年三月七日，德川家康进京。

天正十七年五月十九日，德川家康的妾、德川秀忠的生母西

乡局去世。

天正十七年六月四日，德川家康前往大阪城，祝贺丰臣秀吉的爱妾淀殿生下丰臣鹤松。

天正十七年六月十日，德川家康回到骏府城。

天正十七年七月二十一日，丰臣秀吉派遣富田一白和津田盛月为使者，劝说真田昌幸将沼田城让给北条氏直。两位使者抵达骏府城，转述了丰臣秀吉的意思。德川家康派遣榊原康政为副使，与富田一白和津田盛月一起前往沼田城。真田昌幸遵命，让出沼田城。

天正十七年七月，前田利家给伊达政宗回信，指出他派兵攻打会津的芦名义广违背了丰臣秀吉的意愿。

天正十七年八月二十八日，德川家康前往大宫，视察富士山伐木的情况。这些木材将被用来做方广寺的栋梁。

天正十七年九月二十九日，伊达政宗和北条氏商议夹击佐竹义宣[1]。

天正十七年十月十日，丰臣秀吉奏请后阳成天皇向各地下发征兵令，准备于天正十八年（1590年）三月讨伐北条氏直。

天正十七年十一月五日，前田利家在尾山给伊达政宗回信，催促他前来朝见天皇。

天正十七年十一月十三日以前，北条氏直占领了沼田城，让叔父北条氏邦[2]在沼田城居住。沼田城附近的名胡桃城属于真田昌

---

① 佐竹义宣（1570—1633），日本战国时代到德川幕府时代前期的武将、大名。——译者注

② 北条氏直的父亲北条氏政是北条氏邦的哥哥。——译者注

幸。北条氏邦的部下猪俣邦宪想吞并名胡桃城。天正十七年十一月十三日，猪俣邦宪率军占领了名胡桃城。

天正十七年十一月二十四日，丰臣秀吉计划率兵讨伐北条氏直，因为此前北条氏直已经占领沼田城，却未曾朝见天皇。北条氏直十分恐慌，派石卷康敬到京都辩解。丰臣秀吉不听解释。当天，丰臣秀吉将石卷康敬送回小田原城，谴责北条氏直蔑视朝廷、食言失信。

天正十七年十一月二十九日，德川家康前往京都。

天正十七年十一月，石田三成派人给相马义胤①送信，说丰臣秀吉将于天正十八年三月讨伐北条氏。

天正十七年十二月七日，北条氏政父子派人给富田一白和津田盛月送信，为自己辩解。

天正十七年十二月九日，德川家康来到京都，与丰臣秀吉商议讨伐北条氏的事情。北条氏政父子派人给德川家康送信，拜托他居中调解。

天正十七年十二月十二日，德川家康离开京都。

天正十七年十二月十三日，丰臣秀吉命令麾下的武士讨伐关东。

天正十七年十二月二十二日，德川家康回到骏府城。

天正十七年十二月，丰臣秀吉派人给伊达政宗送信，说自己

---

① 相马义胤（1548—1635），日本战国时代到德川幕府时代的武将、大名，相马氏第16代家督。——译者注

将于第二年率兵东征，他还通知了畿内、山阳道①、南海道②、东海道、北陆道的将士次年东征的计划。石卷康敬来到大阪城，想再次辩解，却被丰臣秀吉囚禁起来。

天正十八年 (1590年) 正月三日，德川秀忠前往骏府城。

天正十八年正月十三日，德川秀忠前往京都。

天正十八年正月十四日，德川家康的继室朝日姬在聚乐第病故。

天正十八年正月十五日，德川秀忠来到聚乐第。

天正十八年正月十七日，德川秀忠离开京都。

天正十八年正月二十日，木村清久和浅野幸长等人分别给伊达政宗写信，劝他前往小田原城与丰臣秀吉会面。

天正十八年正月二十一日，德川家康召集麾下诸将，确定出兵阵容。

天正十八年正月二十三日，宇都宫国纲③派人给佐竹义宣送信，劝他归顺丰臣秀吉。

天正十八年正月二十五日，德川秀忠回到骏府城。

天正十八年正月二十八日，丰臣秀吉派人给德川家康送信，要求他在沿途提供便于兵马休息的条件。

天正十八年正月，丰臣秀吉给诸将下达了东征的相关禁令。

天正十八年二月二日，德川家康给部下下达军令，要求他们

---

① 五畿七道之一，位于今本州西部濑户内海一侧。——译者注
② 五畿七道之一，包括今纪伊半岛、淡路岛、四国岛及周边小岛。——译者注
③ 宇都宫国纲 (1568—1608)，日本战国时代到德川幕府时代前期的大名。——译者注

全力配合丰臣秀吉。前田利家派人给伊达政宗送信，说丰臣秀吉已经不介意伊达政宗此前摇摆不定的态度，希望自己率兵进入上野国时，伊达政宗能派兵到下野国增援。

天正十八年二月十日，德川家康率军离开骏府城。

天正十八年二月二十日，佐野房纲①回到下野国，将丰臣秀吉的命令传达给邻国的武将。

天正十八年二月二十一日，浅野幸长、木村清久、和久宗是等人给伊达政宗回信，说丰臣秀吉已经释怀，希望他迅速前往小田原城会面，不要犹豫拖延，以免因错失良机而后悔。

天正十八年二月二十二日，丰臣秀次等人离开京都。

天正十八年三月二十四日，德川家康在长久保布阵。

天正十八年二月二十八日，前田利家和上杉景胜在信浓国望月会面。

天正十八年三月一日，丰臣秀吉离开京都。丰臣秀次来到蒲原。上杉景胜率军进攻碓冰岭。

天正十八年三月二日，前田利家率军进攻碓冰岭。

天正十八年三月十日，丰臣秀吉来到三河国吉田城，因天降大雨，在吉田城滞留三天。

天正十八年三月十八日，丰臣秀吉抵达田中城。

天正十八年三月十九日，丰臣秀吉进入骏府城。

天正十八年三月二十日，德川家康从长久保回到骏府城拜见

---

① 佐野房纲（1558—1601），日本战国时代到德川幕府时代前期的武将，先后侍奉过织田信长、佐野宗纲、丰臣秀吉、德川家康等人。——译者注

丰臣秀吉。

天正十八年三月二十二日，德川家康回到长久保。丰臣秀吉离开骏府城，参拜草薙神社，祈祷打胜仗。

天正十八年三月二十三日，丰臣秀吉进入清见寺。德川家康命天野康景招待丰臣秀吉。

天正十八年三月二十六日，丰臣秀吉来到吉原。

天正十八年三月二十七日，丰臣秀吉来到三枚桥城。德川家康和织田信雄一起迎接丰臣秀吉。

天正十八年三月二十九日，丰臣秀次等人攻陷山中城。织田信雄等人进攻韮山城，遭遇城主北条氏规的抵抗，未能攻陷此城。德川家康的前锋井伊直政等人攻陷了足柄城和新庄城，然后在诹访原城布阵。

天正十八年四月一日，丰臣秀吉在箱根山布阵，德川家康在鹰巢城布阵。丰臣秀吉给下野国黑羽城城主大关晴增回信，催促他前来会面。胁坂安治、九鬼嘉隆、加藤嘉明、长宗我部元亲等人率领数十支部队进攻伊豆国的下田城。

天正十八年四月二日，丰臣秀次离开箱根山，在早川口布阵。丰臣秀吉和德川家康来到汤本。

天正十八年四月三日，德川家康来到诹访原城。

天正十八年四月四日，德川家康在今井村布阵，并且遵照丰臣秀吉的命令，让德川秀忠从骏府城来到今井村。

天正十八年四月五日，织田信雄、蒲生氏乡、堀秀政、细川忠兴、稻叶良通等人率部包围小田原城。丰臣秀吉制定了进攻小田原城的战术。

天正十八年四月六日，丰臣秀吉来到石垣山，俯瞰小田原城，随后在石垣山布阵。

天正十八年四月八日，皆川广照[1]离开小田原城，在堀秀政的引荐下，投靠德川家康。

天正十八年四月九日，长宗我部元亲从下田来到小田原城外，和加藤嘉明等人在酒匂河河口附近排开战舰，用火炮击坏了小田原城的一角。

天正十八年四月十五日，丰臣秀吉率领数位近臣来到德川家康的人营参加宴会。宴会结束后，丰臣秀吉和德川家康来到织田信雄的大营。

天正十八年四月十六日，遵照丰臣秀吉的命令，佐竹义宣率军来到宇都宫，把丰臣秀吉要讨伐小田原城的消息传达给常陆国的将士。松山城守军投降。

天正十八年四月二十日，松井田城守军投降，厩桥城守军投降。

天正十八年四月二十二日，前田利家和上杉景胜来到石垣山拜见丰臣秀赖。伊达政宗的使者小关大学和前田利家一起来到丰臣秀吉的大营。江户城守军投降。玉绳城城主北条氏胜投降。当天，北条氏胜先拜见德川家康，随后拜见丰臣秀吉。

天正十八年四月二十六日，西木城守军投降，箕轮城守军投降。

---

① 皆川广照（1548—1628），日本战国时代到德川幕府时代前期的武将、大名，下野国皆川城城主。——译者注

天正十八年四月二十八日，结城晴朝[1]向宇都宫国纲报告小田原城的动静。

天正十八年四月二十九日，结城晴朝向佐竹义宣报告小田原城的动静。

天正十八年四月，南部信直[2]的使者来到丰臣秀吉的大营。

天正十八年五月二日，前田利家的家臣河岛重续派人给片仓景纲和原田宗时送信，催促他们劝主君伊达政宗速来小田原城拜见丰臣秀吉。信中还说，如果伊达政宗不能经过北条氏的阵地前来，那么前田利家会派部下到上野国边界迎接。

天正十八年五月三日，德川家康派人给伊达政宗送信，劝他和最上义光[3]联姻。

天正十八年五月四日，伊达政宗离开黑川城。

天正十八年五月七日，丰臣秀吉将爱妾淀殿召到小田原城外的大营中。

天正十八年五月十四日，相马义胤拜见丰臣秀吉。

天正十八年五月十五日，丰臣秀吉派人给那须资晴[4]送信，催促他来会面。

---

[1] 结城晴朝（1534—1614），日本战国时代到德川幕府时代前期的武将、大名，小山高朝的儿子。——译者注

[2] 南部信直（1546—1599），日本战国时代到安土桃山时代的武将、大名，丰臣秀吉的家臣，南部晴政的养子，南部氏第26代家督。——译者注

[3] 最上义光（1546—1614），日本战国时代到德川幕府时代前期出羽国的大名，最上氏第11代家督。——译者注

[4] 那须资晴（1557—1610），日本战国时代到德川幕府时代前期下野国的大名，那须氏第21代家督。——译者注

天正十八年五月十八日，内藤家长攻下木佐仓城。酒井家次[1]攻下臼井城。

天正十八年五月二十二日，岩槻城守军投降。

天正十八年五月二十四日，结城晴朝攻下榎本城。

天正十八年五月二十七日，堀秀政病死。佐竹义宣和宇都宫国纲等人拜见丰臣秀吉，佐竹义敦和太田资正等人也跟随他们拜见丰臣秀吉。馆林城守军投降。

天正十八年五月，土气城、东金城、厅南城的守军投降。

天正十八年六月三日，石田三成、佐竹义宣、宇都宫国纲等人率军包围忍城。

天正十八年六月五日，伊达政宗抵达汤本，丰臣秀吉让他住在底仓山。

天正十八年六月六日，三浦和田氏等人烧毁营地，逃出小田原城。

天正十八年六月七日，丰臣秀吉命令前田利家、浅野长吉、施药院全宗等人前往底仓山，质问伊达政宗，并且没收了他在会津的领地。

天正十八年六月八日，丰臣秀吉命令堀秀治私下劝说松田宪秀[2]做内应，约定将伊豆国和相模国封赏给松田宪秀。岩城常隆拜见丰臣秀吉。

---

① 酒井家次（1564—1618），日本战国时代到德川幕府时代前期的武将、大名，德川氏的家臣，酒井忠次的儿子。——译者注

② 松田宪秀（？—1590），日本战国时代到安土桃山时代的武将，后北条氏的家臣。——译者注

天正十八年六月九日，丰臣秀吉在石垣山营地召见伊达政宗。

天正十八年六月十日，丰臣秀吉召见伊达政宗，设"茗燕"[①]款待他。之后，丰臣秀吉让伊达政宗从小田原城出发，并命令木村清之和浅野正胜等人同行，接管黑川城。

天正十八年六月十四日，北条氏邦派人给留在钵形城的部下送信。

天正十八年六月二十日，丰臣秀吉的右笔山中长俊派人给小田原城的成田氏长送信，劝他投降。成田氏长听从了山中长俊的劝告。

先前，德川家康派人在小田原城的外墙下挖地道。天正十八年六月二十二日晚，大雨使小田原城的城墙受损。井伊直政和松平康重趁机放火，破坏了城墙，杀死了很多守军。

天正十八年六月二十三日，八王子城陷落。

天正十八年六月二十四日，在丰臣秀吉的授意下，泷川雄利和黑田孝高劝小田原城井细田口的守将太田氏房与丰臣氏和谈。当天，北条氏规也从韭山城来到小田原城，他赞成和谈。

天正十八年六月二十五日，按照丰臣秀吉的意思，德川家康命令本多忠胜、平岩亲吉攻下津久井城。伊达政宗回到会津藩。

天正十八年六月二十六日，石垣山城修建完成。丰臣秀吉将大营迁到此城。

天正十八年七月五日，北条氏直出城，要跟随泷川雄利、黑田孝高自杀，请求丰臣秀吉宽恕北条氏政以下的将士。丰臣秀吉

① 指茶会。——译者注

赦免了北条氏直的死罪，命令北条氏政、北条氏照、大道寺政繁和松田宪秀自裁。北条氏直接受丰臣秀吉的命令，约定第二天交出小田原城，随后回到城内。当天，北条氏政和北条氏照出城，移居医师田村长传的家中。

天正十八年七月六日，北条氏直出城，来到德川家康的大营。当天，丰臣秀吉命令片桐且元、胁坂安治、榊原康政、井伊直政、本多忠胜等人接管小田原城。丰臣秀吉限定七月七日之后的三天内，小田原城内的守军出城。

天正十八年七月十日，德川家康进入小田原城。丰臣秀吉让淀殿回到淀城。

天正十八年七月十一日，北条氏政和北条氏照在田村长传的家中自杀。

天正十八年七月十二日，丰臣秀吉命令北条氏直到高野山隐居，只给他很少的补贴。

天正十八年七月十三日，丰臣秀吉进入小田原城，将关东封赏给德川家康，又将近江国和伊势国的十万石领地一并封赏给他。丰臣秀吉将织田信雄的领地变更到出羽国的秋田城。

天正十八年七月十五日，丰臣秀吉将小田原城中储藏的十万石米赠给德川家康。

天正十八年七月二十日，北条氏直等人离开小田原城，前往高野山。

天正十八年八月一日，德川家康进入江户城。

天正十八年九月一日，丰臣秀吉回到京都。

第2节　丰臣秀吉统一日本

　　德川家康臣服丰臣秀吉后，日本实现了统一。丰臣秀吉达成了夙愿，禁止大名妄动干戈。他说："既然天皇信任我，让我身居高位，你们就要听从我的命令。以一己私心争夺土地者就是乱臣贼子。"织田信长在世时和诸位大名的地位是平等的。丰臣秀吉则将大名相争定义为私斗，从而确定了主从之分。丰臣秀吉成了后阳成天皇的"代理人"，不听从他的命令，就是违背圣旨的乱臣贼子。总之，丰臣秀吉对大名采取了绝不宽容的态度，这并不是一句空话。称霸九州的岛津氏遭到重击，投降了；毛利辉元和上杉景胜等实力雄厚的大名及其他文明富裕之地的大名也甘愿听从丰臣秀吉的命令。天正十六年（1588年），丰臣秀吉奏请后阳成天皇巡幸聚乐第，让众大名发誓绝不背叛自己。德川家康献上了自己和备前国的宇喜多秀家、加贺国的前田利家、丰臣秀吉的外甥[①]丰臣秀次联名签署的誓约书，表明臣服之意。在和歌会上，丰臣秀吉又将织田信雄、丰臣秀长、丰臣秀次、宇喜多秀家抬高到与公卿并列的地位，以此表示日本已经统一。不久，毛利辉元和上杉景胜也来拜见丰臣秀吉。织田信长计划以日本人的尊王之心为基础，在无秩序的状态下建立一种新秩序，到丰臣秀吉时代这个计划基本实现了，长期被战争困扰的百姓也终于重见天日了。

---

①　丰臣秀次的母亲瑞龙院是丰臣秀吉的姐姐。——译者注

第3节 丰臣秀吉讨伐北条氏

不过，对一个政治中心来说，日本的版图过于狭长，所以日本自古以来就有两个或两个以上政治中心。例如，奈良时代①和平安时代②，筑紫③有太宰府④，奥羽⑤有镇守府⑥。镰仓时代，镰仓有幕府，京都有六波罗探题⑦，九州有镇西探题⑧。室町时代，两个政治中心表现得更加明显：京都有征夷大将军，镰仓有关东公方，征夷大将军和关东公方似乎把日本一分为二。丰臣秀吉力图统一日本时，日本的地形造成了一些障碍。为此，他不得不讨伐北条氏。实际上，他原本希望和平收服北条氏，但忍耐了三年后还是得不到北条氏的臣服。北条氏始终拒绝拜见丰臣秀吉，还和他争夺"弹丸之地"沼田城，似乎在嘲弄他。北条氏当然知道与丰臣秀吉为敌没有好处，但认为他绝不会率军征讨自己。就北条氏领地的地理位置而言，这么判断也是有道理的。丰臣秀吉如果想讨伐北条氏，就必须经过织田信雄和德川家康的领地，而这两人曾经是丰臣秀吉的劲敌。再加上人心难测，在目睹了战国乱象的北条氏看来，丰臣秀吉不可能经过这两人的领地发动长途征讨。同时，北条氏和德川家康是同盟，德川家康将次女督姬嫁给

① 日本历史上以平城京（今奈良）为首都的时代，从710年到794年。——译者注
② 日本历史上以平安京（今京都）为首都的时代，从794年到1185年。——译者注
③ 指日本古代的九州。——译者注
④ 7世纪在筑前国设置的地方行政机关，统管九州的军事等事务。——译者注
⑤ 即陆奥国和出羽国的合称，相当于日本现在的东北地区。——译者注
⑥ 古代日本在陆奥国设置的军政机关。——译者注
⑦ 镰仓幕府在京都设置的派出机关，统管京都的政务。——译者注
⑧ 镰仓幕府在九州设置的机关，管辖九州的行政、司法、军事事务。——译者注

北条氏直，还极力讨好北条氏。连北条氏的家臣都说："德川家康就像主君的家臣。"另外，箱根山和碓冰岭是天险，自古以来就无人成功征讨关东。平维盛[①]未能渡过富士川发动袭击，新田义贞也在竹下村战败而回。丰臣秀吉又如何能跨越天险，经过北条氏的盟国，顺利出兵呢？当然，如果关东出现内乱，丰臣秀吉或许能乘虚而入。但实际情况是伊达政宗对北条氏十分友好，他们联合起来，足以对抗与丰臣秀吉交好的最上义光和佐竹义宣等人。这样一来，西边有德川家康，东边有伊达政宗，北条氏可以高枕无忧。在北条氏看来，虽然丰臣秀吉挟天皇以令大名，但只是虚言。丰臣秀吉把妹妹朝日姬嫁给德川家康，又以母亲大政所为人质，才勉强让德川家康臣服。北条氏认为自己实力雄厚，丰臣秀吉必须先低头，就像他向德川家康低头一样。总之，北条氏认为丰臣秀吉肯定不会率军来征讨自己；即使丰臣秀吉率军前来征讨，除了通过海路运送兵力，也别无他法。因此，北条氏只是修建了下田城，没有做任何陆地上的防备工作。但这是十分可悲的误解。时势已经急转直下，火枪投入战场，大船能够在海上自由航行，各地都修建了宽阔的道路。从西国[②]到箱根山，从北陆道到碓冰岭，整个国家的大名都和丰臣秀吉一起致力于统一日本，只有北条氏还妄想守住分裂时代的独立。北条氏为妄想所困，最终酿成悲剧。而北条氏之所以会误解，一个重要的原因就是：对一个政治中心来说，日本的版图过于狭长。

---

① 平维盛（1159—1184），日本平安时代末期的武将，平清盛的嫡孙。——译者注
② 指日本西部地区，与"东国"相对。——译者注

第4节　北条氏成为瓮中之鳖

　　在九州沿海地区和濑户内海沿岸地区，以及日本海沿岸的出云国和伯耆国，日本人的祖先自此开始建设家园。他们无论来自哪里，都是先从日本西部登陆，然后把文明传播到东部。换句话说，日本人是自西向东发展的民族。因此，日本的人口分布情况是西部密集、东部稀疏——古代如此，近代也是如此。日本的地形也为文明自西向东发展提供了便利，让我们打开地图看一看：九州的海湾最多，其西南面的海域堪称"日本的多岛海"；四国、山阴道、山阳道、近畿环绕的濑户内海堪称"日本的地中海"；纪伊国和伊势国也有很多海湾，其中伊势湾深入内陆。总之，西日本[1]的面积与东日本[2]的面积大体相当，但西日本的海岸线更长，沿海地带多，有利于文化传播。让我们回过头来看看从远州滩到东北的海岸：良港很少，只有一个东京湾改变了东日本的单一地形。东日本堪称缩小版的"美洲平原"，海岸线短，沿海地带少，而沿海地带少的地区在文明上往往比较落后。越过箱根山、碓冰岭，进入关东，就是一望无际的平原了。《新后拾遗和歌集》中有两首和歌描写了东日本。第一首是："远眺富士山，狗尾草连着白雪，武藏野平原。"第二首是："夕阳照多国，富士山上的新月，接近武藏野。"武藏野一马平川，绿草如

---

[1]　泛指日本的西部地区，是一个比较模糊的概念，通常指日本的近畿、中国、四国和九州。——译者注

[2]　泛指日本的东部地区，与"西日本"相对，通常指日本的北海道、东北、关东。——译者注

茵，通到富士山下。从武藏野到下总国，再到常陆国和那须野，是一望无际的平原。这种地形有利于东日本统一。

然而，东日本的海岸线很短，文明也落后。北条氏直时代，近畿已经出现桶浴，关东人却不知道这种新沐浴方式；伊势国和尾张国的渔夫捕到鲸鱼后，会将鲸鱼切割，关东的渔夫却不会切割；西日本的城市商业发达，有很多大商人在家中营业，但东日本的贸易仍然是固定日期、固定场所的集市贸易——浅草集市和熊谷集市是当时著名的大集市。当然，北条氏并非完全不知道西方文明，三浦港和三崎港等贸易港的居民也欢迎黑船[1]。然而，从整体上来看，东日本比不上西日本，东日本的某些地方甚至还在公然贩卖人口。古代，贩卖人口并不罕见，有一首歌谣唱道："贩卖人口的船，划过波涛汹涌的海面。既然是贩卖人口，请安静地划行吧。"不过，镰仓时代以来，历代征夷大将军都禁止贩卖人口。后来，贩卖人口的现象在西日本逐渐减少。到室町时代，只有东日本人中还有人口贩子。谣曲[2]《自然居士》唱道："贩卖人口的都是东日本人，他们此次进京买了许多人，大多是十四五岁的少女。"另一首谣曲《隅田川》唱道："一个商人从京都买来年仅十三岁的少女，回到陆奥国了。"这都是东日本人贩卖西日本人的例子，因为东日本人口密度小，急于补充人口。东日本人贩卖人口的根源是东西部存在人口密度差异，所以不能断定东日本人都很冷漠，只能说明东日本地广人稀。天正十八年

---

① 指15世纪到19世纪航行到日本的大型西洋船，因为船体被涂成了黑色，所以被称为"黑船"。——译者注

② 日本传统艺术能剧的唱词和曲子。——译者注

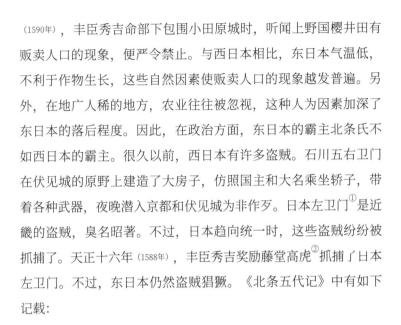

（1590年），丰臣秀吉命部下包围小田原城时，听闻上野国樱井田有
贩卖人口的现象，便严令禁止。与西日本相比，东日本气温低，
不利于作物生长，这些自然因素使贩卖人口的现象越发普遍。另
外，在地广人稀的地方，农业往往被忽视，这种人为因素加深了
东日本的落后程度。因此，在政治方面，东日本的霸主北条氏不
如西日本的霸主。很久以前，西日本有许多盗贼。石川五右卫门
在伏见城的原野上建造了大房子，仿照国主和大名乘坐轿子，带
着各种武器，夜晚潜入京都和伏见城为非作歹。日本左卫门①是近
畿的盗贼，臭名昭著。不过，日本趋向统一时，这些盗贼纷纷被
抓捕了。天正十六年（1588年），丰臣秀吉奖励藤堂高虎②抓捕了日本
左卫门。不过，东日本仍然盗贼猖獗。《北条五代记》中有如下
记载：

> 东日本有许多暴徒。他们搜捕当地的偷盗者，自己却
> 悄悄跑到其他地方做山贼、海贼、强盗。各国大名都扶持
> 这类暴徒，北条氏直扶持了两百多名暴徒。

丰臣秀吉年轻时收编了一千多个无主武士，命令他们守卫木
曾川右岸的要塞。《甫庵太阁记》中记载道："这些无主武士做

---

① 日本左卫门（1719—1747），本名滨岛庄兵卫。尾张国下级武士之子，后因行为
　　放荡失去俸禄，成为盗贼团伙的头目，在东海道诸国大肆行盗。——译者注
② 藤堂高虎（1556—1630），日本战国时代到德川幕府时代初期的武将、大名，侍
　　奉了多位主君，最后成为德川氏的家臣，筑城技术高超。——译者注

着大盗的营生，武艺高强。"蜂须贺正胜[①]、稻田植元[②]、青山新
七、河口久助等人就是典型代表。虽然我不相信近代贵为侯爵的
蜂须贺茂韶[③]的祖先是诸如石川五右卫门这样的盗贼，但上述记载
清楚地表明西日本曾盗贼横行。后来，随着织田信长的崛起，时
势发生了巨变。百姓安居乐业，夜不闭户——西日本秩序井然，
东日本却越来越落后。从平安时代末期到北条氏直时代，东日本
的武士自诩擅长马术，带着一把长柄刀耀武扬威，只不过是井底
之蛙。时势造人物，地形也造人物。东日本距离文明中心遥远，
使北条氏不懂天下大势，不相信文明的进步，不知道人心所向，
不理解统一的思潮，只坚信丰臣秀吉绝不会来讨伐自己，还固执
地认为他没有能力来讨伐自己。北条氏肆意妄为，以为丰臣秀吉
会束手无策，还误以为德川家康始终是坚定的同盟。结果，不久
后，德川家康就参加了丰臣秀吉召开的军事会议，决定共同讨伐
北条氏。此时的北条氏狼狈不堪，开始思考如何防守，但为时已
晚。丰臣秀吉的步兵很快就越过了箱根山，与水兵会合，从水陆
两面包围了小田原城。丰臣秀吉写信给夫人高台院说："北条氏
的部队被我军包围得如同笼中鸟，再无威胁，尽可放心。"北条
氏果然成了瓮中之鳖。

---

① 蜂须贺正胜（1526—1586），日本战国时代到安土桃山时代的武将、大名，丰臣
　秀吉的股肱家臣。——译者注
② 稻田植元（1545—1628），日本战国时代到德川幕府时代初期的武将，蜂须贺氏
　的家臣。——译者注
③ 蜂须贺茂韶（1846—1918），日本德川幕府时代末期的大名，明治时代和大正时
　代的贵族。——译者注

第5节　北条氏人心涣散

　　北条氏如果人才济济，就不会自寻死路以拙劣的手段对付丰臣秀吉；哪怕陷入被动局面，北条氏也有机会扭转局势——因为小田原城的坚固闻名天下，粮食、弹药储备也足以支撑很长时间。山阴道的尼子义久被毛利元就围困在月山富田城，捆绑双手投降，就是因为缺乏粮食；武田氏被德川家康围困在高天神城，最终战败，也是因为缺乏粮食；只有北条氏不同，小田原城被攻陷时，北条氏仍然有十万石余粮。三浦净心说小田原城还有许多火枪和弹药，即使该说法多少有些美化北条氏的嫌疑，但当时的文献都没有提及北条氏缺乏弹药。由此推测，北条氏的弹药应该也很充足。如果北条氏能够像尼子氏一样众志成城，像武田氏一样支撑到底，结果又会如何呢？丰臣秀吉虽然说计划长期包围小田原城，即使在城外的营地里过年也无所谓，但他担心天下生变。当时的一些传言就说明他有这种担心，有人说加入包围圈的德川家康和织田信雄有异心，要和北条氏里应外合。也有人说织田信雄暗藏虎狼之心，劝德川家康和北条氏联手。还有人说包围小田原城时，井伊直政发现丰臣秀吉身边仅有十四五人，便秘密劝德川家康动手。这些传言不足采信，但能说明德川家康的部下不会完全相信丰臣秀吉。天正十九年（1591年）正月二十二日，丰臣秀吉的弟弟丰臣秀长去世时，有人说丰臣秀吉原本要毒害的人是德川家康。《三河物语》中记载道："丰臣秀吉设宴款待德川家康和丰臣秀长。德川家康让出了上座，结果，有毒的食物被丰臣秀长误食。"另外，为了征讨北条氏，德川家康让出自己的居

城，令家臣愤愤不平，本多重次就是一个代表。有一次，丰臣秀吉还住在骏府城时，本多重次便当众抱怨德川家康道："大人啊大人，您的所作所为也太令人不可思议了。想要保家卫国的人怎么会将居城借给他人呢？如果要借给他人，干脆把夫人也借出去好了。"本多重次用如此激烈的言辞，警示德川家康不要被丰臣秀吉蒙骗。当然，本多重次的想法仍然停留在旧时代，只关心德川氏的家业。实际上，无论哪一个国家都有保守党和进步党，并且保守党往往占据多数。德川家康的家臣中也有许多守旧人物，不能理解世事变化。这些守旧人物如果看到丰臣秀吉围攻小田原城很久，却未能攻克，难免不会萌生异心。因此，对穿越德川家康和织田信雄的领地、发动长途袭击的丰臣秀吉来说，必须尽快攻陷小田原城。如果北条氏再坚守半年，形势或许就不一样了。

第6节 北条氏灭亡

遗憾的是，北条氏缺乏人才。从北条早云到北条氏直，历经五代人，北条氏越来越保守。织田信长、丰臣秀吉和德川家康早已成为自主创造命运的英雄，他们的家臣也历经千锤百炼，而北条氏却依然是族人和门阀当道。两相对比，一方是充满生气的新式有机体，另一方则是老朽的旧式有机体，北条氏从一开始就注定会失败。缺乏人才的北条氏误判了天下形势，当事实出乎意料时，他们变得狼狈不堪，并且自暴自弃，没有坚持到弹尽粮绝就投降了。北条氏命令领地内的八国领主离开各自的居城，集中到小田原城。丰臣秀吉嘲笑说，可以将他们一网打尽了。不过，对

北条氏而言，将领地内的八国领主集中到小田原城未必是下策，因为此举可以凝聚人心，有利于长期守城。更何况，将敌军吸引到小田原城下，便于己方居高临下察看敌情，是自北条氏康以来一直沿用的策略。通过这一策略，北条氏康成功地让上杉谦信和武田信玄无功而返，因此北条氏政和北条氏直对这一策略寄予厚望。然而，时势已经发生巨变。北条氏政和北条氏直与北条氏康不同，丰臣秀吉也并非上杉谦信或武田信玄，关东和奥羽的豪杰都臣服于他，八国领地也都沦陷了。一贯善于造势的丰臣秀吉将花容月貌的爱妾淀殿召到军营中，还让诸将把妻妾召到军营中，在小田原城守军面前营造了一个欢乐乡，显示了围城到底的决心。后来，北条氏的最后一线希望——伊达政宗——也投降了。

此前，丰臣秀吉通过德川家康、前田利家和浅野长政劝说伊达政宗赶到小田原城面见自己，但伊达政宗始终在观望。如今，小田原城已被包围，整个关东被丰臣秀吉占领。伊达政宗逐渐醒悟，他一贯能屈能伸，便说："小田原城一旦被攻陷，就再也没有我们什么事了。如今必须排除万难，去拜见丰臣秀吉。"天正十八年（1590年）五月九日，伊达政宗离开米泽。六月五日，伊达政宗抵达汤本，拜见丰臣秀吉。伊达政宗投降的消息很快传入小田原城内。实际上，丰臣秀吉总是想方设法让城内的守军相互猜疑。守城的成田氏长暗中派人给丰臣秀吉的信使山中长俊送密信，结果信的内容在小田原城内散布开来。丰臣秀吉又将伊达政宗投降的消息放给城内的守军，使北条氏的士气愈加低沉。祸不单行，松田宪秀又通过堀秀治联络丰臣秀吉，约定做内应。松田宪秀投降应该是在伊达政宗投降之后。然而，松田宪秀身为北

条氏的重臣，却背信弃义，后来被丰臣秀吉命令自裁，因此遭后
世唾骂。有人说，北条氏之所以没有派兵翻越箱根山到富士川迎
战，而是采纳了退守小田原城的蠢计，就是因为松田宪秀早已投
靠丰臣秀吉，才故意劝说北条氏退守。还有人说，丰臣秀吉在石
垣山布阵，从而俯瞰小田原城，也是采纳了松田宪秀献上的计
策。但实际上，松田宪秀并非一开始就卖主求荣。直到天正十八
年（1590年）五月，他仍然英勇善战，为主君驰骋沙场。只是在伊达
政宗投降以后，松田宪秀才变得心灰意冷，主动联络堀秀治。据
此，我推测松田宪秀变心也许与伊达政宗投降有关。后来，松田
宪秀被次子松田直秀密告暗中通敌。天正十八年六月十六日，松
田宪秀被关入地牢，其长子笠原政尧被杀。在北条氏的家臣中，
松田宪秀的族人最多，其部下在小田原城内担任的岗位也多。事
发之后，小田原城的守军无比恐慌，丧失了斗志。意志不坚定的
北条氏直率先出城投降，北条氏便灭亡了。

第7节　丰臣秀吉论功行赏

北条氏投降后，丰臣秀吉论功行赏，将北条氏的旧领地关东
封赏给德川家康。同时，丰臣秀吉褫夺了织田信雄的领地，削减
了伊达政宗的领地，然后将这些领地封赏给族人和家臣，调整了
整个关东的势力分配。丰臣秀吉尽管是一位英雄，却未能打破日
本的狭长地形所形成的自然约束。他灭掉了北条氏，让德川家康
取代北条氏，只不过是以一位关东公方代替另一位关东公方。如
前所述，关东比较落后，当地武士素来以骁勇著称，腰上插着长

柄刀，横行乡里。如今，他们成为无主武士，有人为了排遣忧思而剃发出家，说"如今我们成为僧人，腰刀再无用武之地"，感慨失败者的命运。然而，这些无主武士绝不甘心，殷鉴不远，肥后国就是先例。佐佐成政受到封赏，获得肥后国，却未能收服当地武士，还导致丰前国和筑前国出现了暴动，最终丰臣秀吉出动大军才勉强控制住局面。坐上统治者的位子后，丰臣秀吉也开始忌讳动乱。因为动乱会打破现状，导致一位英雄被另一位英雄取代。换句话说，打败北条氏、占领关东，是一回事；统治关东、让动乱不再发生，是另一回事。从重要性来看，后者不亚于前者，丰臣秀吉为此颇费心思。最终，丰臣秀吉发现德川家康是最适合的人选，才不计后果，将关东封赏给他。实际上，除了德川家康，无人能治理尚未开化的关东。在这一点上，我和《德川实纪》的观点相反。《德川实纪》认为丰臣秀吉此举是出于恶意："关东常年在北条氏手中，如今更换新主，必然会发生暴动。如果不熟悉当地情况，就无法平息暴动。等到德川家康失败，丰臣秀吉应该会有所企图。"

即使丰臣秀吉真想借机除掉德川家康，又谈何容易呢？如果关东发生连德川家康都无法平息的暴动，那还有谁能平息暴动？一旦发生暴动，关东又将成为没有秩序的动荡之地。对想维持现状的丰臣秀吉来说，这个灾难远远超过了不肯屈从的北条氏造成的威胁。我认为，丰臣秀吉绝不是目光短浅的人，他知道北条氏灭亡后，镇抚关东需要很多兵力，需要重新建立一个中心。他物色人选，发现只有德川家康堪当大任。总之，丰臣秀吉让德川家康成为关东之主实在是无奈之举。

第8节　德川家康成为关东霸主

德川家康没有辜负丰臣秀吉的厚望。丰臣秀吉预想中很难治理的关东，到德川家康手中却实现了长治久安，这是为什么呢？中国有句俗话"智将不如福将"，英雄未必都是幸运儿，但德川家康便是幸运儿。为了对抗丰臣秀吉，北条氏将关东八国的领主都集中到小田原城，就像将群狼圈到一起。后来，他们全部投降，相当于有能力造反的人被一网打尽。当然，北条氏并非为了后续治理关东的统治者，才将关东八国的领主都集中到小田原城。但从结果上来说，事实的确如此。不过，德川家康能够镇抚关东，并不单纯是因为好运。《国朝大业广记》中有如下记载：

> 天正十八年（1590年）七月六日，小田原城守军投降。丰臣秀吉论功行赏，决定将德川家康的领地由三河国、远江国、甲斐国、信浓国和骏河国改为关东八国。德川家康迅速将居城和部下转移至关东。天正十八年八月一日，德川家康移居江户城。从天正十八年八月到九月，德川家康的部下们完成转移。之后，德川家康派遣使者前往大阪城，移交原有的五国。丰臣秀吉非常震惊，对浅野长政说，德川家康动作迅速，不仅移交了三河国、远江国、甲斐国和信浓国，连居城所在的骏河国也移交了，速度实在惊人。德川家康的所作所为，令人始料未及。

天正十八年七月六日，小田原城守军投降。八月一日，德川家康移居江户城；九月，三河国、远江国、甲斐国、信浓国和骏河国的武士全部搬到关东；仅仅两个多月的时间，德川家康和五国武士就完成了转移。他们之所以如此迅速，是因为前文提及的兵农分离。当时的武士过着类似于军营中的生活，虽然被称为领主，但事实上已经与农业无关；历代家臣都住在主君附近，形成集中的军营；国侍住在各乡野，形成分散的军营；这样一来，武士名义上是地主，实际上已经成了职业军人。他们从甲地前往乙地，类似于转换军营，比较容易。这个事实也显示出德川氏的武士是一支精锐军队。以这样的兵力应对无主武士，胜负已经分明。面对威力巨大的军队，无主武士岂敢抵抗？丰臣秀吉预料到只有德川家康能镇抚关东，事实证明他有眼力：德川家康很好地统率了关东武士，并且禁止农民私藏火枪。如果有野兽破坏土地，农民可以借用官府的火枪，但只许放空枪吓跑野兽，之后就要将火枪还给官府。北条氏溃败后，原来的部下成了无主武士，他们心生畏惧；关东的农民也不敢私藏火枪，只能成为卑躬屈膝的顺民；这都是因为德川家康拥有强大的武力。不过，德川家康并不是一味依靠武力统治关东。在治理甲斐国时，他就显示出了政治家的魄力。他取缔了北条氏以来关东盛行的赌博行为，从根本上打击了赌博业。为了防止武士虐待农民，他下令征用农民和马时必须有朱印状[①]——即使只有一人、一马。另外，对宫原义照、由良国繁、吉良赖久、一色义乔、毛利高政等出身名门望族

----

① 朱印状，带有朱印的文书。在日本战国时代到德川幕府时代，大名、藩主、征夷大将军下发文书时，都会在文书上加盖红色的印章。——译者注

的人，以及曾经建功立业的北条氏的家臣及其子孙，他都给予补贴。总之，德川家康用强大的武力压制了关东的无主武士，打击强盗，取缔赌博行为，没收火枪，断绝了好乱分子的野心。他的这些措施可谓严刑峻法，有秋霜烈日般的威力。不过，他也有宽大的一面，甚至可以说过于宽大。他几乎全部沿用了北条氏的统治措施，尊重名门望族。这样一来，在德川家康的统治下，众人担心的暴动并没有发生。丰臣秀吉灭掉了北条氏，合并了东日本和西日本。德川家康继承了丰臣秀吉的事业，很好地管理了关东，维护了丰臣秀吉的战果。丰臣秀吉善于识人，德川家康也没有辜负他的赏识。

第9节　德川家康定居江户城

论述德川家康在关东采取的措施时，我们可以忽略其他细节。但有一件事不得不提，那就是他并没有住在北条氏的居城小田原城，而是住在了江户城。这是为什么呢？对此，世间有如下传言：

> 小田原城尚未被攻陷时，德川家康和织田信雄到丰臣秀吉位于笠悬山的营地。丰臣秀吉说："此山有一个地方可以很好地观察小田原城，咱们一起去看看吧。"三人来到那个地方，俯瞰小田原城，商议军事。丰臣秀吉对德川家康说："攻陷小田原城后，我打算将此城封赏给你。不知道你是否会住在此城，统治关东呢？"德川家康答道：

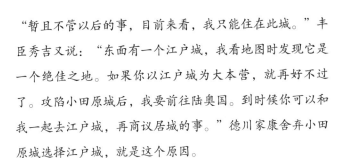

"暂且不管以后的事,目前来看,我只能住在此城。"丰臣秀吉又说:"东面有一个江户城,我看地图时发现它是一个绝佳之地。如果你以江户城为大本营,就再好不过了。攻陷小田原城后,我要前往陆奥国。到时候你可以和我一起去江户城,再商议居城的事。"德川家康舍弃小田原城选择江户城,就是这个原因。

这个传言并非毫无根据,但德川家康定居江户城未必是因为丰臣秀吉的建议。无论是从兵器改进、交通发达的程度,还是从海上航行条件来看,德川家康定居江户城都应该是当时形势下自然而然的选择。如前所述,兵器改进促进了兵制的变化,使长期依赖天险的山国无法继续独立。六角氏占据加贺国的险峻山谷,如今灭亡了;伊贺国凭借险峻山谷,曾几次击退织田信长的部队,如今也俯首听命;石见国是山阴道的山国,如今也低头屈服;土佐国的长宗我部氏占据四国,如今也主动投降;盘踞在甲斐国的武田氏威震四邻,如今也灭亡了;足利氏曾经自夸其领地"一夫当关,万夫莫开",如今也被彻底击垮。兵器改良要求兵力集中,兵力集中又要求粮食储备充足,但这是山城难以做到的。于是,选择山城作为居城已经成为过去时,取而代之的是在交通枢纽上筑城。因此,织田信长派人修建了安土城,北陆道、东山道、东海道的交通线经过安土城或其周边抵达京都。织田信长对大阪也很感兴趣,想在大阪建造居城。大阪是濑户内海的咽喉,其背面的防御也很完备,地理位置优越。丰臣秀吉占领播磨国后,没住在三木城,而是选择了姬路城。黑田孝高对丰臣秀吉

说："三木城位于播磨国的偏僻处，而姬路城位于中央，航船往来方便，大人是否住在姬路城？"这个说法反映了时代的变化。同理，柴田胜家还是越前国国主时，并未住在朝仓氏的旧城一乘谷城，而是选择了北庄城；毛利氏也放弃了吉田郡山城，选择了海陆交通便利的广岛城；小早川隆景得到筑前国时，将名岛城作为居城。时代已经变了，德川家康又怎会选择小田原城呢？江户城位于关东平原中央、东京湾深处，有利根川、荒川、六乡川等大河环绕，在防守方面也有地理优势。长禄元年（1457年），太田道灌在江户筑城居住，当时的江户城已经是关东屈指可数的大城市。文明八年（1476年）有如下记载：

> 江户城东面有河，河流曲折向南，汇入大海。在竹林和烟云中，大大小小的商旅帆船和渔船的灯火时隐时现。船行驶到高桥下面，船上的商人便系上缆绳，搁置船棹。此地每天都会有集市形成，无论是安房国的米、常陆国的茶、信浓国的铜、越后国的竹箭、和泉国的宝石和香料，还是盐、鱼、漆、麻、中草药、筋、胶、药饵等商品，应有尽有。

通过上述文字，我们可以想象出当时的繁华：近处的安房国和常陆国的商人，以及远处的信浓国与和泉国的商人，都来江户城开展贸易活动。连歌师宗长在《东路土产》中写道："我在品川认识了一个人，他来自和泉国，在品川生活了五六年。"这反映出堺港百姓也注意到了东京湾的地理优势，在此开展贸易活

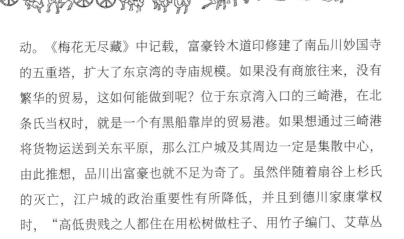

动。《梅花无尽藏》中记载，富豪铃木道印修建了南品川妙国寺的五重塔，扩大了东京湾的寺庙规模。如果没有商旅往来，没有繁华的贸易，这如何能做到呢？位于东京湾入口的三崎港，在北条氏当权时，就是一个有黑船靠岸的贸易港。如果想通过三崎港将货物运送到关东平原，那么江户城及其周边一定是集散中心，由此推想，品川出富豪也就不足为奇了。虽然伴随着扇谷上杉氏的灭亡，江户城的政治重要性有所降低，并且到德川家康掌权时，"高低贵贱之人都住在用松树做柱子、用竹子编门、艾草丛生的小草屋里"，屋檐下开放的白色月光花显得冷冷清清，驱赶蚊子的火堆看上去也有些滑稽，但浅草集市依然十分繁华。德川家康舍弃小田原城而选择江户城，绝非偶然。

第10节 丰臣秀吉的平衡策略

德川家康没有辜负丰臣秀吉的赏识，很好地治理了关东。然而，丰臣秀吉并未忘记维持东日本和西日本之间的平衡，更不希望关东危及自己的统治。因此，他把会津藩封赏给蒲生氏乡，以便牵制德川家康的后方。另外，在德川家康周围，丰臣秀吉安插了安房国的里见氏、常陆国的佐竹氏、下野国的宇都宫氏和那须氏，以防其背叛自己。丰臣秀吉还把骏河国封赏给老将中村一氏，以防备德川家康翻越箱根山，长驱直入近畿。此外，他把甲斐国封赏给老将加藤光泰，把小诸城封赏给猛将仙石秀久，并说："仙石秀久不适合担当前锋将领，因为他勇而无谋，考虑不周，动辄就会违反法令。我把小诸城封赏给他，并非让他担任攻

入碓冰岭的前锋将领，而是为了让他在德川家康来袭时殿后，起缓冲作用。"

这样一来，在德川家康周围，丰臣秀吉都布置了兵力：挂川城有山内一丰，横须贺城有有马丰氏，滨松城有堀尾吉晴，吉田城有池田辉政，他们和骏河国的中村一氏遥相呼应。丰臣秀吉又把织田信雄的旧领地封赏给了丰臣秀次，命令丰臣秀次住在清洲城，担任东征的总指挥。曹操曾对刘备说："天下英雄，唯使君与操耳！"丰臣秀吉知道德川家康是劲敌，能和自己抗衡，才做好了充足准备。

第 19 章

关原合战

第1节　大事记

　　天正十八年 (1590年) 八月，丰臣秀吉将会津藩封赏给蒲生氏乡，给其四十二万石领地，让其居住在若松城；还将伊达政宗原有的葛西和大崎的三十万石领地封赏给木村吉清，再将米泽和长井的三十万石领地封赏给伊达政宗。

　　天正十八年九月一日，丰臣秀吉回到京都。浅野长政和石田三成等人在陆奥国清查土地。

　　天正十八年十月，陆奥国的葛西和大崎发生暴动，叛军攻打木村吉清父子。木村吉清父子兵败，但保住了佐沼城。蒲生氏乡派人给德川家康和伊达政宗送信，请求伊达政宗援助木村吉清父子。

　　天正十八年十一月，陆奥国的暴动被蒲生氏乡和伊达政宗率军平定，局势基本稳定。不过，蒲生氏乡怀疑这次暴动是伊达政宗煽动的。陆奥国的人心依然不稳。

　　天正十八年十二月。此前，浅野长政清查完甲斐国和信浓国的土地打算返回关西时，听说陆奥国发生暴动，就来到江户城向德川家康报告，并留守在二本松的军营。德川家康任命结城秀康为督军、榊原康政为前锋将领，准备出兵。伊达政宗来到浅野长政的军营中，表明自己没有异心。浅野长政命令伊达政宗交出伊达成实和片仓成重作为人质。遵照丰臣秀吉的命令，石田三成来到江户城，催促德川家康出兵。随后，石田三成前往岩城的相马，催促佐竹义宣出兵。

　　天正十九年 (1591年) 正月一日，作为平定陆奥国暴动的总督，丰臣秀次从清洲城出发。

天正十九年正月二日，听说陆奥国的暴动已经被平定，石田三成从相马返回京都。

天正十九年正月三日，德川家康率兵进攻古河。

天正十九年正月十一日，蒲生氏乡报告说已经平定了陆奥国暴动。德川家康从古河撤军。

天正十九年正月十三日，德川家康回到江户城。

天正十九年正月十四日，丰臣秀次来到武藏国府中城。德川家康来到府中城，会见丰臣秀次。

天正十九年正月二十二日，丰臣秀长去世。

天正十九年闰正月三日，结城秀康前往京都。

天正十九年闰正月十二日，蒲生氏乡进入京都，拜见丰臣秀吉。丰臣秀吉召见伊达政宗。

天正十九年闰正月十三日，德川家康抵达京都。

天正十九年二月六日，德川家康跟随丰臣秀吉到清洲城狩猎。随后，德川家康前往京都。

天正十九年二月，伊达政宗抵达京都，辩解说自己没有异心。丰臣秀吉释然，不再询问。

天正十九年三月三日，德川家康离开京都。

天正十九年三月二十一日，德川家康回到江户城。

天正十九年五月，南部信直的家臣九户政实叛变，占据九户城，得到了陆奥国暴动余党的支持。南部信直向丰臣秀吉申诉。丰臣秀吉命蒲生氏乡和伊达政宗回到各自的居城，合力讨伐九户政实。他又任命丰臣秀次和德川家康为大将军，任命浅野长政和石田三成为军监，发动尾张国以东到陆奥国的十万名士兵。

天正十九年七月十日，丰臣秀次率军离开清洲城。

天正十九年七月十九日，德川家康率军离开江户城。

天正十九年八月六日，本愿寺搬迁到京都的龙谷山。

天正十九年八月八日，九户政实投降。

天正十九年八月，丰臣秀次杀死九户政实。伊达政宗到岩手泽城会见德川家康，随后到最上郡拜见丰臣秀次。陆奥国暴动被镇压，丰臣秀次和德川家康商议，制定了陆奥国的法令，并上报给丰臣秀吉。

天正十九年八月，丰臣秀吉的儿子丰臣鹤松夭折。

天正十九年九月，丰臣秀吉发布入侵朝鲜的动员令，让诸将第二年九月到肥前国的名护屋城①集合。

天正十九年十月二十九日，德川家康回到江户城。

天正十九年十月，丰臣秀次回到京都。丰臣秀吉没收了木村吉清占有的葛西和大崎，转而封赏给伊达政宗，让伊达政宗居住在岩手泽城。丰臣秀吉又把伊达政宗的旧领地封赏给蒲生氏乡，使蒲生氏乡拥有一百万石领地。

天正十九年十一月四日，北条氏直去世。

天正十九年十二月四日，丰臣秀次任内大臣。

天正十九年十二月六日，丰臣秀吉辞去关白的职位。随后，丰臣秀次任关白。

天正十九年十二月，丰臣秀吉发布入侵朝鲜的军令。

---

① 名护屋城位于今日本佐贺县，不同于"名古屋城"。1592年，丰臣秀吉出兵朝鲜之际，命加藤正清等人修筑了名护屋城。——译者注

文禄元年（1592年）正月二十九日，丰臣秀次任左大臣。

文禄元年正月，丰臣秀吉制定了五条军令。

文禄元年二月二日，德川家康率领一万多人离开江户城，德川秀忠留守。

文禄元年二月十六日，德川家康进入京都。

文禄元年二月二十六日，后阳成天皇巡幸聚乐第。

文禄元年三月一日，入侵朝鲜的前锋将领小西行长[①]、加藤清正[②]、黑田长政[③]等人离开京都。

文禄元年三月十七日，德川家康离开京都，前往名护屋城。依照丰臣秀吉的命令，伊达政宗、南部信直、上杉景胜、佐竹义宣等人听从德川家康的指挥。

文禄元年三月二十六日，丰臣秀吉离开京都，前往名护屋城。

文禄元年四月二十日，丰臣秀吉来到名护屋城，确定了驻扎地。

文禄元年四月，侵朝日军前锋进入朝鲜。

文禄元年五月前，日军攻陷朝鲜汉城及平壤。朝鲜国王[④]李昖逃到义州，朝鲜王子和后妃逃到兀良哈。小西行长驻军在平壤，

---

① 小西行长（1558—1600），日本战国时代到安土桃山时代的武将、大名，起初追随宇喜多氏，后来成为丰臣秀吉的家臣。——译者注

② 加藤清正（1562—1611），日本安土桃山时代到德川幕府时代初期的武将、大名，丰臣氏的家臣。——译者注

③ 黑田长政（1568—1623），日本安土桃山时代到德川幕府时代初期的武将、大名，黑田孝高的儿子，起初是丰臣氏的家臣，后来成为德川氏的家臣。——译者注

④ 当时的朝鲜是中国的藩属国，明朝政府册封朝鲜最高统治者为"朝鲜国王"。——译者注

加藤清正来到兀良哈，逮捕了朝鲜的两位王子临海君和顺和君。李昖急忙将情况报告给明朝政府。

文禄元年六月二日前，有报告说明朝皇帝明神宗[1]派兵增援朝鲜。丰臣秀吉商议要亲自率军前往朝鲜，德川家康和前田利家坚决反对。于是，丰臣秀吉传令军中，说以第二年三月为期限出征。

文禄元年六月，丰臣秀吉又派六万名士兵前往朝鲜，任命增田长盛[2]、石田三成、大谷吉继[3]等人为军监。

文禄元年七月二十二日，听说母亲大政所生病，丰臣秀吉将军事委托给德川家康和前田利家，然后离开名护屋城返回京都。

文禄元年七月三十日，丰臣秀吉回京，大政所已经去世。

文禄元年七月，明朝副总兵[4]祖承训和游击[5]史儒率军救援朝鲜，抵达平壤。小西行长率军来袭，逮捕了史儒，祖承训逃脱。明朝兵部尚书石星派说客沈惟敬提出和谈，小西行长同意。双方达成七条约定后，沈惟敬回去了。

文禄元年八月十五日，德川秀忠前往京都，吊唁大政所。

文禄元年九月七日，前田利家成为征明都督，确定日期，打算从海路出兵。

文禄元年九月二十一日，由于此前有报告称明朝军队要撤

① 明神宗（1563—1620），明朝第14代皇帝，1572年到1620年在位，年号万历。——译者注
② 增田长盛（1545—1615），日本安土桃山时代到德川幕府时代初期的武将、大名，丰臣氏的五奉行之一。——译者注
③ 大谷吉继（1559—1600），日本战国时代到安土桃山时代的武将、大名，丰成秀吉的家臣。——译者注
④ 总兵是明朝镇守边关的军事长官，副总兵是总兵的副手。——译者注
⑤ 即游击将军，较低级的武官。——译者注

退，丰臣秀吉便罢免了前田利家的都督职务。

文禄元年十月十日，德川秀忠回到江户城。

文禄元年十一月二十四日，显如圆寂。

文禄二年 (1593年) 正月六日，明朝提督[1]李如松等人率军进攻平壤。小西行长的部队坚守平壤，却寡不敌众，连夜出逃，明朝军队占领平壤。

文禄二年正月十七日，小早川隆景、立花宗茂、毛利秀包等人率军和李如松的部队在开城外大战，李如松的部队败走。

文禄二年正月，李如松的部队进入开城，并据守开城。

文禄二年三月，日军进攻晋州城失利，向本国求援。丰臣秀吉派毛利秀元[2]为大将军，率军渡海，前往增援。江户城修缮工程竣工。

文禄二年四月，明朝政府派使节和小西行长和谈。小西行长和增田长盛、石田三成、长束正家[3]等人商议，决定撤军，据守釜山浦。他们派人放火烧毁军营，随后在烟雾的掩护下撤退，明朝军队并未追击。日本诸领据守釜山浦，等待明朝使节。

文禄二年五月五日，因为一点纠纷，德川家康的部下和前田利家的部下险些在名护屋城发生冲突。后来，双方平和地化解了纠纷。

文禄二年五月，李昖回到平壤。

①　提督，明清时期武官名。——译者注
②　毛利秀元（1579—1650），日本安土桃山时代到德川幕府时代前期的武将、大名，毛利元就的四儿子。——译者注
③　长束正家（1562—1600），日本战国时代到安土桃山时代的武将、大名，丰臣氏的五奉行之一。——译者注

文禄二年五月十五日。明朝使节徐一贯、谢用锌、沈惟敬来到名护屋城。丰臣秀吉让徐一贯住在德川家康的军营中，让谢用锌住在前田利家的军营中，设宴款待他们。

文禄二年五月二十日，鉴于此前士兵经常询问明朝使节的行踪，德川家康和前田利家奉丰臣秀吉的命令，严令禁止士兵打探消息。

文禄二年六月二十八日，入侵朝鲜的日本诸将攻陷晋州城。

文禄二年六月，明朝使节回国。丰臣秀吉命令增田长盛、石田三成、长束正家送还朝鲜的两位王子——临海君和顺和君。小西行长命令内藤如安跟随明朝使节前往中国，和明朝兵部尚书石星面谈。

文禄二年八月三日，丰臣秀吉的爱妾淀殿生下一个儿子，就是后来的丰臣秀赖。

文禄二年八月二十五日，丰臣秀吉回到大阪城。

文禄二年八月二十九日，德川家康从名护屋城来到大阪城，祝贺丰臣秀赖出生。甲斐国国主加藤光泰在朝鲜去世。

文禄二年九月五日，德川秀忠离开江户城，前往京都。

文禄二年九月，沈惟敬回到北京。明神宗采纳石星的建议，召回李如松等人。丰臣秀吉想在伏见筑城，命部下征调劳役。

文禄二年十月三日、五日、十一日，丰臣秀吉拜见后阳成天皇，参加宫中宴会。

文禄二年十月十四日，德川家康离开京都。

文禄二年十月二十六日，德川家康回到江户城。

文禄二年十一月，内藤如安的报告尚未抵达，加藤清正却声

称明朝军队杀死了内藤如安。于是，日军不顾中日之间正在和谈，派兵进攻庆尚北道的安康邑。明朝将领率军从庆州赶来增援，被加藤清正的部队击退，撤回庆州。

文禄二年十二月，内藤如安来到北京，拜见明神宗。石星负责接待内藤如安，与他达成和谈。随后，内藤如安来到釜山浦，沈惟敬也来到此地。丰臣秀吉接到报告后，命令小西行长等人守住釜山浦附近的数座城池，其他将领率军回日本。明神宗采纳石星等人的建议，同意册封丰臣秀吉为日本国王[①]。

文禄三年 (1594年) 二月十二日，德川家康前往京都。

文禄三年二月二十七日，丰臣秀吉在大和国游玩，观赏吉野樱花，在此停留两天。丰臣秀次、丰臣秀保[②]、德川家康、前田利家等人随行。归途中，丰臣秀吉前往高野山。

文禄三年二月，名护屋城的诸将来到大阪城。

文禄三年三月三日，丰臣秀吉登上高野山。

文禄三年三月七日，丰臣秀吉开始修建伏见城。

文禄三年三月十四日，德川家康来到伏见城，视察部下承担的工事。

文禄三年四月八日，丰臣秀吉来到前田利家的府邸，德川家康等人随行。

文禄三年四月二十九日，丰臣秀吉在有马温泉沐浴。德川家康派平岩亲吉为使者，前去慰问丰臣秀吉。

---

① 当时日本武家掌权者在外交、外贸中使用的称号。——译者注
② 丰臣秀保（1579—1595），日本安土桃山时代的武将、大名，三好吉房和丰臣秀吉的姐姐瑞龙院的儿子，后来成为丰臣秀长的养子。——译者注

文禄三年六月三日，丰臣秀吉到伏见城督促工事。

文禄三年六月五日，德川家康在伏见城的临时住所里向丰臣秀吉献茶。

文禄三年六月十八日，丰臣秀吉从伏见城回到大阪城。

文禄三年六月十九日，德川家康从伏见城前往京都。

文禄三年九月，大久保忠世去世。

文禄四年（1595年）二月七日，蒲生氏乡在京都去世，其子蒲生秀行继承领地。

文禄四年二月九日，遵照丰臣秀吉的命令，德川家康和前田利家监督蒲生氏的事务。

文禄四年三月二十八日，丰臣秀吉莅临聚乐第。

文禄四年四月三日，遵照丰臣秀吉的命令，德川家康和前田利家制定了九条法令，命令公卿和住持都必须遵守，寺庙和神社要遵照先例，不能再新建庙宇。日本租税的三分之二交公，剩下的三分之一还给农民。

文禄四年四月，丰臣秀保暴毙。

文禄四年五月三日，德川家康离开京都，回到江户城，德川秀忠留在京都。

文禄四年七月八日，丰臣秀吉将丰臣秀次贬到高野山。

文禄四年七月十五日，丰臣秀次在高野山自杀。此前，丰臣秀吉向德川家康通报了丰臣秀次的罪行。当天，德川家康离开江户城，前往京都。

文禄四年七月二十三日，丰臣秀吉命令德川家康、毛利辉元、小早川隆景督促诸将效忠自己。

文禄四年七月二十四日，德川家康到伏见城拜见丰臣秀吉。

文禄四年七月，丰臣秀吉将丰臣秀次的同党一柳可游幽禁在德川家康府中。

文禄四年八月二日，德川家康、前田利家、宇喜多秀家、毛利辉元、小早川隆景遵照丰臣秀吉的命令，制定六条法令，禁止大名之间擅自联姻、交换誓约书结盟。除德川家康、前田利家、宇喜多秀家、毛利辉元、小早川隆景之外，其他大名禁止乘坐轿子，但年长的公卿和有才华的家老不受此限制。

文禄四年九月十七日，丰臣秀吉将淀殿的妹妹、丰臣秀胜[①]的遗孀崇源院收为养女，嫁给德川秀忠。

庆长元年（1596年）正月十六日，丰臣秀吉在关东征调劳役，修建河内国的堤坝。

庆长元年正月二十三日，各位武将向丰臣秀吉父子献上誓约书。石田三成、增田长盛、前田玄以[②]、长束长家也联名献上了誓约书。这四个人的誓约书中写道：四人受到丰臣秀吉的特别关照，一定诚心效忠，绝不藏私、泄密、欺压朋辈。

庆长元年五月八日，德川家康任内大臣，叙正二位。

庆长元年五月十一日，前田利家任权大纳言，叙从二位。

庆长元年五月十三日，丰臣秀赖任参议，叙从三位。丰臣秀吉抱着丰臣秀赖乘坐同一辆马车入宫，前田利家随行，德川家康乘坐另一辆马车随行。

---

① 丰臣秀吉的姐姐瑞龙院与三好吉房的次子，丰臣秀次的弟弟。——译者注

② 前田玄以（1539—1602），日本战国时代到安土桃山时代的僧人、武将、大名，丰臣氏的五奉行之一。——译者注

庆长元年闰五月十二日夜，京都发生大地震，土地裂缝，大水涌出。

庆长元年八月二十九日，明朝使节杨方亨、沈惟敬和朝鲜使节来到伏见城。

庆长元年九月一日，因为此前丰臣秀吉谴责朝鲜没有按照约定将三道割让给日本，于是拒绝接见朝鲜使节，所以只有明朝使节杨方亨、沈惟敬与丰臣秀吉会面。

庆长元年九月二日，丰臣秀吉款待明朝使节杨方亨、沈惟敬，宴会后，使节二人出城。丰臣秀吉命令僧人西笑承兑宣读明神宗的册封诏书，听到"封你为日本国王"时，丰臣秀吉大怒，此次中日两国和谈失败。

庆长元年九月四日，明朝使节杨方亨、沈惟敬和朝鲜使节到达堺港。

庆长元年十二月十七日，丰臣秀赖回到大阪城。

庆长元年十月二十八日，酒井忠次去世。

庆长二年（1597年）正月二十五日，入侵朝鲜的前锋将领加藤清正、小西行长等人再次率军渡海。

庆长二年正月，丰臣秀吉命部下修建庆长元年被地震毁坏的伏见城。他认为和谈已经失败，计划当年十月再次派军入侵朝鲜，任命小早川秀秋为大将军，宇喜多秀家和毛利秀元为副将军。丰臣秀吉未去名护屋城，而是在伏见城坐镇指挥。

庆长二年六月十二日，小早川隆景去世。

庆长二年八月二十八日，足利义昭去世。

庆长三年（1598年）正月，丰臣秀吉收回封赏给蒲生秀行的会津

藩一百万石领地，改封他宇都宫的十八万石领地；同时将上杉景胜改封到会津藩，给他一百三十一万八千石领地，允许他三年内到京都朝见天皇。

庆长三年正月，丰臣秀吉在醍醐山游玩。

庆长三年四月二日，堀秀政被改封到越后国。

庆长三年四月二十日，丰臣秀赖任权中纳言，叙从二位。

庆长三年四月，小早川秀秋从朝鲜回日本，来到伏见城。丰臣秀吉没收了他原本的领地筑后国和筑前国，将他改封到越前国。同时，丰臣秀吉任命石田三成为筑后国和筑前国的代理官员。不过，庆长四年（1599年），丰臣秀吉恢复了小早川秀秋的旧领地。

庆长三年五月十六日，丰臣秀吉将京都诸将召到伏见城，要求五大老[①]今后要效忠丰臣秀赖，不可有异心。五大老每人上交三封誓约书，以头顶之血按血印。这三封誓约书，一封交给丰臣秀赖，一封放在五大老各自家中，一封供在丰臣秀吉的牌位前。其中，德川家康的誓约书要放在丰臣秀吉的棺材里。

庆长三年五月，丰臣秀吉派遣使者前往朝鲜，命令加藤清正、小西行长、岛津义久等人留守，其他人都回国。

庆长三年五月，丰臣秀吉患病，日益衰弱。

庆长三年六月十五日，诸将齐聚伏见城。三中老[②]、五大老及安国寺惠琼等人列坐，传达丰臣秀吉的命令，希望大家摒弃成

① 五大老，丰臣秀吉当权时负责管理政务的五位大名，包括德川家康、毛利辉元、上杉景胜、前田利家和宇喜多秀家。——译者注

② 三中老，丰臣秀吉设置的职位，参与政事，调节五大老和五奉行之间的纠纷，包括生驹亲正、中村一氏和堀尾吉晴。——译者注

见，共同辅佐丰臣秀赖。诸将表示定会同心同德，辅佐幼主，无人敢有异心。至于相互之间的私人恩怨，则一时难以调和。丰臣秀吉又命德川家康去见诸将，要求他们言和，但他们仍未和谈。

庆长三年六月，丰臣秀吉抱病前往大阪城。没过几天，他便返回伏见城。之后，他的病情加重。

庆长三年六月十六日，按照往年惯例，伏见城举办祈祷康复的仪式，丰臣秀吉抱病和丰臣秀赖参加，丰臣秀吉感极而泣。当晚亥时，伏见城下出现骚动。据说，骚动是石田三成在大野治长①的宅院内责罚武士引发的。

庆长三年六月，宇喜多秀家和毛利秀元等人从朝鲜回来，到伏见城拜见丰臣秀吉。

庆长三年七月十三日，丰臣秀吉将德川家康召到卧室内。

庆长三年七月十五日，五奉行②和毛利辉元、宇喜多秀家等人在前田利家的宅邸会面，将誓约书交给德川家康和前田利家。誓约书的大意是说，五奉行和毛利辉元、宇喜多秀家等人视丰臣秀赖为主君，不得怠慢、不可违背、不能有私心，没有丰臣秀赖的许可不能回到各自的领地。

庆长三年八月五日，德川家康、前田利家及儿子前田利长，以及德川秀忠、五奉行交换誓约书。誓约书中说："要效忠丰臣秀赖，如同效忠丰臣秀吉，绝无二心。"又说："有事需要商谈

① 大野治长（1569—1615），日本安土桃山时代到德川幕府时代前期的武将，丰臣氏的家臣。——译者注

② 五奉行，丰臣氏日常事务的管理者，包括浅野长政、石田三成、增田长盛、长束正家和前田玄以。——译者注

时可以安排商谈。"

庆长三年八月，丰臣秀吉给五大老写信，嘱托后事。

庆长三年八月十八日，丰臣秀吉去世，诸将秘不发丧，只有长束正家一人步行扶灵柩，将其安葬在聚乐第南面的阿弥陀峰。

庆长三年八月十九日，德川家康和德川秀忠进入伏见城，欲探望丰臣秀吉。石田三成安排其家臣八十岛助左卫门与德川家康会面，暗中告知丰臣秀吉去世的消息，德川家康和德川秀忠返回府邸。石田三成又派密使将丰臣秀吉去世的消息告知前田利家。

庆长三年八月二十日，德川秀忠离开伏见城。

庆长三年九月二日，德川秀忠回到江户城。

庆长三年九月三日，五大老德川家康、前田利家、宇喜多秀家、上杉景胜和毛利辉元交换了辅佐丰臣秀赖的誓约书。诸将也纷纷献上誓约书，表示自己绝无二心。

庆长三年九月，德川家康和前田利家遣使去朝鲜，要求诸将退兵回日本。他们向朝鲜提出了两个要求：第一，将王子作为人质送往日本；第二，向日本进贡。只要朝鲜答应其中一个要求，日本就可以退兵。同时，德川家康和前田利家派毛利秀元、浅野长政、石田三成到博多，准备接管撤回的兵力。

庆长三年十月二十六日，上杉景胜前往伏见城拜见丰臣秀赖。

庆长三年十月，明朝向朝鲜派去数万名援兵，扬言要袭击准备回国的日军。德川家康和前田利家商议，命令藤堂高虎代表他们二人前往朝鲜。此时，德川家康和前田利家收到浅野长政和石田三成的报告，说撤回的诸将已经平安抵达对马岛。于是，藤堂高虎停止渡海。

庆长三年十一月，从朝鲜撤退的诸将全部回到筑紫。

庆长四年 (1599年) 正月十日，前田利家护送丰臣秀赖从伏见城迁居大阪城，德川家康也乘船护送。

庆长四年正月十二日，德川家康从大阪城出发，沿着淀川，在平潟登陆，随后回到位于伏见城的府邸。

庆长四年正月九日，岛津义弘任参议，叙正四位①下，他的领地也增加了四万石，这是德川家康和前田利家商议奖赏岛津义弘在朝鲜的战功。

庆长四年 (1599年) 正月二十一日，中村一氏、堀尾吉晴、生驹亲正派西笑承兑为使者，提交联名书，说德川家康不遵守丰臣秀吉的法令，在没有得到许可的情况下就私自与大名联姻。

庆长四年二月五日，五奉行和德川家康交换誓约书，约定共同遵照丰臣秀吉的遗嘱，齐心辅佐丰臣秀赖。

庆长四年二月二十九日，前田利家带病从大阪城出发，乘船来到伏见城，德川家康乘船到淀津迎接他。前田利家从淀津下船，来到德川家康的宅邸，细川忠兴、加藤清正、浅野幸长等人随行。德川家康和前田利家和谈，后前田利家回到大阪城。

庆长四年三月九日，岛津忠恒在伏见城的宅邸手刃家臣伊集院忠栋。

庆长四年三月十一日，德川家康前往大阪城，探望前田利家。船靠岸时，藤堂高虎乘坐轿子前来迎接。德川家康和藤堂高

---

① 正四位是日本的一种官位级别，相当于中国古代的正四品。日本的正四位分为正四位上和正四位下两种。——译者注

虎交换轿子，先抵达藤堂高虎在中岛的宅邸，随后到前田利家的宅邸。细川忠兴随行。前田利家病情严重，但看到德川家康十分高兴，强行坐起致谢。池田辉政、福岛正则、黑田长政、加藤清正、堀尾忠氏[1]等人和藤堂高虎侍坐在旁。当夜，德川家康住在藤堂高虎的宅邸。石田三成等人计划偷袭德川家康，但听闻池田辉政和加藤清正等人守护着他，便没有动手。

庆长四年三月十二日，德川家康回到伏见城的宅邸。

庆长四年三月二十六日，德川家康迁居向岛城。

庆长四年闰三月三日，前田利家去世。此前，石田三成到大阪城，日夜看护前田利家，直到他去世。

庆长四年闰三月七日，石田三成辞去奉行的职务。

庆长四年闰三月十一日，石田三成回到佐和山城。德川家康命令结城秀康、生驹亲正、中村一氏等人护送，结城秀康等人把石田三成送到濑田便返回了。

庆长四年闰三月十三日，德川家康从向岛城迁居伏见城，在伏见城处理政务。前田玄以和堀尾忠氏商议，将伏见城城门的管理事务交给了井伊直政。

庆长四年闰三月二十一日，毛利辉元给德川家康写信说："对大人，我们绝无二心，视大人如父、如兄，希望能得到大人的认可。"德川家康回信说："今后无论如何，都将视您如兄弟。"

庆长四年四月十八日，后阳成天皇下旨，赐丰臣秀吉神号

---

① 堀尾忠氏（1578—1604），日本安土桃山时代到德川幕府时代初期的武将、大名，堀尾吉晴的儿子，起初是丰臣秀赖的家臣，后来成为德川家康的家臣。——译者注

"丰国大明神"。

庆长四年四月，伊达政宗和德川家康联姻[1]，交换聘礼，伊达政宗通过有马丰氏、今井宗薰向德川家康送去誓约书。

庆长四年五月，德川家康前往大阪城。

庆长四年八月十三日，德川家康抵达京都。

庆长四年八月十四日，德川家康参见后阳成天皇。随后，他前往三本木，拜访了丰臣秀吉的遗孀高台院。

庆长四年八月，为了考察领地内的事务，前田利长、上杉景胜和毛利辉元回到各自的领地。只有德川家康一人作为大老留下来处理政务。

庆长四年九月七日，为了庆贺重阳节，德川家康前往大阪城。当晚，增田长盛拜见德川家康，说前田利长与浅野长政、土方雄久合谋，要加害德川家康。德川家康急忙从伏见城调兵。

庆长四年九月九日，德川家康进入大阪城，拜见淀殿和丰臣秀赖。此后，他住在大阪城西丸。

庆长四年十月五日，德川家康和增田长盛、长束正家商议，确认了浅野长政、大野治长、土方雄久的罪状，下令征讨前田利长。

庆长四年十月六日，德川家康派柴田左近前往佐和山城，打探石田三成的动静。石田三成向德川家康呈交誓约书。

庆长四年十月八日，德川家康下令将大野治长流放到下野国的结城，将土方雄久流放到常陆国的太田，同时罢免浅野长政的职务，让他居住在甲斐国。但浅野长政不去甲斐国，留在武藏国

---

① 即伊达政宗的女儿五郎八姬嫁给德川家康的六儿子松平忠辉。——译者注

的府中城。

庆长四年十一月，前田利长派遣使者横山长知拜见德川家康，呈递誓约书，陈述自己并无二心。德川家康要求前田利长交出母亲芳春院作为人质，横山长知回去复命。前田利长表示次年会将母亲送出。

庆长四年十二月三日，德川家康在摄津茨城放鹰。

庆长四年十二月五日，德川家康回到大阪城。

庆长五年（1600年）正月一日，丰臣秀赖在大阪城本丸，德川家康在大阪城西丸，诸将登城，向丰臣秀赖和德川家康恭贺新年，并向德川家康行君臣之礼。上杉景胜派藤田信吉为使者来到大阪城恭贺新年，拜见丰臣秀赖和德川家康，德川家康让藤田信吉督促上杉景胜亲自来大阪城。千坂景亲[1]派人给上杉景胜送信，说近畿流言四起，德川家康已经开始怀疑上杉景胜。

庆长五年二月，黑田孝高察觉到石田三成可能要举兵，便和细川忠兴约定要互相帮助。

庆长五年四月一日，遵照德川家康的命令，德川家康的家臣伊奈昭纲和增田长盛的家臣河村长门前往会津藩。

庆长五年五月三日，伊奈昭纲和河村长门离开会津藩，向德川家康复命说上杉景胜不同意交出誓约书，也反对送出人质。

庆长五年五月五日，德川家康下达命令，征讨会津藩。

庆长五年五月七日，生驹亲正、中村一氏、前田玄以、增田

---

① 千坂景亲（1536—1606），日本战国时代到德川幕府时代初期的武士，上杉氏的重要家臣。——译者注

长盛与长束正家一起劝谏德川家康不要讨伐会津藩。

庆长五年五月，前田利长的生母芳春院作为人质前往江户城。此前，德川家康派西笑承兑给直江兼续送信，让他劝上杉景胜前往京都。当月，直江兼续的回信抵达，在信中，直江兼续百般愚弄德川家康，丝毫没有屈服的意思。德川家康见状十分生气，决定东征。

庆长五年六月三日，芳春院抵达江户城。

庆长五年六月十六日，德川家康命令佐野纲正留守大阪城西丸，命令前田玄以、增田长盛及长束正家辅佐丰臣秀赖，他则亲自率军征讨会津藩。当天，他的大军进入伏见城。

庆长五年六月十八日，德川家康的大军抵达石部驿。当夜，伊势国的郡代^①篠山理兵卫前来拜见德川家康，说水口城城主长束正家有异心，德川家康急忙率军离开石部驿。

庆长五年六月十九日，长束正家在土山驿拜见德川家康，说自己未能如期迎接他，十分遗憾。

庆长五年六月二十日，石田三成派人给直江兼续和上杉景胜送信，报告说德川家康已经开始率军东征，还说毛利辉元、宇喜多秀家都是自己的同党。

庆长五年七月二日，德川家康进入江户城。

庆长五年七月四日，在长束正家、增田长盛和前田玄以的催

---

① 郡代，又称"郡奉行"，是室町幕府和德川幕府在各藩设置的官职，代替领主管理一个郡的税收、司法、军事等事务。——译者注

促下，吉川广家[1]离开居城出云国月山富田城。

庆长五年七月七日，德川家康制定了十三条军令。

庆长五年七月十四日，长束正家、增田长盛和前田玄以派遣使者前往大津城，要求京极高次[2]交出人质，但遭到拒绝。石田三成给上杉景胜写信说："越后国是你的旧领地，丰臣秀赖将它授予你，你可以任意处置越后国事务，也可以劝说你在此地的武将。"

庆长五年七月十五日，宇喜多秀家等人率军进攻伏见城。

庆长五年七月十六日，毛利辉元抵达木津邸。

庆长五年七月十七日，前田玄以、增田长盛与长束正家联名，历数德川家康的十三条罪状，要求诸将为丰臣秀赖尽忠，这十三条罪状就是所谓的"德川家康之过"。此前，长束正家、增田长盛和前田玄以想让诸将把妻室送到大阪城做人质，细川忠兴的妻室不肯入城并自杀。

庆长五年七月十九日，德川秀忠离开江户城，前往宇都宫。

庆长五年七月二十日，毛利辉元、宇喜多秀家、增田长盛和长束正家联名发出的讨伐德川家康的檄文抵达金泽。前田利长决定投靠结城秀康。石川贞清、小野木重胜、细川幽斋率军进攻丹波国田边城。

庆长五年七月二十一日，德川家康离开江户城。

庆长五年七月二十二日，德川家康抵达古河。在古河，金森

---

① 吉川广家（1561—1625），日本战国时代到德川幕府时代初期的武将，毛利氏的家臣。——译者注

② 京极高次（1563—1609），日本安土桃山时代到德川幕府时代初期的武将、大名。——译者注

长近将尚未启封的石田三成的书信交给德川家康。

庆长五年七月二十四日，德川家康来到小山。当天，鸟居元忠报告说长束正家、增田长盛和前田玄以等人在京都叛变，逼近伏见城。为了援助德川家康，伊达政宗率军进攻白石。

庆长五年七月二十五日，德川家康将德川秀忠、结城秀康和先锋军的诸将召到小山的大本营，询问他们的想法。他们决定追随德川家康，掉转方向西征。在主干道上有城池的诸将都愿意献出城池，作为德川家康驻兵的场所。

庆长五年七月二十七日，德川家康派遣伊奈昭纲前往陆奥国，告诉伊达政宗抗敌的策略：严守岩手泽城，并且不要与上杉景胜作战。

庆长五年七月，吉川广家派人给黑田孝高送信，说毛利辉元对举兵的事并不知情。

庆长五年七月二十九日，石田三成离开佐和山城，前往伏见城。

庆长五年七月三十日，石田三成向真田昌幸回信致歉，说人心叵测，密谋容易泄露，才没有提前告知。他还通报了京都、伏见城和田边城的战况，说如果能平定近畿，就计划次年春率军进攻关东。当夜，石田三成从伏见城奔赴大阪城。

庆长五年八月一日，毛利辉元和宇喜多秀家派人给岛津忠恒送信，希望他尽快率军前来会合。伏见城被攻陷。福岛正则离开江户城。

庆长五年八月三日，前田利长和石田三成等人率军攻陷山口宗永的大圣寺城。

庆长五年八月四日，德川家康离开小山。

庆长五年八月五日，德川家康回到江户城。石田三成回到佐和山城。

庆长五年八月八日，前田利长回到金泽。丹羽长重从小松城出来，率军与前田利长的部队作战。

庆长五年八月九日，石田三成率领六千名武士赶赴垂井，叫来大垣城城主伊藤盛正，命令他让出城池。

庆长五年八月十一日，石田三成进入大垣城。

庆长五年八月十三日，福岛正则、池田辉政等人抵达清洲城。

庆长五年八月十九日，德川家康的使者村越直吉抵达清洲城。

庆长五年八月二十二日，丹羽长重派遣使者到江户城给本多正信等人送信，辩解说自己对德川家康并无敌意，想与前田利长和谈。

庆长五年八月二十三日，池田辉政、福岛正则、浅野幸长等人攻陷岐阜城，岐阜城城主织田秀信投降。黑田长政、田中吉政与藤堂高虎等人率军向大垣城进发，在合渡川打败石田三成的部队。此后，东军①的将领把大本营定在赤坂南面的冈山，等待主君德川家康到来；宇喜多秀家、石田三成、小西行长与岛津义弘等人率领的西军②在大垣城；东军和西军相持不下。

庆长五年八月二十四日，德川秀忠从山道进发。

庆长五年八月二十六日，石田三成回到佐和山城，休整战

① 东军，指德川家康一方的军队。——译者注
② 西军，指石田三成一方的军队。——译者注

备。庆长五年九月，他再次来到大垣城。

庆长五年八月三十日，长束正家、增田长盛和前田玄以派人给加藤清正送信，说要为丰臣秀赖和加藤清正尽忠，自己的家老也会把人质送到大阪城。

庆长五年九月一日，德川家康离开江户城。

庆长五年九月二日，德川秀忠进入信浓国。

庆长五年九月七日，加藤清正派人给本多正信送信，报告九州的动静，并说遇事会和黑田孝高商议，请本多正信放心。

庆长五年九月十一日，增田长盛抵达清洲城。

听说德川家康将要率军西进，石田三成从大垣城派人给毛利辉元送信，催促他出兵。庆长五年九月十二日，石田三成派人给增田长盛送信，让他催促毛利辉元出兵。毛利辉元麾下的毛利元康与毛利秀包等人及大和国诸将率军进攻京极高次的大津城。

庆长五年九月十三日，德川家康抵达岐阜城。西军解除了对田边城的包围，细川幽斋让出城池。黑田孝高在石垣原大败大友义统。

庆长五年九月十四日，德川家康率军经过大垣，通过赤坂，想直接进入京都。石田三成等人听闻，当夜从大垣城出兵，在关原布阵，等待德川家康的大军。当天，增田长盛也抵达赤坂。京极高次难以守住大津城，决心向西军投降。庆长五年九月十五日清晨，京极高次离开大津城。

庆长五年九月十五日黎明时分，德川家康在桃配山布阵。东军和西军在关原作战，西军战败。

庆长五年九月十六日，德川家康率军进入近江国，进攻佐和

山城，石田三成的父亲石田正继、兄长石田正澄、侄子石田朝成死守。

庆长五年九月十七日，佐和山城被攻陷，石田正继等人自杀。

庆长五年九月二十日，德川秀忠抵达草津，拜见德川家康。

庆长五年九月二十一日，石田三成被捕。

庆长五年九月二十三日，安国寺惠琼被捕。

庆长五年九月二十五日，增田长盛被贬。

庆长五年九月三十日，东军在水口城包围长束正家，长束正家自杀。

庆长五年十月一日，石田三成、小西行长和安国寺惠琼在六条河原被斩。

庆长五年十月二十五日，德川家康攻下大阪城。

第2节 丰臣秀吉清查土地

丰臣秀吉灭掉了北条氏，征服了陆奥国，基本上掌握了整个日本。此时，他认为守住既得地盘是上策，他的幕僚也认为应该从创业时代转入守成时代。这一点，我们通过"太阁检地"^①就能看出来。丰臣秀吉下令用绳子丈量全日本的土地，从而计算日本的财富。他查清了所有土地的历史，该归属寺庙和神社的土地或者归还给寺庙和神社，或者充公。例如，岛津氏投降后，丰臣

---

① "太阁"是对丰臣秀吉的尊称。1582年，丰臣秀吉派人在日本全国清查土地，被称为"太阁检地"。通过这一举措，丰臣秀吉明确了土地的所有权，统一了土地的面积单位。——译者注

秀吉的幕僚便开始丈量萨摩国、大隅国和日向国的土地，清查出四万多石被私占的土地。北条氏灭亡后，丰臣秀吉的幕僚又开始清查陆奥国、甲斐国和信浓国的土地。丰臣秀吉将清查土地的政策推行到全日本，明确了领主的权利，分清了公有领地和私有领地。可以说，丰臣秀吉是第一个将统计学应用到政治领域的日本人。通过清查土地，他弄清了日本有多少耕地，在此基础上确定了各位大名的义务。当时，修建城郭要征调役工，打仗也要征调士兵，这都取决于大名领地的面积和土地产量。因此，清查土地既可以确定服兵役和服劳役的标准，也符合时代的要求。另外，各地武士逐渐成为职业军人，其领地更换越来越频繁，这也要求政府要预先测量全国土地。正是这些因素促使丰臣秀吉清查土地，然而百姓不欢迎清查土地。在封闭的农村，清查土地的官员飞扬跋扈，令百姓感到不快。不仅如此，领主也反感清查土地，因为他们之前私占的公有领地被没收了，在劳役和兵役方面无法再弄虚作假。领主痛恨道："丰臣秀吉在日本清查土地，动摇了人心。"还有人说："上古以来，一段①田被确定为三百六十步②。百姓用一步田的产出当一天的口粮，用一段田的产出当一年的口粮。如今，一段田只有三百步，百姓被削减了六十天的口粮，丰臣秀吉没有慈悲心，怎么能有好下场呢？"

反对清查土地的人还写了和歌，讽刺丰臣秀吉，但这些人的

---

① 段，又称"反"，日本古代的土地面积单位，原本1段等于360步，"太阁检地"后，丰臣秀吉规定1段等于300步，约991.736平方米。——译者注
② 步，日本古代的长度单位、土地面积单位，此处指土地面积单位，1步约合3.306平方米。——译者注

指责毫无道理。丈量标准变更，只是统一了测量工具和度量衡单位，并没有影响到百姓的实际利益。因此，"太阁检地"应该被视为丰臣秀吉清算日本土地面积的一项统计事业，并非增加他个人财产的征税措施。总之，我们可以由此看出丰臣秀吉已经开始趋于保守。

第3节　海外扩张的意图

当时，日本有丰臣秀吉这样的统帅，又有许多勇士，因此，好战和爱冒险的风气很难立刻改变。实际上，当时的日本人卅始放眼世界。内乱已经平息，他们的旺盛精力只好向外转移。当然，在当时的东亚，航海并不发达。文禄二年（1593年），从日本回吕宋岛的船航行到台湾近海时，突然遭遇狂风，部分船的船员被淹死。其中，有一艘船安全抵达日本。其船员说自己离开吕宋岛的时间是文禄二年五月下旬，一个月后才抵达平户。文禄二年七月二日，有一艘船从吕宋岛出发前往长崎，二十天仅走了一半海路。不过，船员对航行难易程度的感觉会发生变化。与古代相比，当时的航海技术已经有了很大进步，人们的出行也更加自由。这是为什么呢？我认为，这是因为西方文明传入，影响了日本人的造船技术。在日本海盗横行的时代，日本造的船比中国造的船小。但后来，日本人接触了西方文明，见到了新式大船。天文十年（1541年），一艘葡萄牙船载着二百八十个船员抵达丰后国的神宫浦。庆长元年（1596年），漂流到土佐国的一艘墨西哥船载着八百多人，足以证明船身巨大。火枪传入后，日本人学会了制

造火枪。如今，日本人又迅速学会了制造大船，许多书籍都记录了日本人制造大船的事情。《信长公记》记载道，天正六年（1578年），志摩国鸟羽城城主九鬼嘉隆制造出搭载大炮的战船，四周是围攻大船的旧式船，那个场景宛如侏儒对抗巨人。每当读到此处，我便不由自主地联想到马休·佩里率领的舰队访问浦贺时被小船包围的可笑场景。九鬼嘉隆仅用六艘战船就打败了毛利氏的数百艘小船，就是因为船型的差异。日军攻入朝鲜时，朝鲜人记录道："日本的战船高达数丈，船上面有楼橹，外面围着彩色丝缎。"这证明日本的战船逐渐变大了。日本人开始往返于东海和南洋[①]，逐渐拥有了世界眼光，又怎会甘愿住在小岛呢？既然在国内已经没有用武之地，日本人便开始向海外扩张。

第4节　西方文明传入日本

明应元年（1492年），受西班牙王室委派的克里斯托弗·哥伦布发现了美洲大陆。明应七年（1498年），葡萄牙人发现了经好望角到达印度的航海路线。葡萄牙和西班牙虽然在20世纪初沦为欧洲的没落国家，但16世纪时拥有优秀的政治家、外交家和强大的军队，以及伟大的文学家和虔诚的宗教学家，旺盛的精力促使他们成为优秀的航海者和新领土的建设者。随后，葡萄牙人和西班牙人的势力范围逐渐扩散到印度洋和太平洋。永正七年（1510年），葡萄牙人的舰队来到果阿，建立了繁华的市场。永正十六年（1519年），西

---

① 此处指日本南面的海洋。——译者注

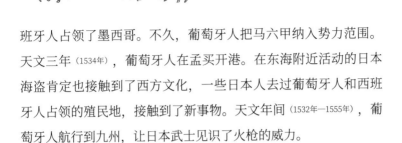

班牙人占领了墨西哥。不久，葡萄牙人把马六甲纳入势力范围。天文三年（1534年），葡萄牙人在孟买开港。在东海附近活动的日本海盗肯定也接触到了西方文化，一些日本人去过葡萄牙人和西班牙人占领的殖民地，接触到了新事物。天文年间（1532年—1555年），葡萄牙人航行到九州，让日本武士见识了火枪的威力。

葡萄牙人和西班牙人在亚洲开拓新领土的速度令人惊叹。天文二十二年（1553年），葡萄牙人在澳门建立了码头。三方原之战前后，西班牙人占领了吕宋岛。在此前后，葡萄牙人开始觊觎爪哇岛。天正七年（1579年），九州的长崎港已经有一半被葡萄牙传教士统治。这说明葡萄牙人的占领并没有停留在殖民和贸易层面，还涉及宗教层面。天文十八年（1549年）的圣母升天节[1]，欧洲宗教史上著名的传教士弗朗西斯·克赛维尔在萨摩国登陆。不久，日本各地出现了西方传教士和虔诚的天主教教徒。更有甚者，大友宗麟、高山右近等天主教教徒破坏了领地内的神社和寺庙，强迫百姓信仰天主教。足利义辉担任征夷大将军时，京都的天主教已经很兴盛了。天主教教徒在堀河、油小路等地建立了教堂，他们还戴着十字架在京都穿行。织田信长比较支持天主教，天正八年（1580年），他在安土城南部建立了南蛮寺[2]。天正十年（1582年），大友宗麟、有马晴信、大村纯忠向罗马教皇派出使者，不远万里表达敬意。日本近代的史学家比较轻视西方文明对日本的影响，但西方文明极大地刺激了日本人了解世界的意识。根据弗朗西斯·克赛

---

① 天主教为纪念圣母玛利亚升天而设置的节日。——译者注
② 指天主教教堂。——译者注

维尔的记载，曾经有三个日本人前往果阿学习，阅读宗教书籍，接触西方文明。织田信长时代，西方传教士在安土山建立了神学院，许多人毕业后从事传教事业，他们知道了在日本学、汉学之外，还有西洋学，开始了解西方的智慧。西方传教士还发明了用拉丁字母标注日语发音的办法，该办法为接受西式教育的日本人所熟知。入侵朝鲜三年后，日本出版了拉丁语版的《平家物语》及日语版的《伊索寓言》。天正十八年（1590年），西方传教士将拉丁字母注音法带到日本。天正十九年（1591年），日本人用拉丁语翻译并出版了天主教教徒所写的记录。

与此同时，日本人的眼光也日益国际化。日本人开始使用望远镜，接触风琴，据说有一个天主教教徒曾将风琴赠给大内义隆。日本人也开始用显微镜观察肉眼无法看到的微小世界，据说有一个天主教教徒曾将显微镜赠给织田信长。日本人还开始喜欢阿拉伯马。随着西方文明的传入，日常生活也发生了变化：日本人原本用麻布做衣服，接触西方文明后才开始用棉布做衣服；葡萄牙人将棉线带到日本，通过棉线贸易赚取巨额利润。根据三浦净心的记载，大永元年（1521年）春，有人从西国带来棉花种子在武藏国熊谷的集市出售，这是关于关东地区种植棉花的最早记录。北条氏直时代，相模国三浦半岛出产的棉花被称为"三浦棉"，畅销日本，就是用上述从西国带来的棉花种子种植的。这个说法未必可信，不过确实是葡萄牙人带来了棉线，在日本织棉布；又带来了棉花种子，在日本种植棉花。日本人使用棉布，就是西方文明带来的恩惠。此外，日本人开始吸烟，吃"长崎蛋糕""浮石糖""有平糖""金平糖""圣诞面包"等点心，使用纽扣、

天鹅绒，穿雨衣，在园子里种植各种不知名的草药。

如前所述，日本人接触到西方文明，怎能不受到冲击呢？听了传教士的说教，织田信长同意保护天主教；有时，他还会戴被称为"南蛮笠"的西方帽子。葡萄牙人占领马六甲和吕宋岛后，日本人将"吕宋壶"当作储存茶叶的容器。国内动乱结束后，日本武士苦于无用武之地，他们放眼海外，发现葡萄牙人和西班牙人已经占领了许多亚洲国家。发达的航海技术使海上往来变得更加自由，日本人又怎会不想分一杯羹呢？对以丰臣秀吉为首、统一了日本的武士来说，这是最大的诱惑。于是，丰臣秀吉开始派兵侵略朝鲜。

第5节 东日本和西日本的区别

想要侵略朝鲜的是西日本人，而非东日本人。西日本人热衷于开展海上贸易活动，与中国和朝鲜关系密切。日本海盗大部分是西日本人，藏身在九州西南岸及濑户内海沿岸的小岛上。萨摩国的坊津、筑前国的博多、和泉国的堺港是当时的大型贸易港，有很多中国人居住在这三个港。肥前国的长崎被西方传教士占据；天草群岛和高来郡是西方人在日本的根据地，也是日本人接触世界的"窗口"。通过和中国人、朝鲜人开展贸易活动，大内氏获取了大量财富；前任统治者的政策被继任者继承，大内氏的政策也影响了毛利氏。能岛、来岛、盐饱群岛、儿岛的百姓都是濑户内海闻名的勇者，他们在东海和黄海出没，令中国人和朝鲜人感到恐惧。备前国的宇喜多氏和土佐国的长宗我部氏都是濑户

内海沿岸的大名，自然也受到了影响。

然而，东日本与西日本不一样，它缺少海湾，很多地方距离海岸线遥远；这是东日本人不愿意向海外扩张的第一个原因。东日本人是马上的勇者，并非船上的勇者，缺乏航行海外、开拓海外的兴趣和能力；这是东日本人不愿意出兵海外的第二个原因。西日本人口密度大，而东日本人口密度小，还有许多尚待开垦的土地；因此，西日本人喜欢冒险，而东日本人留恋故土；这是东日本人不愿意出兵海外的第三个原因。可以说，丰臣秀吉是西日本人的代表，而德川家康是东日本人的代表。正所谓环境塑造人。据说，丰臣秀吉的使者前来通报侵略朝鲜的决定时，德川家康正在江户城的书院里，一言不发地坐着。他的智囊本多正信恰巧在身边，便问道："主君也打算渡海前往朝鲜吗？"德川家康没回话。本多正信问了三次，德川家康才说："什么事如此吵闹！这还需要问吗？如果出兵，谁来守卫箱根山呢？"德川家康用这种方式暗示部下，自己认为比起"远征"的成功，更重要的是守住既得领地。作为东日本人的代表，德川家康无法对侵略朝鲜产生共鸣。不过，他既然已经臣服，就要服从丰臣秀吉的命令。于是，他赶在丰臣秀吉之前来到了侵朝大本营——肥前国的名护屋城，与前田利家一起参加侵朝行动。丰臣秀吉将德川家康和前田利家安置在名护屋城，每逢军国大计都听取他们的意见。从地形来看，丰臣秀吉的大本营位于名护屋城的内城，地处海湾腹地；前田利家的营地在名护屋城以北；德川家康的营地在名护屋城以南。前田利家的营地和德川家康的营地隔着海湾相对，使整个名护屋城宛如张开双翅的大鸟。也就是说，丰臣秀吉让前田

利家和德川家康做最高参谋，不让他们上前线，而是留在自己身边。这样一来，德川家康就无须亲自率军奔赴朝鲜了。

第6节 侵朝战争失败

丰臣秀吉侵略朝鲜并非突发奇想，但最终还是失败了。失败的原因与拿破仑·波拿巴碍于英吉利海峡而无法征服英国，以及英国因英吉利海峡而失去了诺曼底十分相似。对马海峡将日本和大陆隔开，就像英吉利海峡将英国和法国隔开，对马海峡使丰臣秀吉无法顺利运输兵力和粮食。因此，小西行长的部队只好放弃平壤，同时撤退；加藤清正的部队即便一度深入咸镜道的腹地，也只能撤回；小早川隆景和立花宗茂的部队在碧蹄馆打败了明朝军队，但未再深入。不仅如此，此时的丰臣秀吉已经失去壮年时期的锐气，五十多岁的他来到名护屋城布阵，指挥军队第一次侵朝，他的身体状态未必逊色于年轻时，心理状态却大不如前。日军开拔后，丰臣秀吉在名护屋城住了五个月便因母亲大政所生病返回京都了，等他赶回京都，大政所已经去世。在京都停留了两个月后，他再次奔赴名护屋城，这次，他在名护屋城住了十个月。后来，丰臣秀赖出生了，丰臣秀吉便高兴地回到了京都，此后再未踏入名护屋城。日本侵朝战争始于文禄元年（1592年），终于庆长三年（1598年），长达七年。然而，丰臣秀吉在名护屋城只住了一年多，其余时间都在京都远程指挥。当然，日本与明朝和朝鲜交涉需要时间。但无论是战还是和，身为最高指挥的丰臣秀吉不在战场，也不在名护屋城的大本营，一旦有事该如何决断呢？丰

臣秀吉曾经说迅速应对是自己的特色，为了攻打明智光秀，他曾在浴场内下达军令。如今，丰臣秀吉虽然发起了这场史无前例的侵略战争，却长期待在京都，只顾与美妾嬉戏，欣赏芳野山和醍醐寺的花；听闻部下死于异乡，他甚至也毫不在意；这都说明他已经失去壮年时期的锐气。世人赞美丰臣秀吉，说他听到明神宗在诏书里册封他为日本国王后勃然大怒，撕碎了诏书。然而，让我吃惊的是，懒惰和懈怠导致丰臣秀吉被部下欺瞒。青年时期的拿破仑·波拿巴是在法国大革命中成长起来的健儿，称帝时期的拿破仑·波拿巴则是被贵族的虚伪包裹的伪英雄。俗话说"老麒麟不如驽马"，丰臣秀吉的锐气也大不如前，长达七年的侵朝战争注定失败。

第7节　丰臣秀吉不幸的家庭

丰臣秀吉晚年时，日本侵朝失败，他的家庭生活也不幸福，他长年为没有子嗣而非常苦恼。天正十七年（1589年）五月，淀殿生了一个男孩，是为丰臣鹤松。年逾五十的丰臣秀吉老来得子，群臣都来恭贺。然而，好景不长，天正十九年（1591年）八月，丰臣鹤松就夭折了。作为英雄，丰臣秀吉用情也深。与《清正记》相比，《清正朝鲜记》的如下记载更接近史实：

> 天正十九年八月，丰臣鹤松夭折后，各地的大名、小名都来吊唁。有人剪去了头发，有人切掉了手指。丰臣秀吉更是悲痛到意识模糊，茶饭不思。

　　上述记载应该是史实。掌管日本军政大权的丰臣秀吉，饱尝失子之痛。天正十九年，他还失去了唯一的弟弟丰臣秀长。丰臣秀长是丰臣秀吉的母亲大政所改嫁后所生；贱岳之战时，丰臣秀长不敢救中川清秀，被人嘲笑，但丰臣秀长为人宽厚，有长者之风。对待部下，丰臣秀吉一直非常严厉，丰臣秀长则起到了很好的中和作用。在宽猛相济这一点上，丰臣秀吉和丰臣秀长的性格与德川家康和德川秀忠十分相似。如今，时值壮年的丰臣秀长去世了，丰臣秀吉只剩下外甥丰臣秀次与丰臣秀胜了。

　　丰臣秀吉对两个外甥视如己出。天正十三年（1585年），丰臣秀次被提拔为右近卫权少将。迁居聚乐第后，丰臣秀吉将京都的旧宅让给了丰臣秀次。不久，丰臣秀次就升为权中纳言，叙从三位。随后，他跻身公卿行列，叙从二位。丰臣秀吉没收了织田信雄的领地后，将其封赏给丰臣秀次，让他得到美浓国、尾张国和伊势国，还让他任权大纳言，叙正二位。天正十九年，九户政实在陆奥国造反，丰臣秀次被任命为大将军，代替丰臣秀吉出征。如果丰臣秀吉没有孩子，他们的关系想必会一直和谐，丰臣秀次与丰臣秀胜也会成为最幸福的人。在没有任何功劳的情况下，丰臣秀次便出任内大臣，占据美浓国、尾张国、北伊势这些肥沃的领地，后来丰臣秀吉又把关白的职位让给丰臣秀次。丰臣秀次的二弟丰臣秀胜受封赏得到了丹波国，人称"丹波少将"。丰臣秀次的三弟丰臣秀保继承了丰臣秀长的遗业，成为纪伊国、和泉国和大和国的国主，人称"大和中纳言"。兄弟三人年纪轻轻就身居高位，足以证明丰臣秀吉对他们的厚待。

　　然而，就在丰臣秀次作为关白留守京都时，丰臣秀吉的爱妾

淀殿又生了一个儿子，即丰臣秀赖。这让丰臣秀吉大喜过望。为了防止丰臣秀次和丰臣秀赖发生矛盾，丰臣秀赖年仅两岁时，丰臣秀吉就约定让他做丰臣秀次的女婿。丰臣秀吉又将大阪城让给丰臣秀赖，将聚乐第让给丰臣秀次，自己则新建了伏见城居住。丰臣秀次如果识时务，就可以明哲保身。然而，他无自知之明，忘记了荣华富贵都是舅舅丰臣秀吉所赐。丰臣秀长和兄长丰臣秀吉一起打天下，知道创业的艰辛，但丰臣秀次生下来就是贵公子，以为荣华富贵是理所当然的。他喜欢舞蹈，爱好文学，擅长书法，丰臣秀次代表丰臣秀吉率军赶赴陆奥国时，几乎没有表现出任何政治才能和军事才能，而是一味沉迷在文学世界中。丰臣秀次仰慕足利学校[1]的校长三要元佶，获赠了许多古籍，还带回了金泽文库[2]收藏的律令书。与舅舅丰臣秀吉相比，丰臣秀次的文学才华非常出众，但丰臣秀次犯了贵公子容易犯的过错。当然，丰臣秀次并非没有美德。他对部下慷慨大方，担任尾张国国主时被称为"仁君"。不过，总体上来说，丰臣秀次无法理解父辈打拼的辛苦，对丰臣秀吉的操劳漠不关心。例如，他看到年迈的舅舅丰臣秀吉在名护屋城处理军务，却既不关心也不同情，整日和美人嬉戏；正亲町上皇[3]驾崩后，丰臣秀次在居丧期间公然外出狩猎；他还十分好色，甚至秘密夺走了丰臣秀吉身边的美人；他生活奢侈，在伏见城内建造了华丽的私宅。后来，丰臣秀次去世

---

① 足利学校，日本最早的高等教育机构。——译者注

② 金泽文库，镰仓时代中期北条实时设立的私人文库，是日本最早的武士文库。——译者注

③ 正亲町上皇，即正亲町天皇。"上皇"是对退位天皇的尊称。——译者注

后，丰臣秀吉将这所私宅赏给了前田利家，据说这所私宅的奢华程度令人震惊。俗话说"骄奢之人不长久"，丰臣秀赖出生后，丰臣秀次非但不知退让，反倒策划着如何才能坐稳关白的位置，他用钱财笼络人心，暗中命令家臣献上誓约书。丰臣秀次的冷漠和忘恩负义触怒了丰臣秀吉，使他愈加担忧儿子丰臣秀赖的未来。丰臣秀吉心想："我在世时，丰臣秀次就如此忘恩负义。我死后，他必然背信弃义。"于是，他命幕僚开始监视丰臣秀次。丰臣秀次也感觉到了危险，此时，他应该立即辞掉官职，安心保命，但他不可能这么做。据说，丰臣秀次曾派刺客刺杀丰臣秀吉，但未能如愿。他还派宠臣白江成定去见毛利辉元，劝说毛利辉元效忠自己。

　　德川家康察觉到了异样，离开京都时，他说："我回江户城后，丰臣秀吉和丰臣秀次之间必然会起冲突。"真是旁观者清。事已至此，丰臣秀吉和丰臣秀次之间的冲突已经不可避免。丰臣秀吉派石田三成、增田长盛、富田一白、长束正家、前田玄以等人为使者，前去质问丰臣秀次的罪行。最终，丰臣秀次难逃一死。不过，他如果愿意放下一切，径直跪到丰臣秀吉膝下道歉，或许还有一线生机。不幸的是，他非但没有这么做，反倒无视丰臣秀吉的命令，在聚乐第闭门不出。当时，丰臣秀吉在伏见城，身边没有多少兵力，而丰臣秀次在聚乐第，有很多可以调动的武力。丰臣秀次如果向明智光秀"学习"，或许能发动"第二次本能寺之变"。丰臣秀次的家臣中也有人意识到了这一点，木村重兹足智多谋，熊谷直之参与过机密事件，他们建议丰臣秀次迅速进攻伏见城，但丰臣秀次并未听从建议。他只

把德川家康的世子德川秀忠召到聚乐第，想以他为人质胁迫德川氏。不过，德川秀忠虎口脱险，逃到了伏见城。某天夜里，丰臣秀次造反的消息传遍了伏见城，百姓纷纷背着孩子出逃。然而，丰臣秀次既不造反，也不认错，只是在聚乐第虚度时光。后来，在一位老尼姑的劝说下，他终于出城了。这位老尼姑此前侍奉过丰臣秀吉，非常聪明，被称为"孝藏主"。丰臣秀次以为此时去见丰臣秀吉还能挽回命运，但为时已晚。丰臣秀吉的震怒无法平息，他没有接见丰臣秀次，而是直接将其流放到高野山。不久，丰臣秀吉命令丰臣秀次自裁。丰臣秀次的三十多个宠妾和两个爱子被定为大逆不道的罪人，在京都的大路上游行示众后，在三条河原的刑场被斩，和丰臣秀次一起被埋葬在"畜生塚"，曾受万人羡慕的丰臣秀次落得如此凄惨的下场。丰臣秀次的二弟丰臣秀胜在朝鲜战场上阵亡；文禄四年（1595年）四月十六日，丰臣秀次的三弟丰臣秀保溺死于猿泽池；丰臣秀吉视如己出的外甥全部命丧黄泉。丰臣秀吉五十七岁才得到一个健康的儿子，其喜悦之情可想而知，但他失去了三个心爱的外甥。丰臣秀吉逐渐年迈，家庭氛围愈加冷清。如今，这个铁石心肠的人也心生胆怯。英雄的末路实在可悲。

第8节　丰臣秀吉谋划后事

家庭的不幸让丰臣秀吉很孤独。他日益衰老，无心顾及朝鲜战事，开始专心考虑儿子丰臣秀赖的前程。不过，为了保存颜面，他没有公开声明停止进攻朝鲜，而是命令部下不要与明朝为

敌，只进攻朝鲜全罗道和庆尚道的海岸线，因为这两地事关日本交通线。日本侵朝之初，丰臣秀吉曾口出狂言说："要径直攻入明朝，用日本的风俗改变中国。"但最后，他只留下加藤清正、小西行长、岛津义弘等将领守卫几座沿海城市，并且命令其他将领全部撤回日本。与此同时，丰臣秀吉煞费苦心地谋划身后事，想力保儿子丰臣秀赖的安全，但这并不容易。表面上，丰臣秀吉拥有整个日本——天正十六年（1588年）后阳成天皇巡幸聚乐第时，丰臣秀吉命令德川家康等人呈上誓约书；但实际上，丰臣秀吉和诸将之间只是盟友关系，并非真正意义上的主从关系。德川家康当众给丰臣秀吉献上大刀和骏马，表示臣服；越后国的上杉景胜和中国的毛利辉元前来拜见丰臣秀吉；丰臣秀吉甚至挟天皇名号，让其他大名称呼自己"大人"。然而，他的实力仅仅比其他大名的实力略强。我们来看看文禄四年（1595年）年初拥有五十万石领地以上的大名。

德川家康有二百五十五万七千石领地。

毛利辉元有一百二十万五千石领地。

蒲生秀行有一百二十万石领地。

上杉景胜有一百万石领地。

前田利家有八十三万五千石领地。

伊达政宗有五十八万石领地。

宇喜多秀家有五十七万四千石领地。

岛津忠恒有五十五万五千石领地。

佐竹义宣有五十四万五千七百石领地。

小早川隆景有五十二万二千五百石领地。

　　上述大名在日本形成割据势力，拥有大量领地，对当地人有生杀予夺的权力。他们中的任何一个如果举兵造反，都足以扰乱日本社会治安，所以即使是丰臣秀吉也会有所顾忌。特别是占据关东的德川家康有二百五十五万七千石领地，与丰臣秀吉不分伯仲，堪比关东公方。丰臣秀吉从来都不敢小瞧德川家康，始终以礼相待，给予他的官位足以与自己的官位相提并论。丰臣秀吉任太政大臣时，德川家康是仅次于他的权大纳言兼左近卫大将、左马寮御监[①]。同时，在战场上，丰臣秀吉一次都没战胜过德川家康。甚至连德川家康前来拜见，也是丰臣秀吉先将母亲大政所送到江户城做人质。由此可见，丰臣秀吉和德川家康名义上是主从关系，实际上却是平等关系。此外，毛利辉元、蒲生秀行、上杉景胜都拥有一百万石及以上的领地，就狭小的日本而言，不得不说他们的实力非常雄厚。丰臣秀吉在世时还能维持上位者的权威，一旦去世就万事休矣。孤儿寡母如何能立于群雄之上？对此，丰臣秀吉心里非常清楚。老来得子后，他便约定让丰臣秀赖做丰臣秀次的女婿，从而保住丰臣氏的家业。但丰臣秀次不理解其用心，甚至忘恩负义，逼得丰臣秀吉痛下杀手。这样一来，丰臣秀吉愈加感觉到丰臣氏逐渐被孤立了，更加担心爱子丰臣秀赖的未来。

　　丰臣秀次自杀的那一年，丰臣秀吉让前田利家做丰臣秀赖的师父。前田利家是丰臣秀吉的好友，为人诚实守信，曾经师从织

---

① 马寮是日本古代朝廷设置的饲养、调教马的机构，分为左右两个。左马寮御监是左马寮的负责人，一般由左近卫大将兼任。——译者注

田信长的记录官学习《论语》。蒲生氏乡评价说： "前田利家待人宽厚，行事果断。丰臣秀吉去世后，能够夺取天下的定是前田利家。"织田信长的部下中，柴田胜家已经被杀，丹羽长秀、池田恒兴和佐佐成政等人已经去世，只有前田利家能够和丰臣秀吉抗衡。织田信长在世时，前田利家和丰臣秀吉是同僚。织田信长去世后，丰臣秀吉的部队和柴田胜家的部队在贱岳交战时，前田利家始终保持中立，并且从中斡旋，希望能促成两人握手言和。由此可见，前田利家重情重义，没有忘记织田信长的恩情。有一年，众人在聚乐第观看新年的能剧表演。丰臣秀吉让丰臣秀次坐在首位，让织田秀信坐在第二位。前田利家当场质疑，说织田秀信是织田信长的孙子，理应坐在首位。蒲生氏乡看中了前田利家的人品，临终前将幼子蒲生秀行托付给他。蒲生氏乡去世后，丰臣秀吉果然打算收回他的领地。于是，前田利家称病不出，从而帮助蒲生秀行世袭了蒲生氏乡的全部领地。这都说明前田利家是一个正直的人，绝不会背信弃义。正所谓"衣不如新，人不如故"，丰臣秀吉知道只能将儿子丰臣秀赖托付给前田利家，便刻意提拔他。德川家康从权大纳言升任正二位的内大臣时，前田利家升任权大纳言。这样一来，德川家康和前田利家的地位就仅次于丰臣秀吉，如同其左膀右臂，共同辅助丰臣氏。不过，前田利家的领地只有德川家康领地的三分之一。前田利家如何能与德川家康分庭抗礼呢？过去有类似的先例，新田氏崛起后，足以抗衡足利氏。后醍醐天皇便特意提拔新田义贞，让他和足利尊氏平起平坐。后来，新田氏果然感念皇恩，效忠后醍醐天皇。由此推测，丰臣秀吉提拔前田利家，是为了守护丰臣氏的家业。

第9节 丰臣氏和德川氏再次联姻

从一开始，丰臣秀吉就畏惧德川家康。他深知，自己去世后，能够接替自己的只有德川家康。不过，他也知道德川家康不会无缘无故虐待孤儿寡母。德川家康是一个念旧的人，每次路过桶狭间时，都会去凭吊今川义元。今川氏真前来投靠时，德川家康以礼相待。织田信长去世后，众人都对织田信雄冷眼相待，只有德川家康伸出援手。另外，自从向丰臣秀吉臣服后，德川家康始终是忠实的盟友，未曾背叛。丰臣秀吉很了解德川家康，知道要驯服烈马，就不要激怒它。对待讲义气的人，自己也要讲义气，丰臣秀吉就是这么做的。他虽然提拔前田利家，让其与德川家康平起平坐，但同时也维持着自己与德川家康的密切关系。处死丰臣秀次后，丰臣秀吉将淀殿的妹妹崇源院嫁给了德川家康的世子德川秀忠。这样一来，淀殿就成了德川秀忠夫人的姐姐，丰臣秀赖就成了德川秀忠的外甥。此前，为了用情谊打动德川家康，丰臣秀吉把妹妹朝日姬嫁给了德川家康。如今，丰臣氏和德川氏再次联姻。

第10节 丰臣氏的五大老

丰臣秀吉让五位大名担任丰臣氏的家老、参与政务，这就是所谓的五大老。五大老确立的具体日期并不明确。文禄四年（1595年）二月九日，丰臣秀次还在世时，丰臣秀吉就命令德川家康和前田利家监督蒲生氏的会津藩。文禄四年四月三日，两人再次领

命，制定了九条法令。丰臣秀吉在名护屋城时，德川家康和前田利家作为最高参谋，分别住在名护屋城的城南和城北。丰臣秀吉回京时，两人就代为监管军务。也就是说，丰臣秀次担任关白时，德川家康和前田利家就已经开始参与丰臣氏的政务了。文禄四年八月，德川家康、前田利家、宇喜多秀家、毛利辉元与小早川隆景①联名制定了法令——这是五大老的名字首次出现在文书中。此时，丰臣秀次已经自杀。仔细想来，应该是处死了丰臣秀次后，丰臣秀吉担心儿子丰臣秀赖被群雄孤立，便让五大老参与丰臣氏的政务。因此，在处死丰臣秀次的同时，丰臣秀吉命令五大老发誓效忠丰臣秀赖。丰臣秀吉以五大老的名义号令各地大名，五大老联名，应该就是始于此时。

第11节　丰臣秀吉牵制德川家康

丰臣秀吉担心爱子丰臣秀赖，用尽各种手段，却仍不放心。庆长三年（1598年），会津藩的蒲生氏发生内讧。丰臣秀吉趁机将德川家康的女婿蒲生秀行②改封到宇都宫，只给其保留了十八万石领地。之后，丰臣秀吉将上杉景胜从越后国改封到会津藩，使他成为拥有一百三十一万八千石领地的大名，从而进一步牵制了德川家康。

---

① 最初的五大老有小早川隆景，他于1597年去世，其位置便由上杉景胜顶替。——译者注

② 蒲生秀行娶德川家康的女儿振姬为妻。——译者注

第12节　丰臣秀吉托孤

丰臣秀吉费尽心机保护爱子丰臣秀赖，但一切手段都不如他健在，想必他也在暗中祈祷吧。然而，他的健康状态每况愈下。庆长三年（1598年）五月，丰臣秀吉感觉自己将不久于人世。他和德川家康约定，如果德川秀忠和崇源院生一个女儿，就将其许配给丰臣秀赖，加强两家的联姻关系。随后，丰臣秀吉把前田利家叫到病榻前，勉强起身，当着五奉行等人的面，拉着前田利家的手放到自己的额头上，反复说："拜托了，拜托了。"他留给五大老的遗嘱，是临终前亲笔写的，如今读起来仍然感人肺腑。遗嘱中说："丰臣秀赖年幼，敬请各位辅佐他长大成人。除此之外，再无挂念。丰臣秀赖的事，拜托五大老多多关照，并传达给五奉行。"由此可见，直到生命的最后时刻，丰臣秀吉还在牵挂爱子丰臣秀赖，向群雄吐露心声。即使是铁石心肠的男子，读到这份遗嘱也会动容吧。据说，丰臣秀吉临终前叫来德川家康，要让出天下。德川家康极力推辞，于是被任命为丰臣秀赖的监护人，直到其成年——这是《德川实纪》记载的。不过，此事并没有确切的证据。丰臣秀吉应该是向德川家康和前田利家等人吐露了心声，请求他们保护爱子。

第13节　丰臣秀吉去世后日本的局势

丰臣秀吉去世了。各地大名真的会像他希望的那样，各自安分守己，静静地等待丰臣秀赖长大吗？不可能。实际上，丰臣秀

吉在世时，各地就已经出现端倪。有一天夜里，德川家康得知伏见城发生骚动，以为五奉行要害自己，便做了相关准备。不仅德川家康害怕，前田利家也很害怕。丰臣秀吉叫前田利家到病榻前时，前田利家将利刃藏在锦囊内，命令近臣村井长赖随行，并且叮嘱他如果发生骚乱，要立刻冲破包围闯进去。人心如此险恶，丰臣秀吉去世后，日本怎么可能不再生乱？当时，有人认为日本会回到群雄割据的时代。然而，他们误判了形势。织田信长提出了统一日本的构想，丰臣秀吉基本实现了这一构想，即使丰臣秀吉去世，时代的潮流也不会逆转。事实证明了这个判断：丰臣秀吉去世后，虽然各地发生了一些小动乱，但这些动乱都源于历史遗留问题，大趋势还是和平统一。

第14节　丰臣氏政权的弱点

丰臣氏政权最大的弱点是文官和武将不和。实际上，无论哪个时代，参与政务的文官和驰骋沙场的武将往往都有矛盾。德川家康的部下也经常抱怨文官本多正信父子。长久手之战时，高木清秀和渡边守纲痛骂道："本多正信只会打算盘，计算米、盐、黄豆酱的产量，或者放鹰狩猎，懂什么战事啊！"这说出了武将的心声。整部《三河物语》都在描写大久保忠教对本多正信父子的反感。不过，德川家康很好地约束了部下，使他们不敢造次。如前所说，家的时代变成国的时代，小国的时代变成大国的时代，大国的时代又变成统一的时代，在此过程中，政治机构逐渐精细化和复杂化，使文官的权势扩大。丰臣秀吉的部下中，身

为五奉行的石田三成和浅野长政等人的权势也日益增长。据说，天正十六年（1588年）佐佐成政在尼崎被杀，就是因为浅野长政的谗言，这足以表明文官的威力。石田三成智谋无双，深得丰臣秀吉信任，其他大名怎能不畏惧石田三成？毛利辉元说石田三成是"当时最重要的人"，岛津义弘说他是"股肱之臣，势力无人能比"。丰臣秀吉的确是人中豪杰，擅长大刀阔斧地推行革新，却不善于处理精细的政务。他接了明神宗的册封诏书却没有领会其中深意，就是一个典型例子。石田三成则不同，他头脑精明，擅长理财，通晓民政，能够辨别人心真伪。丰臣秀吉有石田三成，就像足利尊氏有足利直义[①]，如虎添翼。因此，丰臣秀吉自然倚重石田三成。于是，石田三成的威望与日俱增，招致的嫉恨也与日俱增。文禄二年（1593年），丰臣秀吉的老将加藤光泰在朝鲜去世，就有人怀疑他是被石田三成毒杀的。据说，文禄三年（1594年），加藤光泰年仅十五岁的儿子加藤贞泰被没收了甲斐国，改封到美浓国黑野，只保留了四万石领地，也是因为石田三成的谗言。文禄四年（1595年），蒲生氏乡去世时，世间传言是石田三成从中作祟，还传言丰臣秀次也是被他陷害的。实际上，上述传言都没有根据。如果事实果真如此，那么丰臣秀吉就成了被石田三成玩弄的傀儡了。不过，世人之所以会相信这些传言，是因为丰臣秀吉非常信任石田三成。因此，政策只要不合人心，就会被说成是石田三成的主意。这样一来，畏惧石田三成的人越来越多，憎恶他的

---

① 足利直义（1306—1352），日本镰仓时代末期到室町时代的武将，足利尊氏的胞弟，在室町幕府的创建过程中起了很大作用。——译者注

人也越来越多。更何况入侵朝鲜时，丰臣秀吉的部下都出发了，只有石田三成留在他身边。有的部下从少年时期就跟随丰臣秀吉，但如今隔着大海难以相见，与他的感情自然会疏远。加藤清正在丰臣秀吉身边长大，如今也不能当面表露忠心，只能趁着大地震闯入伏见城，向丰臣秀吉叫屈。概括来说，一方面，伴随着政治机构的精细化和复杂化，文官的权势与日俱增；另一方面，武将和主君丰臣秀吉无法再像从前一样亲密，就愈加憎恶石田三成。如果文官和武将能够和睦共处，那么丰臣氏政权应该能长久延续；但不幸的是，文官和武将的矛盾已经无法调和；随着丰臣秀吉的去世，丰臣氏政权也濒临瓦解。

第15节　石田三成与德川家康势不两立

　　无论从哪一点来考虑，石田三成都堪称人中豪杰。所谓"近朱者赤"，他跟在丰臣秀吉身边，耳濡目染，成长为英雄。不过，他最终败给德川家康，在刑场上被斩，所以被一些历史学家冠以奸邪小人的恶名。实际上，石田三成不应该背负这种恶名。他对丰臣秀吉忠心耿耿，宁可触犯逆鳞也要进言。他不像佞臣处处讨好他人，而是对人冷淡。在笼络人心方面，他和丰臣秀吉完全相反。他是丰臣秀吉最有权势的参谋，因此被认为是飞扬跋扈的人，但实际上不是这样。佐和城是石田三成的居城，但他的住所只有土墙，屋顶是木板，庭院中没有树木，洗手盆也是用粗糙的石头凿的。他不爱财，而是散尽黄金招揽武士。如果说石田三成是趋炎附势的小人，那么丰臣秀吉去世后，各地大名都依附

德川家康时，他为何没有曲意逢迎呢？当然，我们不能因此说石田三成是丰臣氏的忠臣，因为他考虑的不只是丰臣氏的前途。他不甘心将天下白白送给德川家康。灭掉明智光秀后，织田秀信成了织田信长的正统继承人，而丰臣秀吉、柴田胜家、丹羽长秀、池田恒兴等人就像五大老，丰臣秀吉并没有顾及织田秀信，而是夺了天下。与此类似，德川家康是五大老中最有实力的：从领地面积来看，毛利氏和上杉氏等人的领地不及他领地的一半；从才能来看，德川家康是最出色的；从兵力来看，德川家康的士兵都是经历过千锤百炼的精兵。依附强者，是世人的惯例。丰臣秀吉的部下也不例外，他们纷纷依附德川家康。石田三成知道这种形势，只是不甘心将天下拱手让人。从石田三成的立场来看，他是丰臣氏最尽心尽力的参谋，丰臣氏的天下曾经是他和丰臣秀吉共同经营的，是他亲手栽培的果实，他怎能不珍爱？石田三成如果只考虑自身安全，完全可以依附德川家康，将丰臣氏的天下变成德川氏的天下。但他曾经掌管整个天下，又怎会甘居人下呢？自从丰臣秀吉得到织田信长的封赏成为长滨城城主，石田三成就陪伴在丰臣秀吉左右，看到病榻上的丰臣秀吉因担心爱子丰臣秀赖而呜咽时，想必石田三成也是肝肠寸断吧。人情往往与欲望混杂在一起。从人情来看，石田三成感激对自己恩重如山的丰臣秀吉；从欲望来看，他对自己参与经营的天下被德川家康夺走感到愤怒。人情和欲望合一，公义和私心交织，于是，除掉德川家康就成了石田三成的当务之急——他视之为忠臣孝子应尽的本分。

总之，无论是从地位还是从性格来看，石田三成都与德川家康势不两立。

第16节 丰臣氏的诸将

不仅是石田三成，连稍有常识的人都感觉到丰臣秀吉去世后的天下将归属于德川家康。只不过大家各怀心思：有人为丰臣秀赖悲叹，有人担心失去权势，有人为如今要仰望德川家康而感到屈辱，有人感叹"胳膊拧不过大腿"。前田利家考虑到自己的地位，担心和德川家康之间的战争在所难免。他想招揽北条氏的武将，便对儿子前田利长说："我们与德川家康必有一战。关东的家臣重情重义，感念先主，如果让我们扶助的北条庄三郎担任主将，让松田直秀和大道寺政繁担任督军，从左右进攻，那么整个关东都会响应。此事就交给你了。"由此可见，和石田三成一样，前田利家也预想到只有德川家康才能夺取天下。为了丰臣氏，前田利家知道自己或者儿子前田利长必然与德川家康有一场大战。其他人也看出了德川家康的实力，纷纷选择投靠。最上义光是陆奥国的大名，其实力与伊达政宗的实力相当。丰臣秀吉在世时，最上义光就已经暗中与德川家康联络。庆长三年（1598年）大地震时，诸将都前往伏见城保护丰臣秀吉，只有最上义光前往德川家康的宅邸护卫。丰臣秀吉去世后，最上义光对德川家康更是忠心耿耿。另外，伊达政宗和德川家康关系亲近。丰臣秀吉去世后不久，双方就约定联姻，伊达政宗将女儿五郎八姬嫁给德川家康的六儿子松平忠辉。福岛正则是丰臣秀吉的表弟[1]，却让儿子福

---

① 福岛正则的母亲松云院是丰臣秀吉的母亲大政所的妹妹，并且福岛正则比丰臣秀吉小二十四岁。——译者注

岛正之娶了德川家康的养女满天姬，即德川家康同母异父的弟弟松平康元的女儿。蜂须贺至镇是丰臣秀吉的老将蜂须贺正胜的孙子，娶了德川家康的另一个养女万姬，即小笠原秀政的女儿。丰臣秀吉生前严禁大名私自联姻，如果丰臣秀赖继承了父亲的所有权力，那么上述大名与德川家康私自联姻就是公然违反命令，但他们都不在乎。无论他们如何辩解，根本原因都只有一个，那就是他们认可德川家康的实力，想与他结盟。不仅如此，丰臣秀吉不允许大名私自交往的禁令也被无视了。在近卫前久的怂恿下，庆长三年十二月二十二日，萨摩国的岛津义久在京都拜见德川家康。其后，德川家康也回访了岛津义久。总之，丰臣秀吉去世后，势力最大的就是德川家康。无论是想要保护丰臣秀赖的人，还是想要在新时代里有所作为的人，都想与德川家康结盟。众人这么想，也是这样行动的。池田辉政虽然与德川家康有杀父之仇[①]，但在丰臣秀吉的斡旋下，做了德川家康的女婿[②]。只有身为五大老的前田利家、毛利辉元、上杉景胜和宇喜多秀家不甘心屈服。对德川家康，众人虽各怀心思：有人想要灭掉他，觉得不得不与他大战，有人想依附他，但德川家康都是他们统一的目标，他们都在苦思冥想该如何应对他。

[①] 1584年长久手之战时，池田辉政的父亲池田恒兴在率军与德川家康的部队作战时战死。——译者注

[②] 北条氏直死后，德川家康将次女督姬改嫁给池田辉政。——译者注

第17节　日本社会的新气象

俗话说："当局者迷，旁观者清。"石田三成局限于个人视野，始终仇视德川家康。他认为德川家康破坏了丰臣氏的法度，图谋篡位，一心要除之而后快。前田利家也被自己的地位束缚，只站在丰臣氏的角度思考问题，认为自己与德川家康势不两立。但实际上，丰臣氏的利益未必与天下的利益一致，织田氏的利益也是如此。织田信长去世后，丰臣秀吉杀死了织田信孝，降了织田信雄的官职，让织田秀信仅仅当了岐阜城城主。如果从织田氏的角度来看，丰臣秀吉的所作所为纯属不忠不义。然而，天下的利益超越了织田氏的利益，丰臣秀吉统一了日本，使百姓免受战乱之苦，立下了功劳。先例如此，我们又怎能责怪德川家康呢？更何况天下大势趋于统一，小国合并成大国，武士集中到城下町——大城市产生了，使日本人的生活从乡村生活变为城市生活，受城市生活的奢靡风气影响，武士逐渐失去了傲骨。同时，城市生活促进了文学的进步——城市的扩大使天下爱好文学的人士会聚一堂，发展自己的兴趣，丰臣秀次就是典型的例子。天正十九年（1591年），他在相国寺会见五山①的诗僧，一起作诗。在这一点上，木下胜俊（木下胜俊是丰臣秀吉的夫人高台院的侄子②）仅次于丰臣秀次。根据《玄兴日记》的记载，庆长元年（1596年）的一个傍晚，木下胜俊召集文学爱好者齐聚一堂，共同聆听细川幽斋讲解《源氏物

---

① 五山，日本设立的寺庙等级制度，有"镰仓五山""京都五山"等，位列五山的寺庙在日本的佛教界中享有很高的地位。——译者注
② 木下胜俊的父亲木下家定是高台院的哥哥。——译者注

语》。他喜欢吟诵和歌，是闻名于世的藏书家，曾邀请藤原惺窝[①]讲解诗学和老庄学说。虽然丰臣秀吉本人没有才学，但他的养子丰臣秀次和外甥木下胜俊家中都有如此浓厚的读书氛围，足以说明当时的日本人有多热爱文学，而这进一步消磨了武士的斗志。日本人还从长期的宗教束缚中解放出来，有了一定的思想自由。虽然历史学家往往不重视这个事实，但实际上这个事实为迈向新太平提供了最重要的条件。我在此简单陈述一下。

中国思想史从佛学发展到禅学，又发展到宋学。之后，朱熹把宋学发展为程朱理学。宋学家极力主张自己这一学派得到了孔子真传，批判道教和佛教。那么，日本的读书人为何在朱熹去世后的四个世纪里保持长久的沉默呢？当然，并不是说在这四个世纪里，日本的读书人没有注意到宋学。例如，南朝的忠臣北畠亲房读了司马光的《资治通鉴》，感慨君臣大义；博学的玄慧法师用朱熹的《四书章句集注》讲解经书。读者如果了解朱子学传入日本的历史，就知道玄慧法师讲学以来，日本的宋学并未断绝，但没有出现中国思想史上批判旧学说的声音。为何过了四个世纪后，在藤原惺窝的呼吁下，宋学在日本迎来了大发展，开始真正发挥作用了呢？这是因为，日本此前的学问和思想都属于宗教领域。在神社和寺庙掌握俗世权力时，抗议佛教等于自寻死路。在中国，宋学被士大夫奉为正统学说。但在日本，宋学只有在佛教的羽翼下才能勉强存续。初次读到朱熹的《四书章句集注》时，

---

① 藤原惺窝（1561—1619），日本战国时代到德川幕府时代前期的儒学家。——译者注

藤原惺窝是一个僧人。但如今世道完全变了——织田信长灭掉比叡山僧人，加上丰臣秀吉火烧根来寺，从根本上破坏了神社和寺庙的世俗权威。与此同时，天主教教义开始在日本传播，圣德太子[①]以来从未受到批判的佛教开始受到天主教的正面冲击。虽然西方传教士的智慧不足以让日本僧人畏惧，但神社和寺庙已经失去宗教权威，由此使日本人得以从宗教束缚中解放出来。人的精力有限，从武之人没有精力推行思想变革；反过来说，锤炼思想之人也无暇大动干戈。哲学兴起而战争终止，战争兴起而读书荒废。国民已经觉醒，自然就更希望和平，从这个角度来看，思想的解放也有利于天下太平。世间的变化显示出了人们对和平的向往，就像大江大河奔流向前。如果只执着于丰臣氏的家业，强行向德川家康挑起事端，就是想把世间变成炼狱，这种人表面上是效忠，实际上是在倒行逆施。伊达政宗、福岛正则、蜂须贺至镇和岛津义弘等人看透了天下局势，选择与德川家康结盟，但真正拥戴德川家康完成统一大业的是藤堂高虎和黑田孝高。

第18节　人心趋向于德川家康

　　藤堂高虎起初效忠丰臣秀长，后来效忠其儿子丰臣秀保。丰臣秀保暴毙后，藤堂高虎十分悲痛，便出家，在高野山隐居。在丰臣秀吉的强烈要求下，他再次出山，成为宇和岛的领主。藤

---

① 　圣德太子（574—622），日本飞鸟时代的皇族、政治家，用明天皇的皇子、推古天皇的摄政，推行了很多改革措施，使日本确立了中央集权制。——译者注

堂高虎文武兼备，见识高人一等。丰臣秀吉去世后，有传言说明朝军队进入朝鲜，日本将士无法生还。前田利家便把藤堂高虎推荐给德川家康，说如果派他前往朝鲜，一定能让日本将士平安归来。德川家康和前田利家并不轻信他人，他们的信任充分证明了藤堂高虎的智谋。此后，藤堂高虎便效忠德川家康，他知道丰臣秀吉去世后，能够统一日本的只有德川家康。正所谓识时务者为俊杰，和藤堂高虎一样，黑田孝高也是智勇无双之人，善于观察形势。黑田孝高支持丰臣秀吉杀掉明智光秀，并参与了谋划。他也曾奉丰臣秀吉的命令，三次赶赴朝鲜，担任军队的总参谋。黑田孝高的儿子黑田长政仅有十二万石领地，但丰臣秀吉十分忌惮黑田孝高的智谋。为了避嫌，黑田孝高选择了隐居，这也说明他确实有智谋。如今，黑田孝高和儿子黑田长政也成了德川家康的盟友。在此我发现了一个很有深意的事实，那就是丰臣秀吉手下文武双全之人，除了五大老、五奉行，其他人都成了德川家康的盟友——这足以说明人心的向背。

第19节　因循守旧的逆流

如前所述，日本归于德川家康几乎成了不可逆转的趋势，但因循守旧的人要逆流而动。首先想与德川家康交战的便是前田利家。他对德川家康违反丰臣秀吉的法令感到愤怒，和石田三成商议后，前田利家派出使者质问德川家康，并且威胁说要立即发兵。细川忠兴的长子细川忠隆娶了前田利家的七女儿春香院；

宇喜多秀家是前田利家的女婿[①]；前田利家曾经出手援助浅野幸长，与加藤嘉明也比较亲近；如果前田利家和石田三成要率军攻打德川家康，细川忠兴、宇喜多秀家、浅野幸长和加藤嘉明都会支援，届时近畿将硝烟再起。然而，他们并不会轻易开战，因为德川家康也有盟友，胜负难料。面对前田利家等人的质问，德川家康和福岛正则各自给出了解答，一问一答，耗费了许多时日。如果前田利家等人真想开战，应该发动突袭，但他们只一味地消磨时间，最终和德川家康达成了和谈。他们真的有斗志吗？又或者只是畏惧德川家康？对此，史料中没有明确记载。但前田利家等人未敢开战，反映出诸将逐渐适应了天下太平。在前田利家的盟友中，细川忠兴是谋士。在德川家康的盟友中，藤堂高虎和黑田孝高是谋士。细川忠兴擅长和歌、参禅，和父亲细川幽斋同为文武兼备之人。细川忠兴虽然不是武将，但能看透天下大势，堪称一位政治家——他说前田利家受到石田三成的蛊惑才仇视德川家康，他还认为石田三成畏惧德川家康和前田利家，想要坐收渔翁之利，这让细川忠兴无法忍受。于是，他劝说前田利长，又劝说前田利家，希望能与德川家康和谈。前田利家如果还拥有往日的健康，未必会听从细川忠兴的劝说，但他此时重病在身，开始考虑后事，就像临终前的丰臣秀吉。前田利家知道与德川家康和谈，不仅是为了被托孤的丰臣秀赖，也是为了儿子前田利长。于是，他强撑着病体，前往伏见城拜访德川家康。德川家康也去大阪城回访。最终，两人握手言和。前田利家去世后，他的盟友大

---

① 宇喜多秀家娶前田利家的女儿豪姬为妻。——译者注

多投靠了德川家康。石田三成被罢免，退隐到佐和山城。此前，到大阪城回访前田利家时，德川家康当晚在藤堂高虎位于中岛的宅邸中住宿，池田辉政、加藤清正、黑田长政、细川忠兴等人负责护卫。宇喜多秀家、毛利辉元、石田三成等人在小西行长的宅邸中会面，商议夜袭中岛，但最终未能达成决议，不欢而散。石田三成的家臣岛清兴看到此景，感叹世间再没有松永久秀和明智光秀等当机立断之人。事实的确如此，天下已经太平，诸将也变成了和平年代的贵族，此时寻找当机立断之人，就像从家鸟中寻找野鸟，徒劳无功。

第20节　德川家康掌握实权

前田利家已经去世，石田三成已经隐退，德川家康的权势与日俱增。前田利长、池田辉政、上杉景胜等人回到各自的领地后，德川家康成了名副其实的独裁者。他将伏见城作为居城，并在大阪城的西城建造了与丰臣秀赖的内城一样豪华的天守阁。不过，德川家康并没有抛弃做丰臣秀赖家老的资格。《板坂卜斋记》中记载："有人说，众人将德川家康视为天下的家老，日日前往拜见，从早到晚，络绎不绝，俨然不知主君。"历史重复上演，丰臣秀吉曾经作为织田秀信的家老，和丹羽长秀、池田恒兴等人到京都参与政务。丹羽长秀和池田恒兴等人回到领地后，丰臣秀吉就继承了天下。作为丰臣秀赖家老的德川家康也是如此——天下的主人和天下的家老之间，只隔着一层窗户纸。德川家康还兴师问罪，要征讨加贺国的前田利长。前田利长不敢反

抗，只一味地陈述自己并无异心，还送出母亲芳春院做人质。他的父亲前田利家曾经与德川家康分庭抗礼，他却主动投降了。毛利辉元将誓约书呈给德川家康，表明自己绝无异心。事已至此，丰臣氏的天下如何能够存续呢？此外，丰臣秀吉手下的武将原本就不喜欢文官，如今更乐于看到德川家康排斥他们憎恶的石田三成。于是，德川家康成了丰臣秀吉的继承人，丰臣秀赖的权力则变得越来越小。

第21节　关原合战的背景

看到各地大名对德川家康趋炎附势，身在佐和山城的石田三成岂能无动于衷？会津藩的上杉景胜也对德川家康的目中无人感到愤怒，准备割据一方。消息传到近畿，德川家康就赶走了上杉景胜派来贺岁的使者藤田信吉，让他回去劝说主君臣服，随后，德川家康派长束正家、大谷吉继等人前去催促上杉景胜，但上杉景胜志在割据，加紧修路建桥。堀秀治的领地越后国原本是上杉景胜的领地，上任国主以后，堀秀治就担心众人不服，如今愈加不安。于是，他派家老堀直政前往大阪城，向德川家康汇报情况。藤田信吉也从会津藩逃脱，前来报告说上杉景胜没有臣服的意思。德川家康又命令西笑承兑给上杉景胜的家老直江兼续写信，让他催促上杉景胜进京。不久，西笑承兑收到了回信，内容如下：

昨日收到你的信并拜读，非常感谢。

第一，关于本国之事，出现了各种传言，导致德川家康大人起了疑心。不过，这并非事实。京都和伏见城近在咫尺，也有许多误解，更不用说位置偏远的本国。更何况家督（上杉景胜）年轻，出现传言在所难免。希望德川家康大人能够兼听则明。

第二，有人质疑家督此番推迟进京的动机。先前，庆长三年（1598年）更换领地时，他立刻进京了；直到庆长四年（1599年）九月，他才回来。如果让家督于庆长五年（1600年）正月再次进京，那他什么时候才能处理政务呢？会津藩是雪国[①]，每年十月到次年三月，什么事都做不了，这一点可以向熟悉情况的人求证。如果再有人质疑，那就是在故意刁难，还请明察。

第三，你要我们写下绝无异心的誓约书，难道说我们这两年提交的誓约书都毫无意义吗？既然如此，我们也不打算再浪费时间。

第四，自丰臣秀吉大人掌权以来，家督就以仁义出名。对此，德川家康大人应该有所耳闻。如今，家督秉性仍未改变，绝非朝秦暮楚之人。

第五，如果德川家康大人不调查造谣者就轻信他们，我们也无可奈何。但这么做似乎有损形象，容易招人诟病。

第六，前田利长曾经也被怀疑要造反，但调查后就得

---

① 雪国，指降雪量很多的地方。——译者注

到平反了。我们对德川家康大人的英明深表钦佩。

　　第七，听说增田长盛和大谷吉继出人头地了，实在可喜可贺。有事时可以请他们帮忙传话。不过，家督在江户城的代理人原本应该是榊原康政。如果他很好地履行了义务，事情也不至发展到如此地步，但他成了小人堀直政的帮凶，诬陷我们。榊原康政到底是忠是奸，还请明鉴。

　　第八，这些传言都是家督迟迟未进京引发的，真实的情况如前所述。

　　第九，关于上杉氏置办武器的问题。近畿的武士热衷于收集名贵的茶具和餐具，我们乡下武士则喜欢收集武器，每个地方都有各自的风俗，这没有什么值得怀疑的。总之，家督并没有收集超出身份的东西。如果德川家康大人介意这些小事，难免会被人怀疑器量。

　　第十，修路建桥是为了解决交通不便的问题，这难道不是一国之主的义务吗？为什么会被质疑怀有异心呢？我们以前在越后国也修路建桥，这一点，如今的国主堀秀治最清楚了。我们如果只是想攻打他，简直不费吹灰之力，又何必自讨麻烦修路建桥呢？我们的领地与多国接壤，通往上野国、下野国、相模国的地方也在修路建桥。为何其他人没有提出异议，只有堀秀治的家老堀直政大惊小怪呢？他简直就像跳梁小丑。更何况如果真要出兵，我们又为何费心费力地在各个方向修路建桥呢？江户城来的使者如果前往白河口和陆奥国的边界查看，就会真相大白了。如果还是怀疑，就请查看所有边界，自然就清楚了。

第十一，虽然你本意不是要弄虚作假，但言而无信就会让人笑话。如果朝鲜不来投降，德川家康大人还声称这一两年打算派兵——这显然是虚言，暂且付之一笑吧。

第十二，前代家督（上杉谦信）的忌日在三月。家督打算处理完会津藩的事务后，在夏天进京。但增田长盛和大谷吉继派使者来说，德川家康大人动怒了，要家督即刻动身。我们已经声明没有异心，德川家康大人却不调查，只说如果没有逆心就请即刻进京，这种处置方式未免太过幼稚。真正怀着异心的人，只要装出一副无辜的样子进京，就能得到奖赏；但家督不会这么做，他一贯为人坦荡；此时着急进京，反倒有辱我们的颜面。因此，如果德川家康大人不调查造谣者，我们便不会进京。以上所有言论是对是错，请你认真考虑。上杉氏家臣藤田信吉逃到江户城，又去了京都，我们知道的只有这些。到底是家督错了，还是德川家康大人言行不一，相信世间自有公断。

第十三，千言万语汇成一句话，上杉氏没有异心。虽然我们因为一些牵绊暂时无法动身，但究竟是否进京，全凭大人定夺。不过，德川家康大人已经违背了丰臣秀吉大人的意思，违背了之前的誓约书，没有为年幼的丰臣秀赖大人效力。我们要是再举兵造反，更是将终生背负骂名，因此，家督绝不会干这种事。但如果遭人诬陷，我们就恕难从命了，先前呈上的誓约书也就失去效力了。

第十四，我们也听说有些人以家督怀有异心为借口，在邻国备战，调度军队，准备军粮。

第十五，我们本来打算派遣使者向德川家康大人说明真相，但邻国的造谣者恶人先告状，藤田信吉也已经逃走，我们恐怕百口莫辩了。如果这个时候再解释，更会遭人诟病。因此，虽然现在有和谈的机会，但恕难从命。

第十六，我们的领地位置偏远，如果妄加猜测，就会颠倒是非。为了让德川家康大人知道真相，我们才毫无顾虑地把所思所想都写了下来。用语有些不敬，还请谅解。

《烈祖成绩》的作者安积澹泊评价道，这封信虽然言辞傲慢，但有理有据。这个评价十分中肯。面对德川家康，上杉景胜公然抗议，并且请求调查造谣者，还自己清白。前田利长已经投降，毛利辉元已经臣服，宇喜多秀家的领地内发生了动乱。如今，五大老中能够与德川家康抗衡的只有上杉景胜了。因此，德川家康迫切地希望他能臣服，但他断然拒绝，愈加要坚守独立地位。直江兼续的这封信言辞激烈，德川家康如何能不动怒？他决定东征，这就是会津征伐。蛰伏在佐和山城的石田三成以为时机来临，大喜过望，便假借丰臣秀赖的名义，组织联合军征讨德川家康。石田三成还打算和上杉景胜联合，从东西两面夹击德川家康。这就是关原合战的背景。

第22节　上杉景胜举兵的真相

历史学家都说上杉景胜举兵是受到了直江兼续的蛊惑，还说直江兼续事先就和石田三成商议好了。众口一词，令人感觉这

是不容置疑的事实，但我不敢苟同。如果直江兼续是对付德川家康的幕后主使，那么上杉氏投降后，他为何能保住性命和领地呢？这应该不是因为德川家康有容人之量。实际上，德川家康一贯赏罚分明。他斩杀了石田三成，流放了宇喜多秀家，削减了毛利辉元等人的领地。上杉景胜始终负隅顽抗，仍然保留了米泽的三十六万石领地。就领地的削减比例而言，上杉景胜的情况和毛利辉元的情况大体相同。如果上杉景胜是主谋，那么不得不说德川家康对毛利辉元的惩罚过重，对上杉景胜的惩罚过轻了。过去，平将门[①]和藤原纯友[②]在东西两方起兵，历史学家就想象说这两人早就商议好了，还演绎出了一些情节，说他们登上比叡山俯瞰皇城，约定皇族出身的平将门成为天皇，藤原氏出身的藤原纯友担任关白。仔细想来，所谓石田三成和直江兼续的约定，也是某些历史学家编造的故事吧。只不过，德川家康前往会津藩的第三天，石田三成曾经给直江兼续写信。通过这封信的内容，我们可以断定在德川家康决定东征时，石田三成和上杉景胜达成了秘密约定。但我认为，石田三成决定成立联合军，是在德川家康和上杉景胜出现矛盾之后，而不是之前。换言之，上杉景胜与德川家康有了冲突之后，石田三成才开始联络上杉景胜，制订了夹击德川家康的计划。只有这种可能，才能解释德川家康对上杉景胜和直江兼续的宽容之举。

---

① 平将门，日本平安时代中期关东的豪族，与朱雀天皇对抗，自称"新皇"，掀起了平将门之乱，后来兵败被杀。——译者注

② 藤原纯友（893—941），日本平安时代中期的贵族、海盗，940年起兵反抗朝廷，引发了藤原纯友之乱，后来兵败被杀。——译者注

第23节 德川家康的十三条罪状

　　德川家康东征后，石田三成也开始活跃起来，他借丰臣秀赖的名义组成了联合军。庆长五年（1600年）七月十五日，联合军开始攻打伏见城，正式向德川家康开战。紧接着，七月十七日，石田三成等人以三位奉行——长束正家、增田长盛、前田玄以——的名义，历数了德川家康的十三条罪状。具体如下：

　　第一，五奉行和五大老写下誓约书后不久，德川家康就要求五奉行中的石田三成和浅野长政闭门思过。

　　第二，尽管五大老之一的前田利家去世前留下了遗嘱，但德川家康仍然找借口要讨伐上杉景胜，还要求前田利长交出母亲芳春院作为人质。

　　第三，上杉景胜并无过错，但德川家康却不听解释，执意出兵，他违背了誓约，无视丰臣秀吉的遗训，令人愤慨。

　　第四，关于领地的事，德川家康虽然立下誓约书，却带头违反规定，私自封赏毫无功劳之人。

　　第五，德川家康赶走了丰臣秀吉命令留守伏见城的人，伺机换成自己人。

　　第六，誓约书说除五奉行和五大老外，不得再与他人签订誓约书，德川家康却屡次违反规定。

　　第七，德川家康强行霸占高台院的居城。

　　第八，德川家康处事不公，允许部分武将把妻儿送回

领地。

第九，德川家康在大阪城的西城建造了和内城同等规制的天守阁。

第十，明知丰臣秀赖大人严禁私自联姻，德川家康却屡次违反。

第十一，德川家康教唆年轻武将结党营私。

第十二，在五大老中，德川家康一人专权。

第十三，因为姻亲关系，德川家康自作主张取消了清查八幡宫土地。

以上内容绝无虚言；此外，德川家康还屡次违背丰臣秀吉的遗训；请各位明鉴。以上罪行，都是德川家康仗着丰臣秀赖大人刚刚即位才犯下的。

第24节　石田三成失败的原因

德川家康出兵讨伐上杉景胜，在下野国小山接到报告说石田三成等人率军包围了伏见城。随军的武将也得到了消息，流言蜚语迅速传播开来。有人说："上杉景胜是劲敌。拥有常陆国五十万石领地的佐竹义宣保持中立，暗中同情石田三成和上杉景胜。他们的兵力足以在东面构成威胁，近畿大名也纷纷起兵响应，德川家康怎能不败呢？"也有人说："石田三成虽然才智无双，但有失众望，不适合担任主将；小早川秀秋、毛利辉元、宇喜多秀家等人虽然是大名，却只是乌合之众；德川家康未必会败。"众人议论纷纷，莫衷一是。不过，从总体上来说，多数人

不看好德川家康，但他十分平静，将结城秀康和德川秀忠等人召到小山上，商议进退。结城秀康说："我们应该尽快攻打近畿。不过，上杉景胜也是一个强敌，需要选出合适的武将留守。"德川家康说："深得我意。"《三河物语》中有如下记载：

> 东面有上杉景胜、佐竹义宣、真田昌幸等人，德川家康说要停止进攻会津藩，率军折返，去平定近畿。本多忠胜和井伊直政等人反对，认为应该先平定关东。德川家康说："我自幼不喜欢慢慢吞吞，如今正要大战一场，你们也要速速西进。"

德川家康的很多老将都认为应该痛击上杉景胜，确保安全后再出兵近畿。在他们看来，德川氏处在东西夹击中，形势非常危险。因此，他们的意见趋于保守。但德川家康力排众议，决定西进。他召集丰臣氏武将，询问众人的意见。对德川家康来说，这是决定命运的大事件。如果众人为了丰臣秀赖选择和石田三成联手，那么德川家康几乎要与所有的丰臣氏武将为敌。然而，德川家康十分乐观，这也是有道理的，让我们来看看跟随德川家康的丰臣氏武将。

池田辉政是德川家康的女婿，当然不会背叛他；黑田长政早就追随德川家康，曾经帮助他对抗前田利家；浅野幸长和父亲浅野长政一样，都与德川家康关系亲近；藤田高虎起初就决心为了天下拥戴德川家康；这些人都可以算作铁杆盟友。其他丰臣氏武将也都很厌恶石田三成，如细川忠兴和福岛正则，从总体上

来说，丰臣氏武将在心理上更倾向于德川家康。但名义上，他们是丰臣秀赖的家臣，而且石田三成是打着丰臣秀赖的旗号举兵的。另外，丰臣氏武将的妻儿都在大阪城，被石田三成扣押为人质，所以他们的进退难以预料。面对德川家康的询问，福岛正则率先发言道："我不会和石田三成同流合污，我并没有把妻儿交给他作为人质。即使他们惨遭杀害，也不是我的耻辱。"福岛正则认为丰臣秀赖才七岁，此次举兵定是石田三成的阴谋。福岛正则是丰臣秀吉的表弟，丰臣秀次去世后，他成了清洲城城主，有二十万石领地。就关系而言，他与丰臣秀赖最亲密；就地位而言，他和池田辉政也在其他丰臣氏武将之上。福岛正则率先说要追随德川家康，其他丰臣氏武将怎能不响应呢？至此，众人已经达成决议，确定要西征。如前所述，丰臣氏政权的最大弱点就是文官和武将不和，此时，这一弱点暴露无遗。如果文官和武将齐心协力辅佐丰臣秀赖，德川家康未必有胜算。但文官为所欲为，引发了武将的仇视，这是石田三成失败的原因，也是丰臣氏灭亡的原因。

第25节　石田三成的联合军

石田三成的作战计划规模宏大，但他的兵力基础太过薄弱，和他结盟的诸将中，许多人意志并不坚定。例如，石田三成希望佐竹义宣和上杉景胜在东面牵制德川家康，但佐竹义宣起初一直在观望，后来还倒戈；毛利辉元是受西军仰赖的大将军，石田三成派安国寺惠琼前去拜见他，劝他前往大阪城，但毛利氏的家

臣吉川广家反对，还派人给黑田长政送信，希望他向德川家康转告毛利氏并无异心；小早川秀秋是筑前国国主，拥有四十九万石领地，他是丰臣氏的亲戚[①]，但从一开始就选择背叛丰臣氏；岛津义弘虽然被逼成为西军的盟友，但兵力太少，因此也预先写信给德川家康，表明自己并无异心；增田长盛是石田三成最要好的盟友，但并不仇视德川家康，因此，当石田三成提出要关押诸将留在大阪城的妻儿作为人质时，增田长盛并不赞同。这样一来，坚定不移地支持石田三成的人只有宇喜多秀家、小西行长、大谷吉继等人。不过，兵贵先声，在石田三成的统一调度下，这帮乌合之众给德川家康带来了不小的惊吓。无论在哪个时代，如果发生了决定命运的大战，都会有人观望，投靠一方的同时暗通另一方，希望立于不败之地。只不过因为西军战败了，所以投靠石田三成的同时，暗通德川家康的人都不以为耻，纷纷承认自己脚踩两条船的事实；但投靠德川家康的同时暗通石田三成的人则三缄其口——这会让人误以为只有西军才有异心。实际上，德川家康的盟友中肯定也有两面派。因此，如果我们说石田三成的西军是乌合之众，那么德川家康的东军也是如此。不过，两人的确实力悬殊：德川家康有二百五十万石领地，而石田三成只有佐和山城的二十万石领地。德川家康指挥追随自己的福岛正则等人是"以大对小"，因此，他的命令很有权威。而石田三成指挥毛利辉元、宇喜多秀家、小早川秀秋等人，则是"以小对大"，缺乏权

---

① 小早川秀秋是木下家定的儿子，后来成为丰臣秀吉的养子，最后成为小早川隆景的养子。——译者注

威。尽管如此，石田三成依然发动了大规模的联合军，令德川家康不敢小觑。

起初，德川家康派丰臣氏武将率领前锋，让各位城主开城投降。他不仅收取了誓约书，还让城主把人质送到江户城。庆长五年（1600年）八月十三日，前锋抵达清洲城。德川家康却在江户城迟迟不动身，而是派村越直吉前往清洲城，催促诸将作战。八月二十日，村越直吉抵达清洲城。前锋诸将随即开战，拿下了岐阜城。合渡川之战[①]结束后，诸将抵达赤坂，与屯兵大垣城的西军对峙，等待主将德川家康到来。但德川家康仍未动身，直到庆长五年九月一日，他才离开江户城。此时离他决定西征的时候已经三十六天了。德川家康为何如此踌躇，不愿出兵呢？其中一个重要理由就是他对福岛正则等人有所疑虑，不敢轻易离开江户城，担心陷入进退两难的危机中。在伏见城被攻陷的整整四十五天后，德川家康才抵达赤坂，如此慎重的态度，说明他认为的关系命运的大战——关原合战终于打响了。通过德川家康如此慎重的态度，我们也可以知道石田三成不可轻侮。让德川家康苦思、踌躇、谨慎的，实际上都是石田三成联合军的威吓。

第26节　石田三成败亡

我们不得不为石田三成感到悲哀。他的作战计划规模宏大，

---

① 合渡川之战，庆长五年，福岛正则、池田辉政等人率领的东军与织田秀信率领的西军之间的战役，结果西军战败。——译者注

足以恐吓到德川家康；但他实战力量弱小，给联合军下达的命令没有分量；他知道诸将的想法各不相同，也听闻小早川秀秋怀有异心；他觉得作为突袭德川家康的主力，毛利氏在南宫山布阵有些不妥；他也知道毛利辉元没上战场，导致联合军有种种猜测。大战开始的三天前，石田三成给增田长盛写信，预测战争将会失败。石田三成虽然是文官，但善于指挥作战；他爱护武士，重视人才；麾下的将士也都英勇善战，他将此战比作山崎之战[①]——正如丰臣秀吉将所有赌注都压在了山崎之战上，石田三成在关原合战中堵上了身家性命，他将钱粮都分给了麾下的将士，振奋士气。宇喜多秀家英勇善战，大谷吉继、小西行长、岛津义弘也绝不会辱没名声。东军数次被西军挫败，德川家康一直期待小早川秀秋投靠自己，成为内应，但此人迟迟没有动静。德川家康的家臣久保岛孙兵卫报告说仍然没有小早川秀秋的消息，德川家康非常苦恼，频频咬着手指说："被他骗了，实在可恨！"战败时咬手指是德川家康的癖好。事实上，他已经命令部下向小早川秀秋的阵营放空炮了。此时，小早川秀秋前来投靠，战争的胜负才确定下来。西军大败，大谷吉继战死；岛津义弘冲出包围圈回到领地；宇喜多秀家不知去向；安国寺惠琼、石田三成、小西行长等人虽然从战场逃脱，但最终仍被抓捕。通过此战，德川家康成就了霸业。不久后，与石田三成结盟的将领有的投降，有的战败，九州也被黑田孝高和加藤清正平定。日本终于实现了和平。

---

① 山崎之战，天正十年（1582年），本能寺之变后，丰臣秀吉带兵讨伐明智光秀的一场战役。最终，丰臣秀吉获胜，掌握了统一日本的主导权。——译者注

第 20 章

丰臣氏灭亡

第1节 大事记

庆长六年（1601年）正月二十六日，德川家康把大和国平群郡的一万八千石领地封赏给丰臣秀赖的师父片桐且元。丰臣秀赖的领地是摄津国、河内国与和泉国，共六十五万七千四百石。

庆长六年二月三日，德川家康让片桐且元辅助丰臣秀赖处理政务。

庆长六年三月，德川家康离开大阪城，去伏见城居住。丰臣秀赖、德川秀忠升任权大纳言。

庆长六年四月二十一日，伊达政宗给今井宗薰写信，商议处理丰臣秀赖的事。

庆长六年十月，德川家康从伏见城回到江户城。

庆长七年（1602年）正月，德川家康叙从一位。

庆长七年二月十四日，德川家康离开江户城，抵达伏见城。

庆长七年三月十四日，德川家康在大阪城拜见丰臣秀赖。

庆长七年五月，德川家康将佐竹义宣的领地改为秋田。随后，他下令修建二条城。

庆长七年六月，德川家康下令修缮伏见城城池。

庆长七年十月，德川家康回到江户城。

庆长七年十一月，丰臣秀赖接受德川家康的建议，开始重建方广寺。

庆长七年十二月四日，重建中的方广寺失火，佛像熔化，佛殿化为灰烬。重建工作暂时停止。

庆长七年十二月二十五日，德川家康抵达伏见城。

庆长七年十二月，岛津忠恒到大阪城拜见德川家康，为宇喜多秀家、山口直友求情。德川家康下令把宇喜多秀家送来。随后，德川家康将伏见城定为居城。

庆长八年 (1603年) 二月八日，德川家康从伏见城前往大阪城恭贺新年。

庆长八年二月九日，德川家康回到伏见城。

庆长八年二月十二日，德川家康升任右大臣、征夷大将军。

庆长八年四月，丰臣秀赖升任内大臣。

庆长八年七月二十八日，德川秀忠的嫡女千姬嫁给丰臣秀赖。

庆长八年八月，岛津忠恒给相国寺长老①西笑承兑写信，拜托他请求德川家康宽恕宇喜多秀家。

庆长八年九月，德川家康同意了岛津忠恒的请求，赦免了宇喜多秀家的死罪，将其流放到骏河国久能。

庆长八年十月，德川家康辞去右大臣的职务，回到江户城。

庆长九年 (1604年) 三月二十日，黑田孝高去世。

庆长九年三月二十九日，德川家康抵达伏见城。

庆长九年四月六日，丰臣秀赖派片桐且元到伏见城拜见德川家康，送上十枚金币，作为贺礼。

庆长九年六月，德川家康下令改建江户城。相良赖房送来母亲了信尼当人质，成为各地大名中第一个送人质到江户城的。德川家康在二条城招待高台院，欣赏乐舞，加藤清正、池田辉政与毛利秀元陪同观看。

---

① 长老，指佛教中德高望重的僧人。——译者注

庆长九年七月，井伊直政获得德川家康的批准，放弃了佐和山城，修筑了彦根城。

庆长九年八月十五日，丰国神社[①]举办隆重的祭祀仪式，后阳成天皇到紫宸殿观看祭祀仪式。

庆长十年（1605年）四月，德川家康辞去征夷大将军的职务，德川秀忠升任内大臣、征夷大将军，丰臣秀赖升任右大臣。

庆长十年五月，德川家康想让丰臣秀赖进京恭贺德川秀忠官拜征夷大将军。高台院以嫡母的身份前往大阪城劝丰臣秀赖进京，但生母淀殿坚决反对。

庆长十一年（1606年）七月，德川家康下令修缮长滨城城池。

庆长十二年（1607年）正月，丰臣秀赖辞去右大臣的职务。

庆长十二年三月，德川家康下令扩建骏府城。

庆长十二年七月，德川家康告老还乡，但仍然参与政务。

庆长十二年八月，丰臣秀赖派使者拜见德川家康，祝贺骏府城扩建完毕。

庆长十二年十二月，骏府城被烧毁。

庆长十三年（1608年）正月，德川家康下令重建骏府城。

庆长十三年九月，德川家康下令修建丹波国的篠山城。

庆长十四年（1609年）正月，德川家康的九儿子德川义直受封赏得到尾张国，丰臣秀赖派片桐且元为使者，送上两把刀、千两白银以示祝贺。

庆长十五年（1610年）正月，丰臣秀赖派使者到骏府城恭贺新

---

① 丰国神社，祭祀"丰国大明神"即丰臣秀吉的神社。——译者注

年。此后，他每年都会派使者前去恭贺新年。

庆长十五年二月，德川家康下令扩建名护屋城。

庆长十五年三月，丹波国的篠山城修建完毕。

庆长十五年六月，丰臣秀赖重建方广寺。德川家康命令板仓胜重与片桐且元监督重建工作。

庆长十五年七月，德川家康下令改建丹波国的龟山城。

庆长十五年九月，名护屋城扩建完毕。

庆长十六年（1611年）三月二十七日，丰臣秀赖离开大阪城，从淀川北上，因为之前德川家康进京时说想见他，织田长益、大野治长等三十多人随行。

庆长十六年三月二十八日，德川家康把九儿子德川义直托付给其岳父①浅野幸长，把十儿子德川赖宣托付给其岳父②加藤清正。德川氏的将领在东寺迎接丰臣秀赖，池田辉政和藤堂高虎等人随行，将丰臣秀赖迎入二条城，七手组③和德川家康的部下共同守护城门。德川家康将丰臣秀赖请入正殿，随后，两人一起喝酒，高台院也列席。在二条城中停留了大约两个小时后，丰臣秀赖出城，德川义直和德川赖宣出城送行。丰臣秀赖在途中视察了方广寺的工事，并参拜丰国神社，然后前往伏见城。加藤清正在船上招待丰臣秀赖，随后将他送回大阪城。浅野幸长和池田辉政等人将丰臣秀赖护送到淀津便返回了。

① 德川义直的夫人高原院是浅野幸长的女儿。——译者注
② 德川赖宣的夫人瑶林院是加藤清正的女儿。——译者注
③ 七手组，丰臣秀吉创立的亲卫部队，负责保卫丰臣秀吉、丰臣秀赖等丰臣氏主要人物。——译者注

庆长十六年四月七日，浅野长政去世。

庆长十六年六月二十四日，加藤清正去世。

庆长十八年（1613年）正月，丰臣秀赖派遣贺岁使到江户城拜见德川秀忠。

庆长十八年正月二十五日，池田辉政去世。

庆长十八年八月二十五日，浅野幸长去世。

庆长十九年（1614年）正月，丰臣秀赖派使者到江户城拜见德川家康，恭贺新年。德川家康下令扩建江户城，修建高田城。

庆长十九年三月，德川秀忠升任右大臣，叙从一位。

庆长十九年三月三十日，大野治长给前田利长写信说："丰臣秀赖已长大，有武将之风。请你尽快前来收取粮饷，现藏有七万石大米，还有福岛正则的三万石大米，其他商贾的数万石大米，可以统一收取。"前田利长称病推辞，将这封信送到骏府城。

庆长十九年四月十六日，丰臣秀赖想在方广寺铸造大钟，派人开始动工，片桐且元任监工，南禅寺长老文英清韩负责撰写钟铭。

庆长十九年四月二十四日，丰臣秀赖派片桐且元到骏府城，告知德川家康方广寺的大钟已铸成，还说八月将亲自参加大佛的庆典仪式。

庆长十九年五月三日，片桐且元在骏府城拜见德川家康。听完他的禀奏后，德川家康建议借鉴源赖朝在东大寺举办的落成仪式。

庆长十九年五月二十日，前田利长去世。片桐且元向德川家康辞行，离开骏府城。

庆长十九年五月二十八日，片桐且元抵达京都。

庆长十九年六月十一日，丰臣秀赖接受德川家康的建议，分

别给大野治长和片桐贞隆增加五千石领地。

庆长十九年六月二十二日，大野治长和片桐贞隆来到骏府城拜见德川家康，感谢加封领地。随后，两人前往江户城。

庆长十九年六月二十八日，方广寺悬挂新钟，举行撞头钟仪式。

庆长十九年七月三日，片桐且元向德川家康报告说将于八月三日举行大佛开眼仪式。圣旨命令仁和寺的住持觉深入道亲王① 担任导师②。片桐且元请求派木工头③中井正次前来协助举行上梁仪式。

庆长十九年七月六日，片桐且元派人将参加供养仪式的人员名单和座次安排送呈骏府城。

庆长十九年七月十日，德川家康命令本多正纯、以心崇传④写信，询问片桐且元和板仓胜重大佛开眼仪式和供养仪式是否在同一天举行。另外，他还提及天台宗⑤僧人和真言宗⑥僧人的座次，说如果两个仪式不在同一天举行，那么大佛开眼仪式的导师可以不参加供养仪式；如果两个仪式在同一天举行，则希望将天台宗

---

① 觉深入道亲王（1588—1648），德川幕府时代前期的皇族，后阳成天皇的第一皇子，真言宗僧人。——译者注
② 导师，指宣讲佛教教义的高僧。——译者注
③ 木工头，木工寮的长官。木工寮是日本古代负责建筑、采集木料等事务的朝廷机构。——译者注
④ 以心崇传（1569—1633），日本安土桃山时代到德川幕府时代的僧人，尊称"本光国师"，深入参与德川幕府的立法、外交、宗教等事务，权势很大，人称"黑衣宰相"。——译者注
⑤ 天台宗，大乘佛教的一个宗派，发源于中国，平安时代初期传入日本。——译者注
⑥ 真言宗，日本佛教的一个宗派，9世纪由空海创立。——译者注

僧人的座次安排在左侧。

庆长十九年七月十三日，真言宗僧人对供养仪式的座次安排不满，写信给以心崇传，争论此事。

庆长十九年七月十四日，片桐且元和板仓胜重向觉深入道亲王提出请求，希望在供养仪式中将天台宗僧人的座次安排在左侧。

庆长十九年七月十五日，片桐且元派人送信到骏府城，报告说方广寺将于八月一日举行上梁仪式，八月三日举行大佛开眼仪式和供养仪式，将天台宗僧人的座次安排在左侧，同时信中还询问丰臣秀赖是否可以莅临这两个仪式。

庆长十九年七月十八日，片桐且元的信送到骏府城。德川家康回信说，大佛开眼仪式可以在八月三日举办，但供养仪式要在八月十八日举办。八月十八日是丰臣秀吉的忌日，庆长十九年正好是第十六周年。丰臣秀赖是否参加仪式，由他自行决定。

庆长十九年七月二十一日，德川家康愤怒地召见了板仓胜重和以心崇传，因为方广寺的钟铭不吉利，并且上梁仪式和供养仪式的举办日期都不是吉日。

庆长十九年七月二十三日，片桐且元和板仓胜重联名写信给德川家康，说八月十八日有丰国神社的祭祀仪式。因此，大佛开眼仪式和供养仪式都在八月三日举行：先举行大佛开眼仪式，后举行供养仪式。

庆长十九年七月二十六日，德川家康回信说，从未有大佛开眼仪式和供养仪式在同一天举行的情况，不能违背先例。此外，钟铭和上梁贺词都不尽人意，他下令送呈钟铭和上梁贺词的誊写本，先暂停大佛开眼仪式和供养仪式，本多正纯和以心崇传急忙

将此事汇报给板仓胜重。

庆长十九年七月二十九日，暂停两个仪式的命令抵达京都。板仓胜重将德川家康的意思转达给了片桐且元。当天，片桐且元派人到骏府城，送去钟铭和上梁贺词的誊写本。

庆长十九年七月，丰臣秀赖向骏府城派出祝贺七夕的使者，送上十枚金币。大野治长和片桐贞隆从江户城回到大阪城。

庆长十九年八月二日，中井正次将方广寺钟铭的誊写本送到骏府城。

庆长十九年八月五日，片桐且元的使者抵达骏府城，告知大佛开眼仪式和供养仪式已暂停，并且呈上钟铭和上梁贺词的誊写本。

庆长十九年八月六日，德川家康命令本多正纯和以心崇传给片桐且元写信，质问为何方广寺钟铭与奈良大佛殿的钟铭有很大差异，还将自己的名字拆开，且上梁贺词的上梁榜上也没有工匠的名字。

庆长十九年八月九日，片桐且元的使者回到京都，传达了德川家康让片桐且元前往骏府城的命令。

庆长十九年八月十三日，丰臣秀赖派片桐且元前往骏府城。片桐且元想辩解钟铭的事，便带着文英清韩一起去骏府城。

庆长十九年八月十四日，板仓胜重抵达京都，召集五山僧人，包括东福寺的守藤、天龙寺的令彰、南禅寺的宗最和景洪、相国寺的瑞保、建仁寺大统院的慈稽、胜林庵的圣澄、妙心寺的海山元珠等人，解读文英清韩写的钟铭。

庆长十九年八月十五日，板仓胜重毁掉了文英清韩的佛堂。

庆长十九年八月十七日，片桐且元和文英清韩来到鞠子驿，

但不敢进入骏府城，只好派使者报告本多正纯。德川家康命令片桐且元留在德愿寺，将文英清韩交给当地的奉行。

庆长十九年八月十八日，板仓重昌回到骏府城，将五山僧人注疏的钟铭呈交给德川家康。五山僧人都说文英清韩故意拆开了德川家康的名字，用词很不吉利，有诅咒的意思。林罗山[①]也说铭文的寓意有问题，"君臣丰乐"是乐于以丰臣氏为君的意思。德川家康命令天海[②]、以心崇传和林罗山将文英清韩召到本多正纯的府邸质问，并拘押他。

庆长十九年八月十九日，德川家康命令林罗山写下五山僧人的注疏，送到江户城，并且命令片桐且元来骏府城。当夜，本多正纯和以心崇传拜访片桐且元。

庆长十九年八月二十日，片桐且元拜见德川家康。德川家康说："丰臣秀赖假托供养仪式下诅咒，还计划火烧京都。听说他召集了许多无主武士，准备作战。不知道他是什么意思。你违反我的命令，随意变更上梁贺词，意欲何为？不过，你不懂文学，钟铭之事也不能怪罪你。希望你赶紧销毁这份钟铭，促成德川氏和丰臣氏的和谈。"

庆长十九年八月二十三日，淀殿派侍女大藏卿局和正荣尼为使者，向德川家康谢罪。侍女两人从大阪城出发。

庆长十九年八月二十九日，大藏卿局和正荣尼抵达骏府城，

---

① 林罗山（1583—1657），日本德川幕府时代前期的儒学家。——译者注
② 天海（1536—1643），日本安土桃山时代到德川幕府时代前期的僧人，尊号"南光坊"，德川家康的亲信，深入参与德川幕府初期的政治和宗教事务。——译者注

拜见德川家康。

庆长十九年八月，有传闻说丰臣秀赖召集无主武士，修建城墙，整备军事。这个传闻传到了江户城和骏府城。

庆长十九年九月七日，德川家康派本多正纯和以心崇传去见片桐且元，让他促成德川氏和丰臣氏的和谈，确保丰臣秀赖并无异心，大藏卿局也在场。片桐且元请求天皇从中斡旋。本多正纯和以心崇传并没有说明德川家康的意愿，只让片桐且元自己想办法。本多正纯和片桐且元关系很好，因此，他私下对片桐且元说："只要丰臣秀赖离开大阪城，德川家康大人应该就满意了。"德川家康命令近畿的岛津忠恒、细川忠兴等五十位大名上交对自己和德川秀忠没有异心的誓约书。当天，德川家康命令江户城的大名也上交誓约书。

庆长十九年九月十二日，片桐且元、大藏卿局与正荣尼从江户城出发，返回大阪城。

庆长十九年九月十七日，片桐且元进入京都。

庆长十九年九月十八日，德川家康命令来骏府城拜见自己的池田利隆[①]立刻率军向尼崎城进发，和城主建部政长会合，留意大阪城的动静。

庆长十九年九月二十日，片桐且元到大阪城复命。

庆长十九年九月二十三日，丰臣秀赖派人给岛津忠恒送信，催促他进京。淀殿召见片桐且元，织田信雄当时在大阪城内，他

———

① 池田利隆（1584—1616），日本德川幕府时代前期的大名，池田辉政的长子，德川秀忠的家臣。——译者注

召来片桐且元的近臣，告知说淀殿准备杀掉片桐且元。因此，片桐且元称病不去拜见淀殿。

庆长十九年九月二十四日，片桐且元派人到骏府城送信，说淀殿想杀掉自己。

庆长十九年九月二十五日，淀殿和丰臣秀赖召见片桐且元，片桐且元不肯出面。他的弟弟片桐贞隆向速水守久[①]诉冤，随后退回片桐且元的宅邸。

庆长十九年九月二十七日，速水守久到片桐且元宅邸中，传达丰臣秀赖的命令："听说你想召集兵力杀我，如今读了你的陈情书，我消除了疑虑，你可以退到茨木城待命。"当天，织田信雄离开大阪城，前往伏见城。之后，他回到京都。

庆长十九年九月二十八日，丰臣秀赖派使者前往骏府城、江户城及板仓胜重的住处，告知片桐且元有谋逆之心。大阪城中的武士石川贞政携带妻儿逃到京都。大野治长等人奉丰臣秀赖的命令，没收了片桐且元的领地。

庆长十九年十月一日，片桐且元离开大阪城，进入茨木城；他之前派人送出的信抵达骏府城。板仓胜重的使者来到江户城，报告大阪城的近况。德川家康派人将大阪城的近况报告给江户城的德川秀忠，要求他做好出兵的准备；同时，德川家康派本多正纯、安藤直次传令给桑名城城主本多忠政，让他召集伊势国各城主准备出兵；此外，德川家康命令本多正纯和板仓重昌通知近

---

① 速水守久（1570—1615），日本安土桃山时代到德川幕府时代初期的武将、大名，丰臣氏的家臣，旗本武士集团的长官。——译者注

畿、北陆道、中国、西国的大名，确定了进攻大阪城的部署。

庆长十九年十月二日，丰臣秀赖派人到各地送信，要求召集关原合战中与西军结盟、藏匿在山野间的诸位武士。当天，高台院想去大阪城，但被关卡的守兵阻拦，只好回到京都。

庆长十九年十月四日，德川秀忠命令福岛正则、黑田长政、加藤嘉明等人留守江户城。

庆长十九年十月五日，板仓胜重的使者抵达骏府城，报告说大阪城召集无主武士在周围修建城寨。

庆长十九年十月六日，板仓胜重将织田长益的信呈递给德川家康，报告说织田长益并无异心。长曾我部盛亲、真田信繁、后藤基次、毛利胜永、仙石秀范、明石全登、京极高久、石川康长及弟弟石川康胜、山川贤信、北川宣胜、御宿政友等人抵达大阪城。当晚，织田信雄的信抵达骏府城，报告了大阪城的近况。

庆长十九年十月八日，德川家康命令竹中重利前往江户城，劝说福岛正则留守江户城，并命其部下回到安艺国，由其儿子福岛忠胜统领。竹中重利从骏府城出发。

庆长十九年十月九日，丰臣秀赖派人将陈情书交给德川家康。

庆长十九年十月十一日，德川家康从骏府城出发，来到田中城。板仓胜重的使者抵达田中城，报告说大阪城方面决定守城，购买粮食弹药，修建城墙，还命令数百名工匠建造楼橹。

庆长十九年十月十三日，丰臣氏的武士夺取了堺港的奉行所[1]。

---

① 奉行所，奉行执行公务的场所。——译者注

庆长十九年十月十四日，德川家康抵达滨松城，加藤忠广^①从江户城前来拜见他，德川家康让加藤忠广在领地待命。

庆长十九年十月十五日，德川家康抵达吉田城。蜂须贺家政^②从阿波抵达吉田城，本多正纯前来传话，说德川家康不肯接见他。于是，蜂须贺家政前往江户城。

庆长十九年十月十六日，德川秀忠发布军令。大野治长派使者前往萨摩国和纪伊国，劝说岛津忠恒和浅野长政。

庆长十九年十月二十三日，德川家康进入京都，住在二条城。德川秀忠从江户城出发。

庆长十九年十月二十四日，德川家康命令本多正纯给细川忠兴写信，让他等待岛津忠恒发兵，一起带兵东上。

庆长十九年十月二十六日，织田信雄在二条城拜见德川家康。

庆长十九年十月，德川家康命令大野治纯^③给织田长益和大野治长写信，劝他们和谈。

庆长十九年十一月二日，岛津忠恒给大野治长回信，说自己不会援助丰臣氏，也不会援助德川氏。

庆长十九年十一月五日，福岛长门守被父亲福岛治重驱逐，想进入大阪城。福岛长门守带领二十多人从海路抵达住吉，却被藤堂高虎的部下杀害。

---

① 加藤忠广（1601—1653），日本德川幕府时代前期的大名，加藤清正的三儿子，德川氏的家臣。——译者注

② 蜂须贺家政（1558—1639），日本战国时代到德川幕府时代前期的武将、大名，先后侍奉织田信长、丰臣氏、德川氏。——译者注

③ 大野治纯，日本安土桃山时代到德川幕府时代前期的武将，德川氏的家臣。——译者注

庆长十九年十一月十日，德川秀忠进入伏见城。

庆长十九年十一月十一日，德川秀忠抵达京都，拜见德川家康。

庆长十九年十一月十三日，德川秀忠回到伏见城。德川氏的大军包围大阪城。

庆长十九年十一月十五日，德川家康从二条城出发，抵达奈良城。德川秀忠离开伏见城，住在枚方。

庆长十九年十一月十六日，德川家康从奈良城出发，住在法隆寺。德川秀忠离开枚方，抵达枚冈。

庆长十九年十一月十七日，德川家康从关屋越抵达住吉。德川秀忠从枚冈抵达平野。

庆长十九年十一月十八日，丰臣秀赖再次派人给岛津忠恒送信，邀请他加入自己的阵营。织田长益与大野治长写信劝说岛津忠恒援助丰臣氏。

庆长十九年十一月十九日，蜂须贺至镇占领了秒多崎。

庆长十九年十一月二十日，德川家康命令本多正纯给织田长益和大野治长写信，说："上月以来，我数次让大野治纯劝你们和谈，但他都没回复。希望你们能劝谏丰臣秀赖，促成德川氏和丰臣氏的和谈。"京都的商人后藤光次携带这封信进城，织田长益和大野治长不听德川家康的建议。丰臣秀赖派使者去见池田利隆，说："我有许多内应。只要你来增援我，我就把备前国、播磨国和美浓国奖励给你。"大野治长则联络池田忠雄[1]，催促他归

---

① 池田忠雄（1602—1632），日本德川幕府时代前期的大名，池田辉政的三儿子，母亲是德川家康的二女儿督姬。——译者注

顺丰臣秀赖。

庆长十九年十一月二十一日，德川家康派村田权右卫门进城和谈。

庆长十九年十一月二十四日，德川家康让大野治纯派俘虏兴助去劝说织田长益和大野治长，让他们派人到城外和谈。织田长益派出村田吉藏，大野治长派出米村权右卫门。德川家康还附上大阪城内诸位大名献上的誓约书，说已无人追随丰臣秀赖，并劝说他与自己和谈。

庆长十九年十一月二十五日，敕使从京都前来慰问德川家康和德川秀忠。

庆长十九年十一月二十六日，佐竹义宣、上杉景胜率军和丰臣氏的武士大战。

庆长十九年十一月二十七日，有传闻说浅野长晟[①]暗中联络丰臣氏的武士。浅野长晟的营地在今宫，德川家康命令伊达政宗将营地转移到浅野长晟营地的后方。

庆长十九年十一月二十八日，因为之前丰臣秀赖派雨森三右卫门和岩濑甚兵卫去劝说福岛正则和蒲生忠乡归顺自己，所以德川家康命令近畿的大名交出五个或十个人质，送往伏见城。德川家康特别命令浅野长晟交出十三个人质。

庆长十九年十一月二十九日，福岛忠胜拜见德川家康，呈交丰臣秀赖的书信。岛津忠恒派使者拜见德川家康，说当天会亲自

---

① 浅野长晟（1586—1632），日本德川幕府时代前期的大名，浅野长政的二儿子。——译者注

前来拜见。当天，敕使抵达德川家康的营地。

庆长十九年十一月三十日，敕使抵达德川秀忠的营地。

庆长十九年十二月二日，织田长益和大野治长派来使者，请本多正纯和后藤光次转告德川家康："丰臣秀赖不肯和谈。我们人微言轻，无力劝阻。"德川家康回话说："如果丰臣秀赖不肯和谈，就请织田长益亲自前来商议。"

庆长十九年十二月四日傍晚，德川秀忠在冈山扎营。

庆长十九年十二月五日，德川秀忠派土井利胜拜见德川家康，表示反对与丰臣氏和谈。德川家康并未听取德川秀忠的意见。

庆长十九年十二月六日，德川家康将营地转移到茶臼山^①。

庆长十九年十二月八日，织田长益和大野治长派使者给本多正纯和后藤光次送信，感谢他们从中周旋，使德川家康答应不向丰臣氏的诸位将领问罪。织田长益和大野治长还请求他们继续从中周旋，希望能够保留丰臣秀赖的领地。

庆长十九年十二月九日，板仓胜重给岛津忠恒写信，催促他前来会师。

庆长十九年十二月十日夜，德川家康派人向大阪城内射出箭书劝降。

庆长十九年十二月十一日，德川家康派真田信尹劝说真田信繁投降，答应给予真田信繁十万石领地，却遭到拒绝。后藤光次给织田长益和大野治长写信。

庆长十九年十二月十二日，岛津忠恒派家臣三原重庸前往大

----

① 位于今日本大阪府大阪市天王寺区。——译者注

阪城向德川家康谢罪，说风雨天气影响了自己的行程，过几天就前来拜见，请求恩赐屯兵的场所。德川家康将尼崎的川中岛赐予岛津忠恒。织田长益和大野治长派使者去见后藤光次，提出和谈条件。

庆长十九年十二月十五日，织田长益和大野治长给后藤光次回信说："关于淀殿是否去江户城，悉听尊便。但请加封丰臣秀赖的领地，以便恩赏家臣。"德川家康却不肯加封丰臣秀赖的领地。

庆长十九年十二月十六日，德川家康精心挑选了数十个擅长使用火炮的人，命令他们向大阪城开炮，炮弹击碎了天守阁的柱子，大阪城中的妇女吓得发抖，放声大哭。淀殿急忙召见织田长益和大野治长，命令他们劝说丰臣秀赖与德川家康和谈。丰臣秀赖不听。德川家康派遣阿茶局①到大阪城内见常高院②，劝说丰臣秀赖母子同意和谈。

庆长十九年十二月十七日，敕使抵达茶臼山，慰劳德川家康，建议他停止进攻，说已经命令丰臣秀赖和谈。德川家康谢罪说恕难从命。

庆长十九年十二月十八日，德川家康派本多正纯陪同阿茶局前往京极忠高③的营地，邀请常高院前来商谈。常高院和大藏卿局应邀前来商谈。

庆长十九年十二月十九日，织田长益、大野治长和速水守久

---

① 阿茶局（1555—1637），德川家康的一个姬。——译者注

② 常高院（1570—1633），原名浅井初，淀殿的妹妹，德川秀忠的夫人崇源院的姐姐，京极高次的夫人。——译者注

③ 京极忠高（1593—1637），日本德川幕府时代前期的大名，京极高次的长子。——译者注

报告说淀殿和丰臣秀赖同意和谈。本多正纯和阿茶局来到京极忠高的营地，常高院前来会面。常高院转达了淀殿和丰臣秀赖的条件：第一，丰臣氏同意毁掉大阪城二之丸和三之丸①的楼橹，只保留内城；第二，不能让丰臣秀赖的母亲淀殿做人质，可以让织田长益和大野治长做人质；第三，德川家康要写下誓约书，保证赦免所有丰臣氏将士。本多正纯和阿茶局将这三个条件报告给德川家康，德川家康说："这三个条件，我都答应。既然和谈已经达成，双方不会再大动干戈，壕沟也就没有用了，可以让我方士兵填塞壕沟，消除大家的疑虑。"常高院回城汇报，和谈达成。

庆长十九年十二月二十日，织田长益和大野治长给后藤光次和本多正纯写信，德川家康派后藤光次同本多正纯的家臣寺田氏一起到大阪城内领回人质，其中织田长益交出五儿子织田尚长，大野治长交出长子大野治德。当晚，淀殿派二位局②和飨庭局③跟随常高院来到茶臼山，向德川家康赠送三套衣服及三百米丝绸。

庆长十九年十二月二十一日，德川家康告知部下和谈达成。为了监督德川家康和德川秀忠写誓约书，丰臣秀赖派木村重成、郡宗保、织田长益、大野治长来到茶臼山。德川家康的誓约书条款包括：第一，赦免此次坚守大阪城的所有将士；第二，保证丰臣秀赖的领地不变；第三，不要求丰臣秀赖的母亲淀殿前往江户城；第四，大阪城开城投降后，如果丰臣秀赖想变更领地，德川家康务必

---

① 城池的中心区域称为本丸，供城主居住，相当于大本营。环绕在本丸外面的是二之丸和三之丸等城郭，供家臣居住，共同守卫本丸。——译者注
② 二位局，起初是淀殿的侍女，后来是丰臣秀赖的侍女。——译者注
③ 飨庭局，淀殿的侍女。——译者注

同意；第五，德川氏对丰臣氏绝不表里不一。本多正纯和后藤光次又引导使者到达冈山，德川秀忠在誓约书上印上血印，交付使者，德川秀忠的誓约书条款和德川家康的誓约书条款相同。德川家康派本多正纯将和谈的事通告各大名，命令他们退兵。

庆长十九年十二月二十二日，德川家康派阿茶局和板仓重昌到大阪城内，德川秀忠派阿部正次[①]一同前去。板仓重昌和阿部正次监督丰臣秀赖写下誓约书，阿茶局监督淀殿写下誓约书。这两份誓约书的条款一样，具体包括：第一，从今往后，丰臣秀赖对德川家康不可有造反的野心；第二，希望德川家康不要轻信流言；第三，诸事都要参照之前的惯例。

庆长十九年十二月二十三日，德川氏的将士毁坏大阪城的城郭，填塞壕沟。

庆长十九年十二月二十五日，德川家康命令德川秀忠留在冈山，监督大阪城填塞壕沟的工程。等完工后，德川秀忠再从茶臼山返回京都，到二条城汇报情况。

庆长十九年十二月二十七日，德川秀忠派土井利胜到二条城，报告说大阪城的壕沟已经基本填塞完毕。

元和元年（1615年）正月三日，德川家康离开二条城，回到关东。

元和元年正月十九日，大阪城填塞壕沟、毁坏城郭的工程完工，德川秀忠从冈山回到伏见城。

元和元年正月二十四日，德川秀忠从伏见城来到京都。

---

① 阿部正次（1569—1647），日本安土桃山时代到德川幕府时代初期的武将、大名，阿部正胜的长子。——译者注

元和元年正月二十八日，德川秀忠离开京都，回到关东。

元和元年二月中旬，板仓胜重接到小幡景宪①的报告，说丰臣秀赖再次召集无主武士，自己也收到了召集令。板仓胜重和松平定胜②商议，决定让小幡景宪应召进入大阪城，便于密报内情。

元和元年三月，板仓胜重派人到骏府城送信，说有传闻称丰臣氏的武士要到京都纵火；百姓非常恐慌，纷纷逃到鞍马、爱宕、高野山等地避难；又有人说丰臣氏的武士即使要到京都纵火，也不会侵犯皇宫，于是，百姓想方设法把财物藏到天皇和上皇的宫殿，或者公卿的府邸里。德川家康命令近畿大名做好防备。

元和元年三月四日，本多正纯给岛津忠恒写信，禁止他来骏府城拜见德川家康，让他等待命令。

元和元年三月五日，板仓胜重的信抵达骏府城，报告说丰臣秀赖计划再次举兵，他派人建围墙、挖壕沟、屯粮食，还招募无主武士，规模更超过了去年（庆长十九年）。

元和元年三月九日，丰臣秀赖给将士配备了武器。

元和元年三月十五日，德川家康会见了丰臣秀赖的使者青木一重，以及淀殿的使者常高院、二位局、大藏局、正荣尼。

元和元年三月十六日，板仓重昌从京都回到骏府城，报告了大阪城的近况。

元和元年三月二十日，大野治长接到部下米村权右卫门的通

---

① 小幡景宪（1572—1663），日本安土桃山时代到德川幕府时代初期的武将、军事学家。——译者注

② 松平定胜（1560—1624），日本战国时代到德川幕府时代初期的武将、大名，久松俊胜和于大之方的儿子，德川家康的异父弟弟。——译者注

报，得知丰臣秀赖再次举兵的消息传到了关东，非常震惊，他派米村权右卫门到骏府城辩解。

元和元年三月二十四日，米村权右卫门来到骏府城。

元和元年三月二十八日，小幡景宪离开大阪城，见到伏见城的代理城主松平定胜，报告了大阪城的近况。小幡景宪退居奈良。

元和元年四月三日，因为九儿子德川义直要成婚，德川家康离开骏府城，前往名护屋城。

元和元年四月四日，大阪城中，织田长赖请求统率全军，众议不决。织田长赖气愤地说："我是织田信长的曾孙[①]，为何不能统率全军？既然如此，我待在城中也没用。"于是，他前往京都。织田长益及儿子织田尚长也离开大阪城。

元和元年四月五日，德川家康抵达田中城。大野治长的使者前来，报告说淀殿和丰臣秀赖拒绝更改领地。德川家康派常高院传话说："如果拒绝更改领地，不知道事情会如何发展。德川秀忠主张径直冲入大阪城屠城，我勉强以和平为由制止住他，但如果你们拒绝更改领地，我就无法再从中协调。今后，请丰臣秀赖直接请求德川秀忠吧。"

元和元年四月九日夜，大野治长退出大阪城的内城，经过樱门时，因遭到大野治房的武士成田勘兵卫的手下刺杀而负伤，大野治长的部下抓住刺客。丰臣秀赖派使者到和歌山和小仓，劝说浅野长晟和细川忠兴前来帮助自己，却被拒绝。

元和元年四月十日，德川秀忠离开江户城。当天，德川家康

---

① 织田长赖的祖父是织田信长的儿子织田信雄。——译者注

抵达名护屋城。德川家康告诉青木一重、常高院、二位局、大藏卿局和正荣尼："听说丰臣秀赖又开始招揽无主武士，看来他还没放下仇恨，这并非丰臣氏的长久之道。淀殿和丰臣秀赖可以暂时离开大阪城，移居郡山，以便消除大家的疑心。待大阪城修缮完毕后，再请他们回来。"常高院和二位局回到大阪城复命，青木一重和大藏卿局、正荣尼留在名护屋城。

元和元年四月十二日，德川义直成婚。

元和元年四月十三日，大藏卿局等人离开名护屋城，回到大阪城。织田长益及儿子织田尚长离开大阪城，到名护屋城拜见德川家康。

元和元年四月十五日，德川家康离开名护屋城。

元和元年四月十八日，德川家康进入二条城。

元和元年四月二十一日，德川秀忠进入伏见城。

元和元年四月二十四日，德川家康和德川秀忠商议，再次派遣常高院和二位局前往大阪城送信。信中说，淀殿和丰臣秀赖如果愿意移居郡山，驱逐无主武士，就可以用七年时间修缮城池壕沟，之后再回大阪城。德川家康又留下青木一重，派遣大藏卿局、正荣尼劝说丰臣秀赖，但丰臣秀赖不回复。

元和元年四月二十六日，丰臣氏的武士在郡山纵火。

元和元年四月二十七日，丰臣氏的武士在法隆寺纵火。

元和元年四月二十九日，丰臣氏的武士与浅野长晟的部队在樫井交战。

元和元年五月五日，德川秀忠离开伏见城，进入砂城。德川家康离开二条城，抵达星田。

元和元年五月六日，德川氏大军和丰臣氏大军在道明寺交战，后藤基次和薄田兼相战死。德川氏大军和丰臣氏大军又在八尾、若江、久宝寺交战，木村重成战死。德川家康在枚冈安营，德川秀忠在千塚安营。

元和元年五月七日，德川氏大军和丰臣氏大军在天王寺口、冈山口交战，丰臣氏大军大败，真田信繁和大谷吉治战死。德川家康在茶臼山布阵，德川秀忠在冈山布阵。大阪城中起火，二之丸被攻陷，渡边糺在千叠敷自杀，大野治房、大野治胤、仙石秀范等人逃走。淀殿和丰臣秀赖从天守阁出来，进入芦田郭的谷仓中避火，丰臣秀赖的夫人千姬出城。大野治长命令家臣米村权右卫门跟随千姬来到本多正信的大营中，向本多正信请求宽恕淀殿和丰臣秀赖。本多正信前往茶臼山，得到德川家康的许可；又前往冈山，得到德川秀忠的许可。回到大营后，本多正信拿出酒菜款待米村权右卫门，米村权右卫门饭后睡觉，未能连夜禀报。淀殿暗中派人去见德川家康，请求宽恕丰臣秀赖，改封大和国。德川家康答道："可以改封信浓国，但不能是大和国。"

元和元年五月八日，淀殿和丰臣秀赖命令大野治长、速水守久等人在芦田郭放火自杀，三十多人殉葬。

第2节　德川家康赏罚分明

关原合战获胜后，德川家康毫不犹豫地处死了石田三成、小西行长、安国寺惠琼等人，将毛利辉元的领地削减为周防国和长门国，将上杉景胜的领地由一百二十万石削减为米泽的三十万

石，将佐竹义宣的领地由五十万石削减为秋田的二十万石，并且没收了西军将领宇喜多秀家的全部领地。当时，拥有一万石以上领地、与德川家康为敌的大名，有八十一人因战死、被杀、投降而失去了领地，有六人被削减了领地。这些处罚决定，德川家康没和任何人商议，都是独自做出。此外，在论功行赏方面，他也独断专行。他将越前国的六十七万石领地封赏给次子结城秀康，将尾张国的六十四万石领地封赏给四儿子松平忠吉，将会津藩的六十万石领地封赏给女婿蒲生秀行，还封赏了与自己结盟的丰臣氏武将，具体如下：

前田利长获得加贺国、能登国、越中国的一百二十九万石领地。

福岛正则获得安艺国和备后国的四十九万八千石领地。

池田辉政获得播磨国的五十二万石领地。

浅野幸长获得纪伊国的三十九万石领地。

黑田长政获得筑前国的五十二万五千石领地。

田中吉政获得筑后国的三十三万五千石领地。

小早川秀秋获得备前国、备中国、美作国的七十二万石领地。

堀尾吉晴获得出云国和隐岐国的二十三万五千石领地。

细川忠兴获得丰后国的三十七万石领地。

山内一丰获得土佐国的二十万两千六百石领地。

中村一忠[①]获得伯耆国的十七万五千石领地。

京极高次获得若狭国的九万两千石领地。

---

① 中村一忠（1590—1609），日本安土桃山时代到德川幕府时代前期的大名，中村一氏的儿子。——译者注

京极高知获得丹波国的十二万七千石领地。

加藤嘉明获得伊予国松山的二十万石领地。

藤堂高虎获得伊予国今治的二十万石领地。

井伊直政获得佐和山城的十八万石领地。

本多忠胜获得伊势国桑名城的十二万石领地。

奥平信昌获得美浓国加纳的六万石领地。

石川康通获得美浓国大垣城的五万石领地。

本多康俊获得三河国吉良和西尾的三万石领地。

松平忠赖获得远江国滨松城的五万石领地。

大须贺忠政获得远江国横须贺城的六万石领地。

内藤信成获得骏府城的三万石领地。

大久保忠俊获得骏河国沼津的三万石领地。

通过封赏，德川家康改变了丰臣氏武将的领地，将他们和结城秀康、德川义直一起转移到关东以外的地区。德川家康还确定了丰臣秀赖的领地，以摄津国、河内国、和泉国的六十五万七千四百石土地作为其领地。德川家康又给片桐且元加封了大和国平群郡的一万八千石领地，让他辅助丰臣秀赖处理政务。有野史家说："片桐且元是丰臣秀吉封赏的大名，后成为丰臣秀赖的执事。"这是错误的，实际上片桐且元的领地是德川家康封赏的。这样一来，作为战胜者的德川家康继承了丰臣秀吉的事业，成为日本的独裁者，成了名副其实的关白。

第3节　德川家康厚待丰臣氏武将

随着关原合战的结束，丰臣氏失势了。尽管石田三成去世后，丰臣秀赖仍然住在大阪城，丰臣氏武将仍然奉他为主君，日本人也仍然认为他是大将军，但从德川家康行使胜利者权利的那一刻起，丰臣秀赖就失去了独裁者的地位。德川家康独自赏罚领地，还定夺了丰臣秀赖的领地。历史总是惊人的相似，织田信长的嫡孙织田秀信被丰臣秀吉夺了实权，如今的丰臣秀赖又被德川家康夺了实权。不过，德川家康并没有公然宣称自己掌握了实权，在名义上仍然是丰臣秀赖的家老。关原合战后，丰臣氏武将试探道："不如将丰臣秀赖改封到偏僻的地方吧！"德川家康拒绝道："万万不可，此次动乱是石田三成所为，在下不敢怠慢幼主。"德川家康还派使者前往大阪城，报告说："此次动乱都是宇喜多秀家和石田三成的计谋，年幼的丰臣秀赖大人肯定不知情，在下不敢有任何成见。"德川家康当然知道让丰臣秀赖继续住在大阪城的危险，大阪城是险要之地，财力雄厚，别有用心之人会认为丰臣秀赖有利用价值，便引诱他带头反对德川氏。不仅如此，在大阪城修建宅邸的大名需要一如既往地拜见丰臣秀赖，而习惯了由大阪城方面发出政令的日本人也会认为丰臣秀赖仍然是国家的掌权者。因此，德川家康的部下盼望主君成为名副其实的日本之主，才希望变更丰臣秀赖的领地，一举除掉后患。伊达政宗善于洞察时势，担心丰臣秀赖会被人利用。庆长六年（1601年），伊达政宗给德川家康的部下今井宗薰写信，说了下面一番话：

丰臣秀赖大人未成年前，应该让他待在德川家康大人身边，无论是江户城还是伏见城都可以。等他成年后，再由德川家康大人定夺。丰臣秀赖大人虽然是丰臣秀吉大人的儿子，但并非能够统治日本之人，应该由德川家康大人总揽政务，给他一两个藩国就行。

伊达政宗不仅看透了丰臣秀赖留在大阪城的危险性，也看出了德川家康旁若无人的行事方式。在伊达政宗看来，丰臣秀赖是丰臣秀吉的儿子，如果成年后具有相应的器量，一定可以号令天下，这显然对德川家康不利。然而，德川家康仍然在名义上担任丰臣秀赖的家老。这是为什么呢？实际上，德川家康能够在关原合战中取得大捷，得益于丰臣氏武将的帮助。如果仇视丰臣秀赖，将他转封到偏远地区，肯定会伤害这些武将的感情，因此，德川家康不愿意这么做。请看《史籍集览》中关于福岛正则的以下记载：

石田三成的兄长石田正澄、家臣岛清兴留守佐和山城，最后切腹自杀。德川家康让驻守大津城的池田辉政和福岛正则在各地发出通知，告诉躲进山里的百姓可以回家了。随后，福岛正则将阵地转移到山科，命令儿子福岛正之前往京都拜见高台院。德川家康的家臣伊奈昭纲负责守卫京都，在三条口设置关卡，并且派了三百名士兵驻守。福岛正之说明情况后，进入京都。福岛正则又说有急事，派家老佐久间嘉右卫门给儿子福岛正之送信。佐久间嘉右

卫门未被守兵放行，就申请面见伊奈昭纲，却遭到鞭笞。见守兵人多势众，他便回去禀报福岛正则，说自己有辱使命，身为男子汉遭此耻辱，只能切腹自尽，希望主君去找伊奈昭纲报仇。他虽然得到了福岛正则的安慰，但还是自杀了。福岛正则听闻后泪流满面，将佐久间嘉右卫门的头颅送给井伊直政，说明了事情的经过，要求伊奈昭纲自杀谢罪。井伊直政大惊失色，表示福岛正则生气情有可原，但佐久间嘉右卫门被鞭笞都是守兵所为，伊奈昭纲并不知情，不如将三百名守兵的首级送给福岛正则解恨。福岛正则只说佐久间嘉右卫门的仇敌是伊奈昭纲，必须见到此人的首级，否则绝不善罢甘休。福岛正则还让井伊直政将此事汇报给德川家康，说如果得不到恩准，就不再效忠，将亲自前去辞行。井伊直政无奈，只能好言安慰，又拜托浅野幸长、细川忠兴、池田辉政、黑田长政从中协调，浅野幸长等人都认为应该上报此事。德川家康知晓后，也说让三百名守兵切腹自杀。井伊直政转达了德川家康的决议，但福岛正则并不满意，坚称要立刻辞行。德川家康虽然觉得福岛正则有些小题大做，却无可奈何，只好命令伊奈昭纲切腹自杀。福岛正则这才满意，前往大津城向德川家康致谢。伊奈昭纲有一万石领地，并且是德川家康的亲信。

德川家康不愿意得罪福岛正则，只好命令伊奈昭纲切腹自杀。水户藩的史学家安积澹泊在《烈祖成绩》中评价道："征西诸将中福岛正则功劳最大，也最刚愎自用、恃宠而骄。"福岛正

则爱惜人才，麾下有许多知名武士，他性格急躁，但并非狂妄之人。上述事件说明此时的福岛正则并不认为德川家康是自己的主君，他知道德川家康能打败石田三成是凭借自己助力，也知道自己离开对德川家康非常不利，才提出无理要求。由此可想，当时的丰臣氏武将有谁真心视德川家康为主君呢？这就像山崎之战后，面对获胜的丰臣秀吉，柴田胜家和泷川一益等人寸步不让。还有下面这个例子：

> 前田利长到骏河国拜见德川家康，却得知他在江户城，便前往江户城。德川秀忠到板桥迎接，表达了期待会面的意思，前田利长便喜出望外地进入江户城。德川秀忠设宴款待，将前田利长的座位安排在距离上座遥远的下方，宴席中的仪式十分严肃，君臣之礼分明。宴席结束后，前田利长觉得德川氏待自己如臣子，十分不悦，便让出领地隐居起来。

有这种心思的，岂止前田利长一人？因此，德川家康用心厚待丰臣氏武将，分给他们较多领地。据《三河物语》记载，德川家康此举招致了德川氏家臣的不满。关原合战后，德川家康不图虚名，只重实利，独自赏罚领地，掌管日本政务。面对丰臣秀赖，他没有明确主从关系，让因循守旧之人无从挑衅。根本原因就是他不想失去福岛正则、前田利长等丰臣氏武将的助力。

第4节 德川家康成为征夷大将军

德川家康在事实上成了日本的独裁者，他压制仅次于自己的前田利长，讽刺伊达政宗拜见丰臣秀赖。无奈之下，伊达政宗只好命令儿子伊达忠宗到江户城拜见德川家康。德川家康命令近畿大名修建二条城，又让他们修缮江户城城池，疏通漕运河道。加藤清正、黑田长政、细川忠兴、浅野幸长、池田辉政、堀尾忠氏、蜂须贺至镇、山内一丰、加藤嘉明、中村一忠等人听从命令，按照每千石领地一个民夫的标准派出劳工。肥后国球磨郡的相良赖房看透形势，便将母亲了信尼从大阪城送到江户城做人质。不过，德川家康并没有明确自己和丰臣秀赖之间的关系。

庆长八年（1603年）正月一日，各地大名到大阪城向丰臣秀赖贺岁。正月二日，他们赶到伏见城向德川家康贺岁。这是因为德川家康之前命令各地大名以丰臣秀赖为先，以自己为后。二月四日，德川家康还亲自赶往大阪城贺岁。换言之，他始终没有放弃丰臣秀赖家老的身份。然而，名不副实也会成为阻力，德川家康如果真想压制群雄，就要成为名副其实的独裁者。庆长八年二月十二日，德川家康升任右大臣、征夷大将军，继承镰仓幕府和室町幕府，拥有了指挥群雄的权力。此前从江户城前往京都和伏见城时，德川家康经常路过大阪城拜见丰臣秀赖。然而，就任征夷大将军后，他再也没有到大阪城拜见丰臣秀赖。与此同时，丰臣秀赖升任内大臣，两年后升任右大臣，得到朝廷礼遇。每到新年，亲王公卿都会到大阪城贺岁，敕使也会到大阪城回礼。每当出现瘟疫、灾害等情况，朝廷都会接受丰臣秀赖的请求，在内侍

所奏乐祈福；每当此时，天皇也会驾临；但这只是表面现象，因为德川家康已经成了征夷大将军。

然而，丰臣氏的支持者无法理解这种变化，他们认为丰臣秀赖是日本之主，而德川家康是背信弃义的奸诈之徒，丰臣秀赖的母亲淀殿就是典型代表。在丰臣氏一族中，淀殿被称为贤明、果敢的妇人，她的悲惨结局足以让人叹息。后世的史学家大多也同情她，将她塑造成一个女中豪杰，为了丰臣氏的利益决不屈服。实际上，淀殿也有贵族女性的缺点。她十分迷信，派人修复了长谷寺的观音、高野山的大堂，修建了天王寺和石山寺，耗费了很多财力。淀殿相信敬佛能让丰臣氏的家业繁荣昌盛，凡是事关命运的重大事件，她都通过占卜决定。世间传言，为了消耗丰臣氏的财力，德川家康建议丰臣秀赖大规模建造丰国神社，再造方广寺，这或许是事实。不过，对迷信的淀殿而言，这些建议的确是投其所好。为此，淀殿耗费了丰臣秀吉积蓄的钱财，动摇了丰臣氏的经济基础。她久居深闺，身边围绕着二位局、大藏卿局、宫内卿局、正荣尼等女性，从来没有接触过社会，身上兼具贵族常见的偏执与傲慢。大藏卿局是越前国大野定长的夫人，也是淀殿的乳母。她的两个儿子大野治长和大野治房充当德川家康和丰臣秀赖之间的传话人，与片桐且元争权。正荣尼的儿子渡边糺也是大阪城的实权人物，仅次于大野治长兄弟。淀殿如果有北条政子[①]的眼光，就应该招揽武士。据说，德川家康的一个妾曾经动用置

①　北条政子（1157—1225），源赖朝的继室，伊豆国豪族北条时政的长女，丈夫源赖朝、儿子源赖家和源实朝死后，成为镰仓幕府幕后的实际掌权者，人称"尼将军"。——译者注

办化妆品的钱帮助儿子招揽武士。淀殿如果有这样的远见，就会去招揽武士，但她没有这么做，只是一味地信佛，这样的淀殿，怎么能称得上女英雄呢？另外，淀殿被贵族女性围绕，只知道宠信情夫。据说，她和乳母大藏卿局的儿子大野治长私通，也有传言说她和前田利家私通，甚至有传言说她和德川家康私通。这些都是传言，未无佐证。淀殿是织田信长的外甥女[①]，周围聚集着许多织田氏的族人。例如，织田信雄被丰臣秀吉剥夺了领地，出家后法号称"常真"，在京都度过了十多年，被淀殿召到天满宫居住；织田信长的弟弟织田信包也出家了，法号"老犬斋"，住在大阪城；织田长益和织田长赖也住在大阪城。淀殿认为他们是同族，有紧急情况肯定能派上用场，然而，这些人只不过是食客，白白耗费着丰臣氏的钱财。他们都是竞争中的失败者，是软弱无能之人，唯一能够夸耀的就是身为织田氏族人的虚名。淀殿为这些无能之人浪费钱财，相当于自取灭亡。只懂深闺、只知迷信、被佞人包围的淀殿，无法理解天下大势，只是一味地猜疑德川家康。这样一来，丰臣氏和德川氏的冲突就在所难免了。

第5节　德川家康对丰臣秀赖的包容

很多人说德川家康早就想杀掉丰臣秀赖，这个说法甚至得到了日本近代的一些史学家的认同。日本参谋本部编纂的《日本战史》中，关于大阪之役的部分开篇就写道："庆长十九年（1614

---

① 淀殿的母亲阿市是织田信长的妹妹。——译者注

年）冬到元和元年（1615年）夏的大阪之役，一言以蔽之，就是德川家康要杀掉丰臣秀赖。这一点，即使三岁儿童也能看明白。"世人说德川家康要杀掉丰臣秀赖，这又谈何容易呢？他果真从一开始就这样打算吗？世人说他为一己私利，背叛了作为盟主和挚友的丰臣秀吉，违背了誓言，亵渎了神灵，要杀死孙女婿丰臣秀赖，夺走日本的统治权。如果这些事情发生在松永久秀和斋藤道三的时代，那么德川家康不需要为此受到谴责，因为当时道德沦丧，实力决定一切。然而，自织田信长开创统一事业以来，文学复兴了，读书人变多了。晚年时，前田利长对宇喜多秀家、浅野幸长、加藤清正等人说起《论语》，举出"临大节而不可夺也"的例子，还说："当今世界，不明白这个道理的人恐怕会做出不仁不义的行为。"直江兼续对藤原惺窝说："继绝扶倾，不正是现在该做的吗？"旧秩序灭亡，新秩序兴起，百姓的良知也恢复了。年轻时擅长骑射的德川家康如今成了好学之士，听人讲解《论语》《大学》《贞观政要》。当时，日本已经有活字印刷的经书，已经有人开始公开讲解朱子作注的《论语》。时代早已今非昔比，德川家康怎么敢像过去一样残忍，杀死好友的遗子遗孀呢？即使能因此夺得天下，也会被视为道德败坏的罪人，他果真要变成这种人吗？

我认为，必须认真研究，并且如实讲述。据我研究，德川家康自始至终都在忌惮丰臣秀赖。当然，他不可能只想扶持丰臣秀赖，和所有的英雄豪杰一样，德川家康也爱权力。丰臣秀吉去世后，他迅速压制其他四位家老，总揽日本政务，以日本的主人自居，命令各地大名。直到七十三岁这年秋天从京都回到骏府

城时，他才放下了一切政务，彻底隐退。赋闲半年后，他就病倒了，卧床四个月后离世。但即使在卧床期间，他也在考虑身后事，不注重休息。在这一点上，他就像腓特烈大帝[1]和秦始皇一样痴迷权力。因此，征服了反对者之后，德川家康独断专行，在事实上成了丰臣秀吉的继任者。之后，他就任征夷大将军，名副其实地掌握了兵权。

与此同时，德川家康认为让子孙继承自己的官职是理所当然的——当时所有人都认为官职可以世袭。织田信长废除了征夷大将军足利义昭，取而代之。织田信长去世后，丰臣秀吉排挤织田氏的子孙，成为关白，管理日本。有这些先例，德川家康肯定会认为自己的所作所为是理所当然的。然而，继承丰臣秀吉的事业，并不意味着要消灭丰臣氏。这类似于丰臣秀吉担任关白，取代织田氏成为征夷大将军，并不意味着织田氏就灭亡了。如今，德川家康取代丰臣秀吉统治日本，肆无忌惮地独揽大权，夺走了丰臣秀赖的权力。为了将既得权力传给子孙，也为了让世子德川秀忠早日熟悉政务，德川家康早早就让出了征夷大将军的官职。但德川家康并没有虐待丰臣氏，实际上，他在筹划丰臣氏的未来。他将孙女千姬嫁给了丰臣秀赖，履行了和丰臣秀吉之间的约定。淀殿是德川秀忠的夫人崇源院的姐姐，千姬就是丰臣秀赖的表妹，两人联姻是亲上加亲。德川家康希望通过联姻缓和丰臣秀赖及其支持者对德川氏的反感情绪。对此，《三河物语》中评价道："关原大捷时，众人都说应该让丰臣秀赖切腹自尽，但德川

---

① 腓特烈大帝（1712—1786），普鲁士国王，1740年到1786年在位。——译者注

家康大人慈悲为怀，让他做了德川秀忠大人的女婿。"德川家康还积极与丰臣氏武将联姻。他让九儿子德川义直娶了浅野幸长的女儿高原院，让十儿子德川赖宣娶了加藤清正的女儿瑶林院，将三女儿正清院嫁给浅野长晟，将孙女珠姬嫁给前田利常，将养孙女福正院嫁给池田辉政的儿子池田利隆。通过这些联姻，德川家康试图使德川氏和丰臣氏的关系更加亲密，同时希望政权能够和平地过渡到德川氏手中，避免大动干戈以保全丰臣秀赖。丰臣秀吉去世后，孤儿寡母的丰臣氏维持了十六年后，终于灭亡了。德川家康如果从一开始就意在杀掉丰臣秀赖，又何必隐忍多年呢？

第6节　德川氏和丰臣氏之间的误解

后来，德川家康为什么杀掉丰臣秀赖呢？这是因为他们之间存在误解。为了说明这个问题，我只能再次使用地形论。也就是说，对一个政治中心而言，日本国土太过狭长了。大阪之役时，《三河物语》的作者大久保忠教作为德川家康的枪奉行[①]，也加入了围攻部队。大久保忠教记载了下面这段话：

> 丰臣秀吉的嫡子丰臣秀赖多次想除掉德川家康：第一次是在大阪城谋划讨伐德川家康；第二次是在伏见城命令大名讨伐德川家康；第三次是征伐会津后，催促大名攻打德川家康；第四次是策划起兵，扶持无主武士；第五次是

———————————

① 枪奉行，指管理火枪的人员。——译者注

发动战争。德川家康大人以慈悲为怀，前四次都宽恕了丰
臣秀赖，但丰臣秀赖仍然不知悔改。无奈之下，德川家康
大人才命令其切腹自尽。

　　这个说法将石田三成等人的所作所为都算作丰臣秀赖的过
错，但年幼的丰臣秀赖怎么可能参与其中呢？不过，在大久保忠
教看来，石田三成等人想讨伐德川家康，就是西日本想讨伐东日
本。丰臣秀赖作为西日本的主人，自然难辞其咎。这就好比两国
打仗，君主怎么能因为年幼就无须承担责任呢？当时的人把支
持石田三成的大名统称为"西国大名"，并不是特指近畿大名，
也包括关东的佐竹义宣、会津藩的上杉景胜、信浓国的真田昌幸
等大名。同时，近畿大名未必都与德川家康为敌，黑田孝高、加
藤清正等大名都支持德川家康。但从整体上来说，支持石田三成
的大名大部分属于西日本，支持德川家康的大名大部分属于东日
本。人生于土地，情系土地，英雄豪杰也是如此。因此，关原合
战后，德川家康赏罚领地就采取了以东日本压制西日本的策略。
对在战争中支持自己的丰臣氏武将，德川家康把他们从东日本转
封到西日本。例如，骏河国骏府城的中村一忠被转封到伯耆国米
子城；远江国滨松城的堀尾忠氏被转封到出云国松江城；远江国
横须贺城的有马丰氏被转封到丹波国福知山城；远江国挂川城的
山内一丰被转封到土佐国浦户城；三河国吉田城的池田辉政被转
封到播磨国姬路城；尾张国清洲城的福岛正则被转封到安艺国广
岛城；远江国大津城的京极高次被转封到若狭国小浜城。这些被
转封的大名，因为领地有所增加，所以都很感激德川家康。但与

此同时，他们被转封到西日本后，旧领地都被没收了。新的形势如下：

德川家康把越前国福井城封赏给结城秀康，以戒备加贺国金泽城的前田利长。

德川家康把尾张国清洲城封赏给松平忠吉。一旦与丰臣氏开战，松平忠吉就会担任前锋将领。

德川家康把近江国佐和山城封赏给井伊直政，把伊势国桑名城封赏给本多忠胜，让他们担任前锋将领。

德川家康把美浓国的大垣城、加纳城，三河国的冈崎城、吉田城、西尾城，远江国的滨松城、挂川城、横须贺城，骏河国的骏府城、沼津城、丰国神社等地分别封赏给谱代家臣的儿子。一旦战端再起，他们可以加入战争，负责外围防线。

德川家康的上述封赏方案，用意就是以东日本压制西日本。丰臣秀吉将德川家康转封到关东时，是以西日本压制东日本。如今，德川家康反其道而行之。这是为什么呢？就是因为日本版图太过狭长，很容易一分为二。同理，近代萨摩国的岛津氏和长门国的毛利氏勤王时，主要依靠西日本的力量，推翻了雄踞东日本的德川幕府。代表西日本的丰臣氏和代表东日本的德川氏之间误会重重。千姬嫁给丰臣秀赖时，福岛正则倡议丰臣氏武将齐聚大阪城，献上誓约书说："天下已经归属德川氏，但我们不敢忘记丰臣秀吉大人的恩情，从今往后对丰臣秀赖大人不可有二心。"听闻这个消息，德川氏武将就认为福岛正则等人野心勃勃，想拥戴丰臣秀赖做主君。实际上，福岛正则从一开始就是德川家康的同盟。如今，福岛正则从中斡旋，让丰臣氏武将起誓，只是要保

护丰臣秀赖，并非要对抗德川家康。但日本版图太过狭长，使东面的德川氏和西面的丰臣氏之间情意不通，容易产生误解，结果流言蜚语不断。

第7节　人心险恶

丰臣氏和德川氏之间的误解并不单纯因为狭长的地形。虽然人心已经发生了很大的变化，野心家大大减少了，但实际上，当时的群雄并没有完全放弃觊觎天下的野心。黑田孝高将自己和儿子黑田长政进行对比，说了下面一番话：

> 我效力于织田信长和丰臣秀吉，曾三次违背命令；但你完全遵照德川家康父子的命令，循规蹈矩，不曾有过失。我是一个赌徒，天下有事时，可以牺牲你去做赌注；但你不敢。我做事不会畏首畏尾，遇大事时，只穿一只草鞋就能冲出去；但你畏首畏尾，才智有余而思虑过重。

这岂止是黑田孝高父子的差异呢？时代的变化促使英雄也发生了变化。丰臣秀吉是一个没有学问、意气用事的人，但他的后代中有读书人与和歌人。想杀掉德川家康的豪杰如今变成了贵公子，不敢像松永久秀和明智光秀那样冒险，而白白将时间耗费在军事会议上，错失了良机。不愿屈服、放荡不羁、敢于赌一把的人物逐渐老去了，取而代之的是愿意与强者结盟、屈从于强权、服从他人统治的年轻人。从这个意义上来说，石田三成和黑田孝

高是落后于时代的人物，而浅野长政和藤堂高虎是新时代的代表人物。不过，旧时代和新时代的界限并非泾渭分明，而是相互交错。这不仅是在说旧式人物和新式人物交错，即使是同一个人，有时也会做出与时代不符的行为。更何况当时是从旧时代迈向新时代的过渡期——山崎之战仅仅过去二十多年，关原合战则仅仅过去数载——旧时代英雄未必肯向德川家康低头，依然会有人暗中作乱。据说，德川家康的女婿池田辉政经常向爱宕大明神[①]祈求夺取天下。甚至对待性格持重的加藤嘉明，德川家康也说绝不可大意。关于为人正直的加藤清正，《武功杂记》中有如下记载：

> 据说，加藤清正派平野长泰去见福岛正则，转告他：
> "你没有忘记丰臣秀吉大人的恩情吧？你有许多兵船，可以出兵，我也会派出人手。虽然播磨国有德川家康的女婿池田辉政，但我们联手进攻，又有何难？希望你考虑一下我的建议。"在京都，福岛正则前往古田重然的茶室时，平野长泰也来了。平野长泰在庭院里悄悄说明来意，福岛正则回复说："在下恕难从命，不敢忘记德川家康大人的厚恩。"

这当然是传言，但也说明当时的人心并未完全稳定。即使在近代之后，也有误解引发的政治纷争。在交通并不发达、人心依然不稳的时代，德川氏和丰臣氏自然会相互猜忌。

---

① 即爱宕神社中供奉的主神。——译者注

第8节　暗怀鬼胎的失败者

　　关原合战中，有八十一位大名战死，他们残存的部下中，有人投靠了新主君，有人成了无主武士，四处漂泊。这些无主武士生活艰难，希望天下再次大乱，从而使德川氏和丰臣氏的关系疏离。无论出于什么动机，这些人都希望德川家康的天下变成丰臣秀赖的天下。

第9节　德川家康再三忍耐

　　因为上述原因，德川氏和丰臣氏动辄相互敌视。德川秀忠荣升征夷大将军时，德川家康派人给丰臣秀赖传话，请他到伏见城见面，却被拒绝。丰臣秀赖是德川秀忠的外甥和女婿，属于亲上加亲。如今，身为姨父和岳父的德川秀忠荣升征夷大将军，丰臣秀赖理应前往恭贺。丰臣秀赖的嫡母高台院再三劝说，他却依然不肯去恭贺德川秀忠。据说，这是淀殿的主张，她认为丰臣秀赖才是天下之主，让他去恭贺德川秀忠是耻辱。也有人暗中挑拨淀殿，说丰臣秀赖前往京都会遭遇不测。因此，淀殿态度坚决，说如果德川家康一意孤行，她和儿子丰臣秀赖就在大阪城自杀。面对丰臣氏的恶意，德川氏武将愤愤不平。百姓听闻德川秀忠率十万大军前往京都，惊惧不已，纷纷将财物藏到山里。过去，丰臣秀吉命令织田信雄转移领地，织田信雄不愿意，结果被剥夺了领地。如今，丰臣秀赖已经明确表现出敌意，足以让德川氏直接派兵。但德川家康一直在隐忍，非但没有强行催促丰臣秀赖，反

倒派六儿子松平忠辉前往大阪城，报告说德川秀忠不久将返回江户城。他人以恶意待我，我却以善意回报——以德报怨的德川家康，真可谓善于忍耐之人。

第10节　德川家康孤立丰臣秀赖

　　实际上，丰臣秀赖不肯前来恭贺德川秀忠，德川家康对此有些担心。他认为，只有孤立丰臣秀赖，才能压制那些企图煽动丰臣氏与德川氏为敌的人，从而达到保护丰臣秀赖的目的。为此，德川家康将胁坂安治从淡路国改封到伊予国，让这位海战经验丰富的丰臣氏武将远离大阪城。德川家康还没收了近畿载重五百石以上的大船，将这些船集中到淡路国，又送往骏府城和江户城。这样一来，西国大名即使野心勃勃，也无法从海上支援大阪城，相当于拔掉了丰臣秀赖的爪牙。同时，这也是为了让丰臣秀赖不再有利用价值，从而保证他的安全。换言之，德川家康希望丰臣秀赖认清形势，成为一个无害之人。德川氏已经是名副其实的征夷大将军，各地大名也将人质送到江户城。淀殿曾给前田利长写信说："自令尊前田利家以来，你们就蒙受已故丰臣秀吉大人的厚恩。丰臣氏将有大事发生，如果丰臣秀赖有所请求，希望你不要推辞。"据《三河国志》记载，前田利长回复说："先父留在大阪城，是为了报答丰臣秀吉大人。石田三成等人起兵时，在下虽然是德川家康大人的同盟，但对丰臣秀赖大人绝不敢怠慢。如今，在下承蒙德川家康大人的恩情，成为三国领主。在下唯愿效忠两位将军，别无他求。近年来，四海升平，百姓安居乐业，丰

臣氏有什么需要仰赖在下的呢？如果需要财物，在下定当倾尽所有来报答。"随后，前田利长特意派人前往骏府城，向德川家康报告。

日本已经安定，丰臣氏却仍然想以丰臣秀赖之名挑起纷争，这只会危害国家，危及丰臣秀赖的人身安全。因此，德川家康想方设法避免丰臣氏挑起纷争。如果丰臣氏能看清形势，百姓也能受益，但丰臣氏始终误认为德川家康是奸诈小人。实际上，德川氏也有人认为丰臣氏及其武将是危险分子。所谓疑心生暗鬼，就是这种情形。德川家康隐居骏河国之后，曾前往京都，住在二条城里。有人编了一首歌谣："院中柿子已熟落，丰臣秀赖拾起来。"丰臣氏希望德川氏倒台，德川氏又如何能不猜疑丰臣氏呢？

第11节　丰臣秀赖前往京都

庆长十六年（1611年），后阳成天皇退位，后水尾天皇[①]即位。德川家康作为德川秀忠的代理人，前往京都参加即位典礼。他派人去劝说丰臣秀赖："我们许久未见，你已经长大成人，可以来京都见面。我们两家本来就是亲戚，如果能够增进友好关系，也有利于安抚人心，使天下太平。"从德川家康的角度而言，这个要求是理所当然的。然而，淀殿满心狐疑，坚决反对丰臣秀赖前往京都，她说："德川氏提出这个要求，是想让我儿子离开大阪

---

① 后水尾天皇（1596—1680），日本第108代天皇，1611年到1629年在位，后阳成天皇的三皇子。——译者注

城，方便他们乘虚而入。"便找了种种借口推辞。这下德川家康怎么可能让步呢？德川秀忠升任征夷大将军时，丰臣秀赖不去恭贺，已经令人起疑。如果这次丰臣秀赖不去京都，就相当于与德川氏公然作对了。实际上，天下已经不是丰臣氏的了，群雄都追随德川氏，淀殿却以为这是薄情。德川家康越是催促，她越是反对，又搬出老一套说辞，声称如果德川家康强人所难，她们母子只好在大阪城内自杀。事态发展到这一步，已经非常凶险，大战一触即发。如果德川氏再放任丰臣氏为所欲为，给人的感觉就不是宽容，而是畏惧了。事已至此，真正为丰臣秀赖考虑的人开始担忧淀殿会误事。于是，丰臣秀赖的嫡母高台院亲自到大阪城，向淀殿讲明利害关系。淀殿虽然有种种缺点，但一直很尊重高台院。昔日蒙受丰臣秀吉恩情的武将，纷纷派遣使者到大阪城劝告丰臣秀赖，发誓会保护他的安全，请他前往京都。这样一来，淀殿只好改变心意。庆长十六年三月二十七日，在织田长益、片桐且元、片桐贞隆、大野治长等人的陪伴下，丰臣秀赖离开大阪城。临行时，淀殿嘱咐道："只能吃侍臣端上来的饭菜，言行举止都要小心。"之后，大船载着丰臣秀赖等人，沿淀川前行，抵达淀津，加藤清正、浅野幸长派出弓箭手和火枪手在两岸护卫。庆长十六年三月二十八日，德川义直和德川赖宣到上鸟羽迎接丰臣秀赖，加藤清正、浅野幸长、池田辉政、藤堂高虎等人也出迎。丰臣秀赖经过竹田进京，在片桐且元的宅邸换过衣服后，前往二条城。德川家康到玄关迎接，他和丰臣秀赖互相问候之后，一起来到大殿，丰臣秀赖坐在南面，德川家康坐在北面。不久，侍者献上酒水，德川家康和丰臣秀赖饮了三杯祝酒，随后互赠礼

物。在隔壁房间里，平岩亲吉陪同浅野幸长、池田辉政等人用餐；再隔一个房间，本多正纯陪同藤堂高虎用餐；而加藤清正自始至终不离丰臣秀赖左右。三杯祝酒结束后，加藤清正说："淀夫人一直在大阪城等待，请允许我们尽快告辞。"德川家康觉得有道理。丰臣秀赖便起身告辞，出城后参拜了丰国神社，参观了方广寺，之后回到大阪城。池田辉政称病，便从淀津折回了，加藤清正一直将丰臣秀赖护送到大阪城。庆长十六年四月二日，德川家康派德川义直和德川赖宣前往大阪城，感谢丰臣秀赖的拜访。这样一来，众人担心的大战暂时避免了。大阪城方面对德川家康的态度感到惊讶，对丰臣秀赖的归来感到欣喜。据说，和丰臣秀赖会面时，德川家康说起丰臣秀吉的往事，不觉流泪。德川家康如果真的想杀掉丰臣秀赖，怎么会放掉这个机会呢？不让丰臣秀赖出城，只不过是弱者的忌妒与猜疑。

第12节 丰臣秀赖受人蛊惑

与丰臣秀赖会面结束后，德川家康返回骏府城。之后，加藤清正、池田辉政、浅野幸长相继去世。在加藤清正去世后、池田辉政去世前，平岩亲吉去世了。德川家康与丰臣秀赖会面时，平岩亲吉陪同浅野幸长、池田辉政等人用餐。因此，野史家说平岩亲吉奉命投毒，为了避免众人起疑，自己也吃了有毒的食物。在双方相互猜疑时，这样的说法被当作事实，广泛传播。加藤清正、池田辉政、浅野幸长去世后，丰臣氏察觉到自己被孤立了，更加一意孤行。聚集在大阪城的无主武士都说："德川家康年约

七旬，命不久矣。他去世后，天下人都会感念丰臣秀吉大人的恩情，效忠丰臣秀赖大人。"他们又说："德川家康获胜后为所欲为，给大名分派劳役，大名多有怨言。如果丰臣秀赖大人举兵，大名必定会纷纷响应。"他们还说："德川家康残忍地迫害天主教教徒，如果丰臣秀赖大人起兵，全国的天主教教徒也会响应。"实际上，无论哪个政府都有反对党。德川家康是秩序的维护者，以实力压制群雄，让他们服从秩序。但人类在爱好秩序的同时，也喜欢破坏秩序，无主武士堵直之就是一个例证。《桃溪杂志》中有如下记载：

> 堵直之是一个知名武士，不知道什么原因，他到了水户藩，住在肥田志摩。水户藩西北方一里外的日光有一座供奉爱宕大明神的神社，每月二十四日，诸位武士都去参拜爱宕大明神。堵直之也随同前往，他问大家许了什么愿望。大家回答说武运长久、祛病消灾等，堵直之大笑起来。大家问他为什么大笑，他说自己的愿望与众不同，只愿生逢乱世。大家大惑不解，堵直之解释说自己是一个无主武士，天下太平时无法出人头地，只有在乱世才有机会扬名天下。

这大概是逆境中的所谓豪杰的心声吧。关原合战使许多武士沦为无主武士，他们一直憎恶德川氏。从地理位置来看，大阪城处在濑户内海东端，是西日本的中心。同时，大阪城还有丰臣秀吉的嫡子丰臣秀赖，如果无主武士想破坏现有的秩序，丰臣秀

赖就是最好的借口。因此，他们说天下人不服德川氏，从而刺激丰臣秀赖。而淀殿和丰臣秀赖在大阪城闭门不出，不了解天下形势，以为丰臣氏的霸业尚未终结，就误信了这些说法。

第13节　大战的导火索

只要丰臣秀赖待在大阪城，别有用心之人就有机可乘。这一点，伊达政宗在十多年前就意识到了。淀殿和丰臣秀赖如果想自保，就应该主动离开大阪城，臣服德川氏；但他们没有这样做，结果加深了丰臣氏和德川氏之间的误解。丰臣氏担心德川氏会来袭，而德川氏担心丰臣氏有阴谋。淀殿认为德川家康夺了丰臣秀赖的天下，如今又想传给德川秀忠；德川氏则认为丰臣氏笼络无主武士，想举兵造反。庆长十九年（1614年）七月，德川氏要出兵抓捕堺港的天主教教徒时，丰臣氏就骚乱不安地嚷嚷着说战争开始了。就在丰臣氏和德川氏互相猜忌时，方广寺的钟铭事件成为导火索，引发了战争。

第14节　钟铭事件

很多历史学家都说钟铭事件是德川家康故意挑起的，意在灭掉丰臣氏。德川氏认为，钟铭中的"国家安康"四字拆开了德川家康的名字，"君臣丰乐"是在祝福丰臣氏。时值丰臣氏和德川氏互相猜忌，丰臣氏也不能说完全没有这个心思吧。更何况在此之前，丰臣氏修建城墙、集结武士、积极备战的谍报就传到了江

户城和骏府城，令德川家康非常担忧。德川家康或许也认为钟铭
有诅咒之意，但并未轻举妄动，而是召集有学问的五山僧人共同
研究钟铭。当片桐且元陪同钟铭的执笔者文英清韩来到骏府城，
陈述绝无恶意时，德川家康平息了怒气。不过，丰臣秀赖居住在
大阪城，会被居心叵测之人利用；如果想保护丰臣秀赖的生命安
全，就必须变更其领地。因此，德川家康向片桐且元提出了三个
条件，让他从中选择一个。这三个条件是：第一，转封领地；第
二，丰臣秀赖和其他大名一起到江户城执行政务；第三，淀殿作
为人质前往江户城。片桐且元选择了第三个条件，并且保证一定
能执行，便回到大阪城了。

第15节　疑心重重的丰臣秀赖

　　如果事情按照片桐且元的意愿发展，让淀殿作为人质前往江
户城，那么丰臣氏和德川氏之间的冲突可能会延后。在此期间，
德川家康或许会去世，对双方而言，这是最好的结局。德川家康
可以保持忠厚君子的名声，一生都不会违背丰臣秀吉的遗嘱。丰
臣秀赖也可以服从德川氏的控制，成为一个与世无争的大名。德
川家康是一个重情的人，没有忘记今川义元的恩情，始终善待今
川氏真；也没有忘记织田信长的友谊，经常帮助织田信雄。德川
家康如果死在丰臣秀赖前面，就一生都没有背叛朋友，会被学究
奉为理想人物。然而，丰臣氏不听从片桐且元的劝告。《日本教
会史》将德川家康视为天主教的公敌，收集了许多关于他的负面
言论。书中说："德川家康召见片桐且元，说丰臣秀赖铸造的大

钟刻了诅咒的文字。随后，德川家康将片桐且元带到另一个房间里，说想要攻陷大阪城，将天下传给子孙，并且承诺如果心愿达成，一定会给他增加领地。片桐且元就同意了。"丰臣秀赖和淀殿疑心重重，甚至怀疑片桐且元是德川家康的同党。淀殿更是误认为片桐且元想让自己成为德川家康的妾，愤怒地说："我是织田信长的外甥女、浅井长政的女儿，委身丰臣秀吉都心有不甘，更不用说德川家康了，我绝不会去江户城做人质。"她打算等片桐且元回城后就杀掉他。因此，片桐且元只好离开。德川家康极力避免的战争，如今已经没有回旋的余地了。大阪城被关东武士包围，没有大名想去援助，只得到各国的无主武士和天主教教徒的支持。得知消息后，福岛正则派人前去劝和。但他已经将妻儿送到了江户城做人质，无论如何，感念旧情，他也不可能再帮助丰臣氏了。福岛正则尚且如此，其他人就更不用说了。淀殿和丰臣秀赖如梦初醒，但仍然心存幻想，便占据孤城对抗德川氏。德川氏武将嘲笑道："大阪城的无主武士看到城内的金银太多，便聚集在此。"德川家康也说："关原合战是关乎天下的大战，所以才使用阵法。这次是与丰臣秀赖对阵，只需要大兵压过去就可以了，而盟军自行作战就好。"在德川家康看来，攻陷孤立的大阪城易如反掌，已经不需要借助外力。

第16节 德川家康提出和谈条件

不过，德川家康仍然期盼和平。对他而言，攻陷大阪城并非难事，但他不愿意杀掉丰臣秀赖。因此，他再次要求和谈，提

出了两个条件：第一，转封丰臣秀赖的领地；第二，破坏大阪城的防御工事。对此，德川氏武将当然不服，连从未违背过父命的德川秀忠都有怨言，但德川家康再三坚持和谈。为了恐吓执迷不悟的淀殿，德川家康找来火炮高手打大阪城的天守阁，打断了一根柱子，胆小的淀殿终于同意和谈。最后，大阪城周边的壕沟被填塞了，二之丸和三之丸也被破坏了，大阪城事实上已经失去了防御能力。有历史学家说德川家康玩弄语言游戏，原本只是要填塞二之丸和三之丸的壕沟，但他故意解释为破坏大阪城的防御工事。不过，近年来的研究证明，德川家康在对待丰臣秀赖时并不阴险狡诈。实际上，他并非提防淀殿和丰臣秀赖，而是担心他们据守大阪城会被人利用。再说得明白一点，德川家康畏惧的不是淀殿和丰臣秀赖，而是大阪城。如今，他已经实实在在地攻陷了大阪城，淀殿和丰臣秀赖也就不足为惧了。因此，与天下的预期不同，德川家康开始主张保护丰臣秀赖。

第17节　德川家康蒙受的千古奇冤

丰臣氏陷入了深深的误解，认为德川家康提出和谈是黔驴技穷，便再次集结无主武士，而无主武士听说丰臣氏以孤城对抗德川氏，纷纷前来投奔丰臣氏，这让德川家康感到十分棘手。他想把丰臣秀赖转封到别的领地，却遭到拒绝。结果，战争爆发了。仅仅三天，大阪城便被攻陷，淀殿和丰臣秀赖自杀。淀殿和丰臣秀赖没有自知之明，最终家破人亡。当然，德川家康可能也误解过他们，他过于细致、严苛，招致了丰臣氏的不满。不过，他置

身于人心险恶的社会，却没有丧失理智。他如果真想杀掉丰臣秀赖，为何会在关原合战后苦等十四年呢？此外，面对已经成为瓮中之鳖的淀殿和丰臣秀赖，德川家康为何会主动提出和谈呢？许多历史学家不尊重事实，凭空臆测，曲解了德川家康的本意。如果泉下有知，他如何能不感到委屈呢？因此，我详细记录了整个经过，意在说明丰臣秀赖之死是因为德川氏和丰臣氏之间的误会，是因为淀殿等人根深蒂固的误解，从而为德川家康正名。

第 21 章

德川家康的为人

第1节　大事记

　　下面记录的是从关原合战结束到德川家康去世这段时间里，与丰臣氏、德川氏相关的其他武将。

　　庆长五年（1600年）十月七日，德川家康封赏在关原合战中立功的部下，将越前国封赏给结城秀康，将尾张国封赏给松平忠吉；支持德川家康的丰臣氏武将也得到了封赏。

　　庆长五年十一月十六日，德川秀忠离开大阪城，回到伏见城。

　　庆长六年（1601年）正月，德川家康和德川秀忠在大阪城商议政务。

　　庆长六年二月，德川家康加封在关原合战中立下战功的井伊直政、本多忠胜、奥平信昌等家臣，将近江国、伊势国、美浓国、三河国、远江国、骏河国、上野国的诸多城池封赏给他们。

　　庆长七年（1602年）二月一日，井伊直政去世。

　　庆长七年十一月，德川信吉从佐仓改封到水户藩。结城秀康前往京都参与政务。

　　庆长八年（1603年）正月二十八日，德川家康把甲斐国封赏给德川义直。

　　庆长八年二月六日，松平忠辉被改封到川中岛。

　　庆长八年二月十二日，德川家康被任命为征夷大将军。

　　庆长八年春，近畿大名前往江户城拜见德川家康。

　　庆长八年十月十八日，德川家康离开伏见城，返回江户城。

　　庆长八年十月，浅野幸长和加藤清正到江户城参与政务。

　　庆长八年十一月七日，德川家康把水户藩封赏给德川赖宣。

庆长九年 (1604年) 三月一日，德川家康离开江户城，前往京都。

庆长九年三月二十九日，德川家康抵达伏见城。

庆长九年六月，相良赖房首开先河，将母亲了信尼从大阪城转移到江户城。

庆长九年闰八月十四日，德川家康离开伏见城，返回江户城。

庆长十年 (1605年) 正月九日，德川家康从江户城出发，前往京都。

庆长十年二月十日，德川家康抵达伏见城。

庆长十年二月二十四日，德川秀忠从江户城出发，前往京都，上杉景胜、伊达政宗、佐竹义宣、最上义光等人随行。

庆长十年三月二十一日，德川秀忠进入伏见城。

庆长十年五月一日，德川秀忠被任命为征夷大将军。

庆长十年五月十五日，德川秀忠从伏见城出发。

庆长十年六月四日，德川秀忠回到江户城。

庆长十年九月十五日，德川家康离开伏见城。

庆长十年十月二十八日，德川家康抵达江户城。

庆长十一年 (1606年) 正月，藤堂高虎命令嗣子藤堂高次在江户城居住。藤堂高虎为德川氏出谋划策，让大名将妻儿送到江户城做人质，藤堂高虎做表率，之后，远藤庆隆、有马丰氏、西尾光教将人质送到江户城。

庆长十一年三月十五日，德川家康离开江户城。

庆长十一年四月七日，德川家康前往京都。

庆长十一年五月十四日，榊原康政去世。

庆长十一年七月，德川家康看到皇宫的规模太小，下令扩建皇宫。

庆长十一年九月，德川家康接受朝鲜僧人惟政的请求，允许想回国的朝鲜俘虏回国。岛津忠恒被赐姓为松平，其他异姓的大名也相继被赐姓松平。

庆长十一年九月二十三日，德川家康将常陆国的下妻封赏给德川赖房。

庆长十一年十一月四日，德川家康回到江户城。

庆长十二年 (1607年) 正月，德川家康患病，不久后痊愈。

庆长十二年二月，德川家康到骏府城居住。

庆长十二年三月五日，松平忠吉患病，离开芝浦，返回尾张国。

庆长十二年闰四月八日，结城秀康在越前国北庄城去世，其长子松平忠直继承了父亲的领地。结城秀康去世之前，德川家康下令禁止殉葬。

庆长十二年闰四月二十六日，德川义直的领地被改封为美浓国和尾张国。

庆长十二年五月六日，朝鲜信使到江户城拜见德川秀忠，呈上朝鲜国王李昖的信函。

庆长十二年五月十日，德川秀忠给朝鲜国王李昖回信。

庆长十二年五月二十日，朝鲜信使到骏府城拜见德川家康。

庆长十二年五月二十三日，大番头①率领麾下的警卫到伏见城轮流守卫。大番头每年轮换，警卫每三年轮换，轮换的时间是当年八月二十日。

―――――――――

① 大番头，警卫队的长官。——译者注

庆长十二年十月，德川家康前往江户城。

庆长十二年十二月二十二日，骏府城起火。

庆长十三年^{（1608年）}八月，藤堂高虎被改封到伊贺国，同时拥有伊势国的十万多石领地。

庆长十三年十二月八日，德川幕府下令停止流通永乐钱，按照一比四的汇率，把永乐钱兑换为日本制的钱币。

庆长十四年^{（1609年）}二月十一日，岛津忠恒离开山川港，指挥部队入侵琉球。

庆长十四年三月，藤堂高虎派重要家臣的四名亲属前往江户城做人质，这是庆长十三年他向德川家康建议让大名将妻儿送到江户城做人质后，率先从自己开始执行。

庆长十四年四月一日，岛津氏的将士抵达那霸港，与琉球人作战。

庆长十四年四月十一日，琉球人投降，尚宁王[①]被俘。

庆长十四年五月二十三日，岛津氏的将士回国。

先前，荷兰人给德川秀忠送书信和礼物，请求通商，设置港口和馆舍。庆长十四年七月，德川秀忠准许。

庆长十四年九月，松平忠辉的家臣之间发生纷争，向德川幕府提起诉讼。

庆长十四年十一月，德川家康将名护屋城封赏给德川义直。

庆长十四年十二月十二日，德川赖宣被改封到骏河国和远江国。

---

① 尚宁王（1564—1620），琉球国王，1589年到1620年在位。——译者注

庆长十五年 (1610年) 闰二月三日，越后国被封赏给松平忠辉。

庆长十五年四月，各地大名将人质送到江户城。

庆长十五年五月，遵照德川家康的命令，京都商人朱屋隆成远航到墨西哥，购买了很多毛织物。

庆长十五年十月八日，荷兰人来到骏府城拜见德川家康，感谢德川幕府同意通商。荷兰人还说葡萄牙人经常恶语中伤他们，因为葡萄牙人忌妒他们捷足先登，得到了幕府的眷顾。

庆长十五年十月十八日，本多忠胜去世。

庆长十五年十二月十六日，德川家康派本多正纯给福建巡抚陈子贞写信，请求恢复贸易往来，互通书信，维持友好关系。

庆长十六年 (1611年) 三月六日，德川家康离开骏府城，前往京都商议后阳成天皇退位和后水尾天皇即位的事。

庆长十六年三月十七日，德川家康抵达京都，进入二条城。

庆长十六年三月二十一日，德川家康请求追封自己的先祖。

庆长十六年三月二十二日，后水尾天皇追封源义重[①]为从四位下的镇守府将军，追封松平广忠为从二位的大纳言。

庆长十六年三月二十七日，后阳成天皇退位，后水尾天皇即位。

庆长十六年三月二十八日，德川家康在伏见城会见丰臣秀赖。

庆长十六年八月，德川秀忠发布了针对天主教的禁教令。

庆长十六年九月十五日，德川秀忠通知沿海诸国，外国船可以在任何港口停泊。

---

① 源义重，又名新田义重，日本平安时代末期到镰仓时代初期的武将，新田氏的始祖。——译者注

庆长十六年十月二十四日，德川家康进入江户城，德川秀忠在城门下迎接，德川家光①和德川忠长②在廊下迎接，一左一右搀扶德川家康。落座以后，德川秀忠的夫人崇源院来拜见德川家康，并设宴款待他，德川家光陪同德川家康用餐，本多正信侍座。

庆长十六年十一月十八日，德川家康放鹰狩猎，在藤泽驿留宿。

庆长十七年（1612年）正月，德川家康从骏河国来到三河国，参拜大树寺和松应寺。随后，他到吉良狩猎。

庆长十七年二月，德川家康在远江国的堺川和二川山狩猎。同时，他把有马直纯贬到甲斐国，后来命其自杀。

庆长十七年三月十一日，德川家康在骏府城发布了针对天主教的禁教令，命令家臣每十人为一队，轮流检查。天主教教徒原胤信逃亡，榊原嘉兵卫、小笠原权之丞宣布放弃信仰天主教，因此得以免除死罪，仅被流放。

庆长十七年七月，德川秀忠答应了墨西哥人的通商请求。德川家康想派人前往墨西哥，便下令造船。伊达政宗请求派家臣支仓常长等人为使者，得到准许。

庆长十七年十二月，德川家康和德川秀忠处理了松平忠直的家臣纠纷。庆长十八年（1613年）六月，纠纷再起。德川家康父子说松平忠直年幼，便让其家臣本多富正统领政务，并将丸冈城封赏给本多富正的部下本多成重。

---

① 德川家光（1604—1651），德川秀忠的二儿子，德川幕府第三代征夷大将军，1623年到1651年在任。——译者注

② 德川忠长（1606—1634），德川幕府时代前期的大名，德川秀忠的三儿子。——译者注

庆长十八年八月二十六日，德川秀忠回信英国国王詹姆斯一世，签订了通商条约。

庆长十八年九月，支仓常长和德川幕府水军统帅向井忠胜的十个家臣一起从陆奥国扬帆出海。

庆长十九年（1614年）正月五日，为了禁止天主教传播，大久保忠邻遵照德川家康的命令，从小田原进京。

庆长十九年正月十七日，大久保忠邻进京后，烧毁了西京和四条坊的天主教教堂。

庆长十九年正月十九日，本多正信在江户城召见大久保忠邻的子弟，传达了德川幕府的命令，没收了大久保忠邻的领地，将他幽禁在彦根城，还命令井伊直胜监督他。

庆长十九年三月七日，德川秀忠下令流放天主教教徒高山右近、内藤如安、加贺山隼人佐。

庆长十九年七月，板仓胜重拜见德川家康，报告说自己的手下逮捕了上千个天主教教徒，已经把他们关入监狱。

庆长十九年八月，山口贞友拜见德川家康，报告说已经将长崎国的天主教教堂全部拆毁。

元和元年（1615年）正月三日，德川家康离开京都，回到关东。

元和元年五月八日，丰臣秀赖和淀殿自杀。

元和元年七月七日，德川家康颁布了《禁中并公家诸法度》[1]和《武家诸法度》[2]。

---

[1] 确立德川幕府与天皇和朝廷之间的关系的法律。——译者注

[2] 德川幕府为了统治大名而制定的法律。——译者注

元和元年七月十九日，德川秀忠离开京都。此后，德川家康让德川秀忠自主处理日本政务。

元和元年八月四日，德川秀忠回到江户城。德川家康离开京都。

元和元年八月二十四日，德川家康回到骏府城，派出使者去见松平忠辉，转告他自己以后不再召见他。

元和二年 (1616年) 正月二十一日，德川家康在田中放鹰狩猎，当天晚上病了，急忙回到骏府城。

元和二年三月十七日，德川家康升任太政大臣。

元和二年四月十七日，德川家康在骏府城去世。

第2节 德川家康去世

德川家康走到了生命的尽头，他的身影消失了，被浩渺的宇宙吞噬了。云依然随风飘，雨依然打湿地面，但这位大英雄已经化为尘土。天地万物凝聚着不可思议的力量，生成人、锻炼人、教育人，让人在世界上做成一些事，又让人死去。谁能解释这个秘密，解释其中的意义呢？呜呼哀哉！德川家康也被这个难解的秘密吞噬了。

第3节 精力旺盛的德川家康

德川家康拥有健康的身体，从年轻时到七十多岁，每天都会骑马，练习箭术和射击。他是世间罕见的擅长骑射之人，直到病

逝前还在放鹰狩猎。他还喜欢游泳，庆长十五年（1610年）七月，六十八岁的德川家康来到骏河国的濑名川捕鱼，还乘兴游泳。德川家康五十九岁时，九儿子德川义直出生；六十岁时，十儿子德川赖宣出生；六十一岁时，第十一个儿子德川赖房出生，所谓的德川御三家[①]，就是指这三个儿子的后代。德川家康是一个大人物，也是一个精力旺盛的人。

第4节　精神强大的德川家康

丰臣秀吉活到六十二岁，但晚年时心理状态不佳。他让人读明神宗的册封诏书，却领会不到其中的深意；不知道是不是受到了病情的影响，他有时会在部下面前哭泣。德川家康却不同，一直保持着良好的精神状态。他喜欢读书，经常请人讲解《贞观政要》和《吾妻镜》，欣赏源赖朝的治国理念。德川家康虽然并非一介书生，但理解读书的趣味，从书中寻求治国之术。元和二年（1616年）正月的一天，德川家康到田中城狩猎，吃了用香榧籽油煎的鲷鱼，用青韭菜做佐料。当晚，他就腹痛。这是他第一次意识到自己生病，便立刻回到了骏府城。后来，他以为自己病愈了，结果再次发病。元和二年三月末，他喝了医师给的一剂汤药，不久就全吐了。他知道自己大限将至，就不肯再喝药。此后，他的病情日益加重，但意识依然清醒，他对在病榻前服侍的德川秀忠

---

① 德川御三家，指尾张德川家（始祖是德川义直）、纪州德川家（始祖是德川赖宣）、水户德川家（始祖是德川赖房），地位仅次于德川将军家。德川将军家绝嗣时，德川御三家的子孙有资格继承征夷大将军。——译者注

和重臣嘱咐身后事。此前，德川秀忠怀疑福岛正则，就将其长时间留在江户城。去世的三天前，德川家康将福岛正则召到病榻前，准许他回到自己的领地，还送给他名贵的茶器，并说了下面这番话：

> 之前有人诽谤你，德川秀忠才让你长时间留在江户城。如今，我向他说明了你绝无二心，你可以安心回领地待上两三年。当然，如果你今后依然对德川秀忠不满，可以随时发兵攻打他。一切由你定夺。

福岛正则哭着退下，对骏府城的执事本多正纯抱怨道："我对主君绝无二心，刚才德川家康大人说的话也太让人气恼了。"本多正纯来到德川家康病榻前，报告了此事。德川家康笑着说："这样一来，事情就了结了，我想听的就是这句话。"此时，德川家康已经七十四岁，他将最后一丝力气用于治理国家，这不正是天生的英雄吗？他的精神状态远远超过了丰臣秀吉。

第5节　德川家康的平衡策略

蒲生氏乡评价德川家康说："他当不了天下之主，因为他没有恩赏功臣的器量。"小牧之战时，永井直胜取下了池田恒兴的首级。织田信雄想封赏给他五千石领地，却遭到德川家康的反对。德川家康说："我的家臣从未受过这么多的封赏。"结果，永井直胜只得到一千石领地的封赏。此外，《见闻随笔》中有一

个关于榊原康政被封赏馆林城十万石领地的传说，内容如下：

> 征讨关东时，丰臣秀吉询问德川家康："这次我会增加你的领地。你会封赏你的家臣吧，你打算怎么封赏啊？"德川家康知道丰臣秀吉为人大气，就说每个家臣封赏五万石领地。丰臣秀吉认为不够，说每个家臣封赏十万石领地还差不多。于是，德川家康封赏每位重臣十万石领地，而对普通家臣如大须贺忠政、酒井忠次、酒井正亲等人，德川家康封赏他们每人三万石领地。

作为拥有二百五十万石领地的大国主，德川家康却只打算给重臣封赏三四万石领地。后来，他不愿意违背丰臣秀吉的意愿，才封赏给井伊直政、本多忠胜、榊原康政每人十万石领地。不过，德川家康以自己不过是关东之主为由，安抚家臣。后来的关原大捷应该是封赏的好时机，但德川家康依然很吝啬。封赏最多的就是给井伊直政加封了六万石领地，将他从有十二万石领地的箕轮城改封到有十八万石领地的佐和山城；其次是给本多忠纲加封了大多喜城的五万石领地；再其次是给本多忠胜加封了两万石领地，将他从有十万石领地的大多喜城改封到十二万石的桑名城；其他家臣仅仅加封了数千石领地到一两万石领地不等。因此，确实可以说德川家康厚此薄彼，因为就在同一时间，他给次子结城秀康加封了五十七万石领地，将他从有十万石领地的结城改封到有六十七万石领地的福井城；给四儿子松平忠吉加封了五十四万石领地，将他从有十万石领地的忍城改封到有六十四万

石领地的清洲城。两相比较，德川家康看上去的确有失偏颇。但实际上，在此次论功行赏时，对支持自己的丰臣氏武将，德川家康的封赏就十分可观了。例如，他给福岛正则加封了三十万石领地，给池田辉政加封了三十七万石领地。从这个角度来看，可以说德川家康比丰臣秀吉更大气。德川家康的所作所为看似难以理解，但实际上反映了政治家的智谋。因为德川氏家臣得到的领地少，就只能继续仰赖德川幕府；同时，这也孤立了后来才臣服德川氏的大名，从而保证了德川幕府的长期稳定。源赖朝将家臣派驻地方做守护^①或地头^②，与国司、领家^③、当地豪族共处，这些夹在旧势力中间的新势力，只能仰赖镰仓幕府以求自保。通过这种权衡，源赖朝统一了家臣；这样一来，源氏家臣就能合力压倒国司、领家、当地豪族，成为当权者。换言之，在源氏家臣感觉到个体无力的时候，才是镰仓幕府整体实力最强的时候。德川家康欣赏源赖朝，或许就是这个原因。因此，他才给家臣很少的领地，而给后来臣服德川氏的大名许多领地。只有这样，德川氏家臣才会以德川家康和德川秀忠为中心，紧密地团结在一起。由此可见，德川家康并非吝啬，而是采取了政治家的一种策略。

---

① 守护，镰仓幕府和室町幕府的武家职位，是某个令制国的军事指挥官和行政官。——译者注

② 地头，镰仓幕府和室町幕府的职位，管理公有土地。——译者注

③ 领家，指日本古代的庄园领有者。开发庄园的领家会把庄园敬献给有权势的贵族或者大寺庙，以便寻求庇护。——译者注

第6节 德川家康的商业才能

织田信长非常节俭，德川家康也是如此。他刚刚移居江户城时，住处的玄关是用船板做的；外出放鹰狩猎，夜宿农家时，德川家康只点两支蜡烛：一支放在自己的房间，另一支放在安置猎鹰的地方，其他地方一概使用油灯；身上的小袖和服脏了，他一定会洗过再穿；即使是一张纸，他也绝不浪费；把征夷大将军之位让给德川秀忠后，德川家康还削减了随从的人数；通过这些措施，德川家康始终保持着强大的财力。每年，他都会召集代理官员，听他们报告赋税的收支情况；他还打算通过贸易积累财富，希望经常到访关西的葡萄牙商船和西班牙商船也能到访关东；关原大捷后，他将京都、堺港、长崎等大城市划归德川幕府直辖管理；通过上述措施，德川家康的兵力和财力日益雄厚。但他最成功的措施并不是开展贸易活动，也不是厉行节俭，而是开采金矿，佐渡国、石见国、伊豆国、骏河国的矿区都出产了大量黄金。德川家康富可敌国，力压群雄，开创了将近三百年的太平盛世。

第7节 日本战国三杰的用人之道

织田信长是天生的猛将，他用气势压人，能驯服烈马般的天才。丰臣秀吉的治人术是不用任何技巧，而是直接流露真性情，打动他人。《甫庵太阁记》记载道："织田信长掌权时，丰臣秀吉经常擅作主张，不仅受到训斥，还遭到朋辈的嘲笑。但他毫不在乎，依然我行我素。"天正五年 (1577年) 八月，丰臣秀吉未向

织田信长汇报，就擅自从北陆道撤走，受到了严厉训斥。天正七年（1579年）九月，他又自作主张联络备前国的宇喜多直家，被织田信长赶回了播磨国。但无论被怎样训斥，他都毫不在意，举止自然，反倒深受信任。丰臣秀吉对待主君如此，对待其他人也是如此。征讨岛津氏时，他来到萨摩国川内，看到岛津义久穿着一袭黑衣投降，便说："我只是想来看看你的居城鹿儿岛，你先回去，准备酒食招待我。"岛津义久原本以为自己肯定会被扣留，听到让自己回鹿儿岛，他吃惊道："我还是留在这里吧。酒食的事，我会交代家臣准备。"丰臣秀吉却说："不必如此，你快回去准备吧。"面对如此坦荡的丰臣秀吉，岛津义久怎能不心服口服呢？丰臣秀吉还用同样的方法笼络了伊达政宗。如果换成他人，决不会放走岛津义久和伊达政宗这样的猛将吧。不过，丰臣秀吉就是这么坦荡，一旦对方投降，就会用人不疑。《武功杂记》中有下述记载：

> 佐野房纲带着家臣藤野下野守[①]去见武田信玄和上杉谦信，这两人的态度非常冷淡。后来，佐野房纲因为下野国的事情去见丰臣秀吉，侍从刚通报，丰臣秀吉就来到佐野房纲的身边，亲切地跟他打招呼。

丰臣秀吉对待群雄就是如此。在那个人心险恶的时代，只有

---

① 本段引文出自《武功杂记》。经过多方考据，无法获取藤野下野守的任何信息。——译者注

他看似毫无保留地流露真性情，我们可以想象一下群雄为之触动的场景。丰臣秀吉生来就爽朗，如同照亮黑夜的光，甚至感化了对手。天正十一年（1583年）五月下旬，德川家康派家臣石川数正去见丰臣秀吉。结果，石川数正被丰臣秀吉的亲切态度打动。天正十六年（1588年），北条氏直的家臣板部冈江雪斋去见丰臣秀吉，感觉相见恨晚。大久保忠胜是一个典型的三河武士，一心为主。有一次，丰臣秀吉对他说了很多好言好语。后来，大久保忠胜对别人说："当时我深切地感受到丰臣秀吉的心性很特别，他是一位了不起的大将军。"丰臣秀吉的魅力如此强大，面对这样一个高手，即使是铁石心肠的德川家康也不得不屈服。

概而言之，织田信长以气势压制人，丰臣秀吉以真情触动人，只有德川家康的特征不够鲜明。他没有表现出织田信长的气势，也没有丰臣秀吉的真情；他没有树立权威，也没有用心讨好人。德川家康是一个稳重的人，一个神秘的人。但他的霸业已经建立，宛如一根屹立在岩石上的大铜柱，无人能撼动。因此，我将德川家康称为"力量比拼的胜者"。

第8节　德川家康信奉的真理

德川家康信奉实力至上，丰臣秀吉和织田信长喜欢作秀。无论是安土城威严壮观的建筑、濑田桥的建筑，还是天正九年（1581年）二月在京都供正亲町天皇御览的骏马，丰臣秀吉都在展示自己的威严。只有德川家康为人质朴，极力掩盖自身的光芒。织田信长督促大阪本愿寺的僧人投降时，奏请正亲町天皇派出敕使；

丰臣秀吉征讨各国时，经常借助圣旨，带着天皇赏赐的锦旗和大刀；德川家康却从未这么做。征讨岛津氏时，丰臣秀吉命令本愿寺住持让萨摩国和大隅国的僧人做内应。关原合战时，德川家康却拒绝利用本愿寺住持。由此可见，德川家康只凭借自己的力量征服天下，不借助任何外力。他就像赤身参加角斗的大力士，没有任何花哨的东西做装饰。我强你弱，我是统治者，你是被统治者，这就是德川家康对待群雄的态度。因此，关原合战之后，他毫无顾虑地行使获胜者的权利，将领地封赏给忠于自己的人，还让丰臣氏武将承担各种劳役。庆长十五年（1610年），德川家康下令修缮名护屋城时，福岛正则不满地说："近年来，江户城和骏府城的修缮任务已经让大家疲惫不堪，骏府城是德川家康大人的居城，江户城是德川秀忠大人的居城，大家辛苦也是应该的。但名护屋城是庶子德川义直的居城，也让我们承担劳役，实在是有些过分。"德川家康当然会听到这种抱怨，但毫不在乎，他的态度就是：我命令你做事，你如果不喜欢，可以回到领地起兵造反。但没有人敢造反，因为大名都知道德川家康非常强大，挑战他无异于以卵击石。丰臣秀吉给大名的遗言只有"拜托了，拜托了"，流露出对幼子丰臣秀赖的担心；而德川家康在遗言中说："如果德川秀忠治国无方，引发百姓不满，谁都可以取而代之。"他的意思十分明确：如果你们有实力取而代之，我们也不会有怨言。这句话多么露骨，多么直白！足以证明德川家康信奉实力至上。既然以实力夺了天下，还需要什么圆滑、心机和气势呢？这就使德川家康的传记不如织田信长的传记和丰臣秀吉的传记那样生动有趣。

第9节　德川家康给后人的启示

　　作为政治家，德川家康是力量的信仰者，不会以气势压人，也不会以真情打动人。既然如此，是否可以说他不如织田信长和丰臣秀吉呢？实际上，这么说并不妥。纵观人生，一切都是力量的竞争。概括来说，日本战国时代是一个尔虞我诈、你死我活的时代。所谓胜利者，就是力量对决中的获胜者；所谓统治者，就是凭借实力立于众人之上的人；所谓法律，就是方便统治者维护自己建立的社会的规则。腓特烈大帝、尼可罗·马基雅维利[1]、拿破仑·波拿巴都是力量的信仰者，德川家康也不例外。力量的信仰者未必是冷酷的怪物。尽管实力不足的人可以玩弄小聪明，但力压群兽的大象不会害怕。板坂卜斋说："德川家康待人处事大大咧咧、不拘小节。"关原合战的敌将宇喜多秀家躲起来，德川家康也不追究，四年后才有人将宇喜多秀家从萨摩国押送过来，德川家康饶恕了他的性命，将他流放到八丈岛；对曾经坚守大阪城的无主武士，德川家康封给他们官职；这反映了他的宽宏大量及政治智慧。酒醉的人终究会清醒，陷入圈套的人终究会醒悟。威严的气势可以压制人，真挚的性情可以打动人，但都像一场华丽的宴席，终究会散场。人最终要回归到赤裸裸的真相中。什么是赤裸裸的真相呢？那就是人生只不过是实力的较量。

---

[1]　尼可罗·马基雅维利（1469—1527），意大利政治家、历史学家，文艺复兴的重要人物，代表作是《君主论》。——译者注